BASTEI
LÜBBE

Nicola Owen
Sydney Higgins

Gebt mir eine zweite Chance!

Aus dem Englischen von
Michaela Rohn

BASTEI
LÜBBE

BASTEI-LÜBBE-TASCHENBUCH
Band 61253

1. Auflage Januar 1993
2. Auflage Mai 1993
3. Auflage Juni 1994
4. Auflage April 1995
5. Auflage Februar 1997
6. Auflage August 1999

Deutsche Erstveröffentlichung
Die englische Originalausgabe erschien bei
Transworld Publishers LTD, London
unter dem Titel NICOLA

Printed in Germany
Umschlaggestaltung: Manfred Peters
Titelfoto: Gerd Weissing
Satz: Fotosatz Schell, Bad Iburg
Druck und Bindung: Ebner Ulm
ISBN 3-404-61253-1

Folgenden Menschen möchte ich meinen Dank sagen:

Syd Higgins für die endlosen Stunden und die große Mühe, die er sich mit meiner Geschichte gegeben hat, und seiner Frau Anna, die ihn dabei nach Kräften unterstützt hat.

Andrew Best von der Agentur Curtis Brown für sein Verständnis und seine Geduld.

Dr. Katharina Dalton dafür, daß sie mir geholfen hat, in ein normales Leben zurückzufinden.

Sally und Johnnie, die mich in all diesen schwierigen Jahren ertragen haben und die mir nie gestatteten, mich für das schuldig zu fühlen, was ich ihnen angetan habe.

Und natürlich meinen Eltern für ihre unerschütterliche Beharrlichkeit. Sie haben mich niemals aufgegeben. Ohne sie wäre dieses Buch nie geschrieben worden.

Abgesehen von Dr. Dalton sind alle Namen der Personen, die sich von Berufs wegen mit dem Fall beschäftigt haben, geändert worden. Nicola Owen ist durch zahlreiche Diskussionen während dieses Projekts zu der Überzeugung gelangt, daß es besser sei, die Identität dieser Personen zu schützen.

Inhalt

Prolog

Es war ein grauer, freudloser Februartag. Der Regen prasselte bedrohlich gegen die Fensterscheiben, und mit einem leisen Flüstern wehte der kalte Wind durch die Koniferen. Ich starrte aus dem Fenster meines Schlafzimmers in den trostlosen Garten, der von einer riesigen Trauerweide beherrscht wurde, die starr und einsam mitten auf dem durchweichten Rasen stand. Die Ödnis der Szenerie wurde nur vom Immergrün abgemildert, das um den Garten herum wuchs. Ich erinnere mich an den Tag, als die Setzlinge gepflanzt worden waren. Es schien so lange her zu sein. Nicht weit von mir entfernt standen die Rosensträucher leblos und kalt. Vor ein paar Monaten noch waren sie ein Meer voller Farben gewesen.

Ich wandte mich ab und ging zum großen Spiegel an der Wand meines Schlafzimmers hinüber. Ich kannte das Mädchen, das mich da anstarrte, nicht mehr. Ich spürte, wie sich meine Kehle verkrampfte, aber ich konnte nicht schreien.

Voller Entschlossenheit zu sehen, wie abstoßend ich wirklich war, begann ich mich auszuziehen, bis ich völlig nackt vor dem Spiegel stand. Obschon ich erst siebzehn war, war mein Körper aufgedunsen und fett. Mein Bauch war so aufgequollen, daß es aussah, als wäre ich schwanger. Obgleich ich mit gespreizten Beinen dastand, berührten sich meine Schenkel. Ohne einen Büstenhalter hingen meine Brüste so schwer herab, daß es weh tat. Mein ganzer Körper war einfach widerlich. Als ich den Blick zu meinen Augen hob, erkannte ich mich kaum. Meine aufgeschwemmte Figur wurde noch von meinem furchtbaren Haarschnitt hervorgehoben; mein Haar war kaum einen Zentimeter lang. Ihre Augen – meine Augen – wirkten leblos, aber als ich genauer hinschaute, konnte ich völlige Verzweiflung in ihnen sehen. Dieser Mensch, diese Kreatur, das war ich.

Ich wußte, daß ich alles verloren hatte. Um den Spiegel herum klebten die Fotografien von berühmten Ballerinen, die ich bewundert und die mir einst viel bedeutet hatten. Dazwischen hingen auch Fotos von mir im Tanzkostüm mit Medaillen, die ich gewonnen, und Pokalen, die ich erhalten hatte. Ich sah so glücklich und zufrieden aus. Über dem Spiegel hingen einige der besten Fotos, die jemals von mir gemacht worden waren. Ich hörte noch die Stimmen: »O Nicola! Was für ein wunderschönes Bild!« – »Du kannst glücklich sein, so ein schönes Gesicht zu haben!« – »Nick, du hast eine großartige Figur!« – »Glaube mir, Nicola, du hast alles, was man braucht, um eine zweite Shirley MacLaine zu werden!«

Ich legte meine Hände an den Kopf. Ich konnte es nicht ertragen. Was war schiefgelaufen? Was hatte diese schreckliche Selbstzerstörung ausgelöst? Wie sehr haßte ich mein Leben. Wie sehr haßte ich meine Unfähigkeit, etwas mit meinem Leben anzufangen. Auch wenn ich die Kraft gehabt hätte, die Teile meines Lebens zusammenzubringen, hätte ich nicht gewußt, wo ich hätte beginnen sollen. Alles hing in Fetzen.

Tief in meinem Magen ein schales, leeres Gefühl. Kein Schmerz mehr – ich konnte nicht mehr dagegen ankämpfen. Ich war am Ende angekommen. Ich wollte mir etwas Schreckliches antun. Ich dachte auch nicht an andere Menschen. Ich haßte nur dieses Wesen im Spiegel. Ich wollte es verletzen. Ich wollte es wirklich töten. Ich wußte, daß das bedeutete, ich würde sterben. Aber ich wußte auch, daß ich sterben wollte. Nur ein paar Sekunden, dann hatte ich meinen Frieden.

Da ich wußte, daß ich allein war, ging ich voller Entschlossenheit die Treppe hinunter. Ich machte mir nicht die Mühe, mich noch einmal umzuschauen. Alles verriet den Stil meiner Eltern, verriet den Erfolg, den sie hatten. Das Haus war mir nur allzu vertraut. Ich hatte fast meine ganzen siebzehn Jahre hier verbracht. Ich durchstöberte die Eingangshalle, bis ich gefunden hatte, wonach ich suchte. Dann kehrte ich langsam nach oben in mein Zimmer zurück.

Das Zimmer war erst kürzlich gestrichen und neu eingerichtet worden. Die hübsche Tapete mit ihren rosaroten und grünen Blumen paßte zu meiner Daunendecke. Das Bett mit seiner altmodischen Messingeinfassung harmonierte mit dem Messingstuhl, der an der Kommode stand. Die weißen Lamellentüren des Kleiderschrankes kontrastierten zum dunklen Grün des Teppichs. Da stand auch der kleine Schaukelstuhl, in dem ich stundenlang gesessen und gelesen hatte. Ich hatte die Einrichtung selbst ausgewählt, und daher hatte ich mich in dem Zimmer immer sehr zufrieden und entspannt gefühlt. Das Zimmer wies auf den Garten hinaus, der an einen Wald grenzte. Im Frühling umrahmten die Zweige eines Kirschbaums, der mit Blüten förmlich überladen war, das Fenster.

Ich wußte, daß das, was ich vorhatte, falsch war, aber ich war so verzweifelt, daß es der einzige Weg war, der mir noch offenstand. Ich spürte, daß mein Verstand völlig verdreht und böswillig geworden war. Es schien zwei Nicolas zu geben – eine gute und eine schlechte. Es besteht keine Hoffnung mehr für dich, sagte ich mir selbst. Du bist verrückt, du bist böse, du bist krank, und du bist mir völlig gleichgültig. Ich werde für dich nie mehr kämpfen.

Dann beobachtete ich mich, wie ich begann, alles zu zerstören, völlig machtlos, zu verhindern, was da geschah. Ich öffnete die Streichholzschachtel, nahm ein Streichholz heraus und zündete es an, doch es ging aus. Auch das zweite Streichholz schien nichts zu bewirken. Also zündete ich ein drittes Streichholz an und hielt es an die Vorhänge, bis die Flammen durch die rosafarbenen Rosen tänzelten. Ich schaute voller Entsetzen zu, was ich da tat, und doch blieb ich stehen und starrte auf die lodernden Vorhänge.

Völlig abwesend ging ich zu meinem Bett hinüber und legte mich hin. Das Zimmer füllte sich schnell mit schwarzem Rauch. Die ganzen Vorhänge standen in Flammen. Das Feuer verschlang alles, und die Hitze wurde nahezu unerträglich. Obschon ich noch immer nackt dalag, war ich schweißgebadet.

Als ich plötzlich ein Geräusch an der Schlafzimmertür hörte, wandte ich meinen Kopf und sah Emma, unser neun Wochen altes Hündchen, das mich mit großen, braunen und ängstlichen Augen ansah. Emma begann zu bellen und winselte dann. Ich schrie sie an: »Emma, geh weg! Laß mich in Ruhe!«, aber sie ging nicht.

Ein lautes Krachen hallte durch das Zimmer, dann prasselte das zerborstene Glas zu Boden. Am Fenster tobten die Flammen, die bald auch das ganze Zimmer erfaßt haben würden.

»O mein Gott! Was habe ich getan?«

Ich fing an zu weinen.

Emmas Winseln ging abrupt in schrilles Bellen über. Ich sprang vom Bett auf und zog einen großen, weiten, schwarzen Pullover über. Ich hatte gerade noch genügend Zeit, meine Turnschuhe zu nehmen, als ein brennender Holzbalken auf das Bett niederkrachte. Mit Emma im Arm stürmte ich die Treppe hinunter. Sie versuchte sich zu befreien, denn ich hielt sie sehr fest, aber ich durfte nicht riskieren, daß sie ins Feuer zurücklief.

Ich öffnete die Tür zum Arbeitszimmer meines Vaters und nahm den Telefonhörer ab. Hastig wählte ich die Nummer des Notrufs. »Vermittlung. Ein Feuer! ... Wo? ... Nummer sechsunddreißig, Camden Road. Ich heiße Nicola Owen. Bitte, kommen Sie schnell. Das ganze Haus steht in Flammen!«

Als ich auflegte, hörte ich ein lautes Pochen am Fenster. Ein rotblonder Mann, Mitte Dreißig, blickte besorgt herein. Ich erkannte in ihm unseren nächsten Nachbarn.

Ich wandte mich ab und ging aus dem Arbeitszimmer zurück in die Halle. Ein ätzender Geruch hatte sich ausgebreitet, und man hörte das heftige Knistern der Flammen. Als ich die Treppe hinaufschaute, drang schwarzer Rauch unheilvoll herunter.

Emma versuchte immer noch verzweifelt, sich zu befreien; sie winselte voller Entsetzen. Ich hielt sie mit beiden Armen fest und setzte mich am Fuß der Treppe nieder. Ich starrte vor mich hin auf das Regal über der Heizung. Es war voll von kleinen Figürchen, Kinder, die in Apfelbäumen saßen, die mit Kätzchen spielten und die Hühner fütterten. Alle Figuren lachten mich an. Ich konnte beinahe ihr fröhliches Lachen hören – als hätte ich mir einen Spaß mit ihnen erlaubt.

Das alles mußte ein schrecklicher Alptraum sein.

Gleich würde ich aufwachen, und alles wäre, wie es gewesen war.

Plötzlich fiel mir auf, daß es unaufhörlich an der Tür klingelte. Ganz automatisch stand ich auf und öffnete die Haustür. Dann hörte ich den fernen Klang der Sirenen, die rasch näher kamen …

1.
Eine glückliche Familie

Es war ein milder Abend im Juni. Sonnenlicht fing sich spielerisch auf der Oberfläche des kleinen Baches, der sich an Bexley Woods entlangschlängelte.

Ed Owen schlenderte am Ufer auf und ab; aufmerksam behielt er seine zwei kleinen Töchter im Auge, die ihre kleinen Fischernetze durch das klare Wasser zogen. Ihm am nächsten stand Nicola – die neunzehn Monate älter war als seine andere Tochter. Sie war eine magere, zierlich wirkende Sechsjährige mit riesigen blauen Augen. Da sie mitten im Bach stand, schwappte das Wasser langsam über den Rand ihrer Gummistiefel.

»Ich habe einen, Dad! Ich habe einen erwischt!« rief Nicola plötzlich und starrte begeistert auf ihr verheddertes Netz, das deutlich sichtbar hin und herzuckte.

Ed war genauso aufgeregt wie Nicola. »Bring das Netz vorsichtig zum Eimer hinüber, Nicola«, sagte er ruhig, aber bestimmt. »Und kippe es vorsichtig aus.«

Niedergezogen von ihren mit Wasser gefüllten Stiefeln kämpfte sich Nicola zum Ufer vor und tat, was ihr Vater ihr gesagt hatte. Sie kreischte vor Vergnügen, als ein kleiner Fisch aus dem Netz in den Eimer plumpste.

»Schau nur, Daddy. Schau doch!« rief sie. »Ich habe wirklich einen Fisch gefangen.«

»Du hast einen Stichling gefangen, Nicola.«

»Einen Fischling?«

»Nein, einen Stichling. So nennt man diesen Fisch.«

»Ich habe einen Stichling geangelt, Sally«, rief Nicola ihrer jüngeren Schwester zu, die ein Stück weiter unten im Bach fischte.

»Pst, Nicola. Sei leise«, erwiderte Sally bestimmt, während sie gespannt in den Bach starrte. Hastig zog sie ihr Netz auf einen Fisch zu und rief dann verärgert: »Oh, er ist weg. Das ist deine Schuld, Nicola, weil du so einen Lärm gemacht hast. Du hast mir den Fisch vertrieben!«

Ed lachte über Sallys typische Art, ihren Zorn zu zeigen, und dann erkärte er seinen beiden Töchtern, daß es an der Zeit sei, die Sachen zusammenzupacken und nach Hause zu gehen. Sally wollte bleiben, bis auch sie einen Fisch gefangen hatte, aber Nicola gehorchte wie immer sofort. Sie konnte es gar nicht erwarten, nach Hause zu kommen und den Stichling, den sie gefangen hatte, ihrer Mutter und ihrem kleinen Bruder Johnnie zu zeigen.

Tüchtig wie immer, hatte Ed bald alles im Griff. Lizzie, die junge Dalmatiner-Hündin der Familie, wurde von ihrer wilden Jagd aus dem Wald zurückgerufen, und die Angelgeräte wurden zusammengesucht. Vor ein paar Stunden waren die beiden kleinen Mädchen sauber und ordentlich in ihren Baumwollkleidern losgegangen, nun waren sie völlig durchnäßt, als sie Hand in Hand mit ihrem Vater den steilen Steinweg entlang trotteten, der durch den Wald zu ihrem Haus führte.

Die Owens wohnten in der Nummer 36 an der Camden Road – ein eindrucksvolles, freistehendes Haus, das erst ein Jahr alt war. Auf der Rückseite neigte sich der herrliche Garten, den Ed und Pams Vater unter großen Mühen dem Lehmboden abgerungen hatten, sanft den alten Eichen des Bexley Woods zu. Koniferen waren um die große Rasenfläche in der Mitte gepflanzt worden, die bald von einer Trauerweide beherrscht wurde. Am Haus lag eine schön angelegte Terrasse, und der Teich nahebei wurde von einem kleinen Wasserfall gespeist, der nachts angestrahlt wurde.

Nachdem sie die Einfahrt hinaufgerannt waren, stürmten Nicola und Sally lauthals schreiend in die Küche; beide waren ganz versessen darauf, ihrer Mutter von ihrem Abenteuer am Nachmittag zu erzählen. Für gewöhnlich gab es zwischen ihnen keine Rivalität. Sally war viel fordernder und redseliger als ihre schüchterne und ein wenig verschlossene ältere Schwester, aber diesmal lag der Vorteil auf Nicolas Seite. Schließlich hatte sie den Fisch gefangen, der ziellos in dem Eimer herumschwamm.

Pam Owen war froh über die Gelegenheit, Nicola zu loben. Obwohl sie viel mehr Gemeinsamkeiten mit Sally hatte, deren überschäumende Energie auch sie besaß, so fühlte Pam sich doch Nicola näher und mehr von ihr geliebt. Nicola war ein gutes Mädchen, sie machte nie viel Aufhebens um irgend etwas, nicht einmal um ihre Krankheiten. Irgend etwas war an ihrer ältesten Tochter, das sie so verletzlich erscheinen ließ.

Nicola erinnerte Pam irgendwie daran, wie Ed gewesen war, als sie sich zum erstenmal begegnet waren. Obschon er damals als auszubildender Steuerberater in der Stadt arbeitete, wirkte er zwischen den steifen, Melone tragenden Pendlern irgendwie fehl am Platz. Das lag nicht nur an seiner ehrbaren Herkunft aus einer Arbeiterfamilie, sondern auch an seiner inneren Unsicherheit, die Pam hinter seinem augenfälligen Charme, seiner Intelligenz und seiner ungestümen Entschlossenheit entdeckte, die mitunter schon wie Draufgängertum wirkte.

Mit ihrer bemerkenswerten inneren Stärke half und ermutigte Pam Ed unentwegt. Immer wenn er sich schlecht fühlte, pflegte sie ihn anzutreiben: »Komm schon, Eddie, sei stark. Schaff es ganz nach oben.« Und genau das taten sie auch. Nachdem er sich zum Steuerberater ausgebildet hatte, etablierte sich Ed schnell und betrieb eine außerordentlich erfolgreiche Unternehmensberatung. Groß, schlank und sportlich, waren er und seine hübsche, blonde Frau ein gutaussehendes Paar.

Beide waren gerne Eltern. Ganz bewußt nahm die Familie bei ihnen den ersten Rang ein, und sie arbeiteten hart, um ein glückliches Zuhause zu schaffen. Da keine dunklen Wolken den klaren Horizont verdunkelten, ließ sie ihr offenkundiger Erfolg auf eine liebenswürdige Weise selbstgefällig werden. Wenn ihnen ein Freund sagte: »Ihr wißt gar nicht, wie glücklich ihr euch schätzen könnt«, dachten sie gewöhnlich, das sei kein Glück. Wir haben dafür gearbeitet. Man bekommt nur das im Leben, was man selbst einbringt, und Kinder werden nur so, wie Eltern ihnen beibringen zu sein.

Ich hatte eine unglaublich glückliche Kindheit. Sally, Johnnie und ich hatten immer das Gefühl, wirklich geliebt zu werden. Es schien, daß wir immer das hatten, was wir haben wollten, und Mum und Dad machten alles zu einem einzigen Spaß. In gewisser Weise waren wir vielleicht ganz schön verzogen.

Ich war fünf Jahre alt, als wir in das Haus an der Camden Road einzogen. Es war ziemlich groß, und jeder von uns hatte sein eigenes Zimmer. Mum kümmerte sich stets begeistert um die Einrichtung, und jeder Raum war wunderschön möbliert, zumeist in dem alten Landhausstil, den sie beharrlich »Zitz« nannte. Sallys und mein Zimmer wurden genau so eingerichtet, wie wir es uns wünschten. Wir halfen, alles auszusuchen – die Farbzusammenstellung und selbst was für eine Bettdecke wir wollten. Es war alles sehr aufregend, und wie immer machten wir alles zusammen als eine glückliche Familie.

Als Kindern wurde uns, was die Ausbildung betraf, jeder mögliche Vorteil eingeräumt. Alle drei von uns wurden, bis wir elf waren, privat unterrichtet. Danach gingen Sally und ich auf die höhere Schule für Mädchen, und Johnnie besuchte ein Internat.

Wenn ich zurückblicke, hatten wir soviel Spaß in meiner Kindheit. Wir feierten tolle Feste. Mum und Dad schufteten tagelang, um alles zu arrangieren. Dann, wenn unsere Freunde eingetroffen waren, organisierte und beaufsichtigte Dad alle Spiele. Mum gab die Preise aus und servierte die wunderbar angerichteten Speisen, die sie vorbereitet hatte. Ihr Geburtstagskuchen war einfach grandios.

Selbst die Wochenenden waren etwas Besonderes. Jeden Sonntag fuhren wir woandershin, irgendwohin aufs Land. Wir pflückten dann Brombeeren, spielten Spiele, gingen lange spazieren, ließen uns zu einem großen Picknick nieder und kehrten schließlich, völlig erschöpft von unserer Herumstreunerei, nach Hause zurück. Es war immer ein Riesenspaß.

Mum und Dad ließen uns auch immer Tiere halten. Unser erstes Haustier war Lizzie, unser Dalmatiner. Wir hatten die Hündin von kleinauf. Ihre Mutter war ein prämierter Rassehund, aber uns war sie ein guter Freund, den wir auf den langen Spaziergängen durch unseren Wald mitnahmen. Wir hatten auch viele Katzen, denn häufig taten uns irgendwelche Streuner leid, und wir nahmen sie mit. Dann begannen wir uns für Hamster zu interessieren, aber sie wurden alle entweder von der Katze gefressen oder zerquetscht, weil irgend jemand einen aus seinem Käfig herausgelassen hatte. Die Phase mit den Hamstern war ziemlich traumatisch. Am Ende unseres Gartens gab es eine Reihe von kleinen Gräbern für alle unsere Hamster, die gestorben waren. Soviele Tiere zu den verschiedenen Zeiten zu haben gehört, glaube ich, einfach zur Kindheit dazu.

Einige meiner schönsten Erinnerungen habe ich an unsere Ferien. Als ich elf war, begannen wir jedes Jahr ins Ausland zu fahren – nach Italien, Spanien oder Frankreich. Manchmal wohnten wir in einem Landhaus, manchmal auf einem Campingplatz. Dad schaffte es immer, einen Hauch von Abenteuer zu erzeugen. Einmal campierten wir hoch in den Pyrenäen und verbrachten die Nacht zu fünft im Auto. Es war alles sehr aufregend.

Für die Ferien zu packen dauerte immer etliche Tage. In unseren Schlafzimmern sah es aus wie in einer Reinigung, mit all den Kleidern, Hemden, Blusen, die an jeder Ecke, jeder Kante, jedem Türknauf hingen. In die Koffer wurden dann scheinbar unzählige gebügelte Kleider gepackt.

Am Tag, bevor wir abreisen sollten, geschah es unvermeidlich, daß Mum erklärte: »Wir kriegen nicht alles unter, Ed.«

Dann wurde Dad losgeschickt, um noch einen Koffer zu kaufen. Mum bestimmte stets genau die Größe und die Farbe des Koffers – die Farbe eines Gegenstands war immer sehr wichtig für sie. Nach den Ferien wurde die ständig wachsende Zahl von Koffern für den Rest des Jahres auf dem Dachboden verstaut.

Trotzdem gab es immer irgendwelche Schnorchel, Schwimmflossen, Sandalen oder aufblasbare Strandbälle, die wir nicht eingepackt hatten.

»Ich habe eine Idee, Ed«, sagte Mum dann. »Warum nimmst du nicht die Strandtasche für solche Dinge?«

»Eine gute Idee. Geh und hole sie.«

»Ich habe sie sogar schon eingepackt.«

»Das ist großartig, Pam. In welchem Koffer ist die Tasche?«

»Ich glaube, sie ist in diesem einen Koffer.«

»Was heißt ›Du glaubst‹? Ich sage dir was. Du packst wieder alles aus und suchst die Strandtasche, und ich koche uns einen Tee.«

»Wir könnten eine neue Strandtasche kaufen.«

»Das habe ich überhört.«

An dem Morgen, an dem wir abfahren sollten, kam Dad in unser Zimmer und weckte uns um fünf Uhr früh. Wir zogen uns warme Kleider an und stiegen ins Auto, das innen und auf dem Dach mit Campingutensilien, Essen und Kleidern beladen war. Sobald wir die Fähre erreicht hatten, platzten wir schier vor Aufregung. Nachdem wir den Kanal überquert hatten, fuhren wir ganz Frankreich hinunter. Immer wenn uns langweilig wurde, hielten wir an und holten unseren Campingkocher hervor, um uns einen Tee zu machen. Mum kochte auch etwas zu essen, das alles gehörte zum großen Abenteuer. Saßen wir dann wieder im Auto, sangen wir zusammen und erzählten uns Witze, bis wir schließlich am Ziel angekommen waren.

In einem Jahr schlug Dad unser blaues und orangefarbenes Zelt im Schatten einiger alten Pinien an einem Strand in der Nähe von St. Tropez auf. Jeden Morgen aßen wir Melonen und Pfirsiche mit Haferflocken und homogenisierter Milch, die wir aus England mitgebracht hatten. Eines Abends bemerkten wir, nachdem wir auf der Terrasse eines Restaurants gegessen hatten, daß unser Auto verschwunden war. Dad fand heraus, daß der Wagen zu einem umzäunten Parkplatz der Polizei geschleppt worden war, und wir beobachteten mit großem Spaß, wie er sich einschlich und seinen Wagen zurückstahl. Da hatte uns noch niemand gesagt, daß Dad wußte, daß er seinen Wagen abholen durfte. Für den Rest der Ferien duckte Dad sich jedesmal unter das Lenkrad, wenn er einen Polizisten sah, und stöhnte: »Die müssen mich ja nicht unbedingt sehen!«

Wir waren eine richtige Familie. Alles taten wir gemeinsam. Jeder Advent war eine besondere, zauberhafte Zeit, denn wir glaubten noch an den Weihnachtsmann, bis wir zehn Jahre alt waren. Am Heiligen Abend kamen unsere Großeltern herüber und halfen uns, unsere großen Kissenbezüge in der Halle am Kamin aufzuhängen. Dann schenkten wir Santa Claus einen Sherry ein und überließen ihm drei Weihnachtspasteten.

Großvater war in der Küche und rupfte den Truthahn. Nanny backte Weihnachtspasteten, und Dad, der immer einen Sinn für den richtigen Moment hatte, spielte Weihnachtsplatten. Jeder freute sich, und hinterher fiel es schwer einzuschlafen.

Um fünf Uhr am Morgen liefen wir die Treppe hinunter und öffneten unsere Geschenke. Dann weckten wir die anderen auf, ganz versessen darauf, ihnen zu zeigen, was der Weihnachtsmann gebracht hatte. Um die Mittagszeit setzten wir uns zu einem großen Festmahl. Der Tisch war geschmackvoll gedeckt – mit dem Silberbesteck, dem besten Tischtuch, wunderschönen Kerzen und den teuersten Nußknackern, die Mum kaufen konnte. Es war eine sehr glückliche Zeit für die ganze Familie.

Ich stand meiner Schwester Sally immer sehr nah, obschon ich mich erinnern kann, daß sie diejenige war, die man immer für hübsch und liebenswürdig hielt. Sie ähnelte einer Elfe und stand sofort im Mittelpunkt der Aufmerksamkeit, wohin sie auch ging. Ich hingegen wirkte ein wenig linkisch, mager und picklig, und ich fühlte mich in der Gegenwart von Fremden viel unbehaglicher als Sally. Sie wußte immer, was sie zu Erwachsenen sagen mußte, um sie zu erheitern, und sie kletterte froh und heiter auf ihnen herum. Heute sagt sie, daß sie schon mit vier Jahren wußte, daß es ein anderes Geschlecht gibt. Vielleicht stand sie deshalb in unserer Jugend immer im Rampenlicht. Aber wir spielten eine Menge zusammen, wenn wir allein waren. Eines unserer Spiele hieß »Sally und Nicola«. Ich tat so, als wäre ich Sally, und sie gab vor, ich zu sein. Sie brachte all ihre Reichtümer in mein Zimmer, und ich brachte meine in ihres.

Ich schätze, weil ich fünf Jahre älter war als Johnnie, stand er mir nicht so nahe wie Sally, aber ich liebte ihn dennoch sehr. Er war so hübsch und aufgeweckt. Sally und ich pflegten jeden Morgen ein Wettrennen zu seinem Zimmer zu veranstalten, um zu sehen, wer ihn als erster liebkosen konnte. Aber als er zwei oder drei Jahr alt war, verhielt ich mich ihm gegenüber ein wenig boshaft. Wenn niemand zusah, kniff ich ihn, damit er weinte und ich dann wieder nett zu ihm sein und ihn liebkosen konnte.

Als Kind war ich sehr schüchtern und zurückhaltend. Ich war schrecklich dünn und recht kränklich. Im Alter von ungefähr vier Jahren begann ich an Ekzemen in meinen Kniekehlen und in meinen Armbeugen zu leiden. Wenn ich eine Erkältung bekam, wurde daraus oft eine schwere Bronchitis. Ich schien auch oft krank zu werden, wenn irgendein besonderes Ereignis bevorstand.

Mit sechs hatte ich die ersten Asthmaanfälle, die fortan gewöhnlich dann auftauchten, wenn ich nervös war und mir wegen irgendeiner Sache Sorgen machte. Meine Eltern kamen damit sehr gut zurecht und machten daraus keine große Angelegenheit. Dad brachte mich ins Bett, öffnete das Fenster und sagte Sachen wie: »Weißt du, Nick, warum ich all die Koniferen gepflanzt habe?«

»Nein!« keuchte ich.

»Weil Koniferen eine besondere Art von Sauerstoff abgeben. Wenn du diesen Sauerstoff einatmest, dann probiere und schmecke, daß er von den Bäumen kommt, und sofort geht es dir wieder gut.«

Neben meinen ständig wiederkehrenden Krankheiten widerfuhren mir des öfteren Unfälle. Einmal, als ich mir die Zähne putzte, brachte ich zum Beispiel ein Blutgefäß zum Platzen. Mehrere Male war ich im Krankenhaus – einmal um mir die Mandeln herausnehmen zu lassen, denn ich hatte oft schlimme Halsschmerzen. Zu einer anderen Zeit, als Mum und Dad einmal ausgegangen waren und ein Babysitter nach uns sah, tat ich etwas, wobei ich Dad oft beobachtet hatte. Ich benutzte eine Rasierklinge, um eine fast leere Plastikflasche Creme für mein Ekzem aufzuschneiden und so die letzten Reste herauszudrücken. Leider rutschte die Klinge ab, und ich verletzte zwei Sehnen und einen Knorpel in meinem linken Zeigefinger.

Etwa um diese Zeit sah ich Sally zum ersten Mal bei einer Tanzvorführung zu. Sie war als kleines Schweinchen verkleidet und hatte keine große Nummer. Doch als ich sie auf der Bühne sah, dachte ich, daß ich auch tanzen wollte. Ich sagte es Mum, und sie erwiderte:

»Schön. Ich bringe dich zum Ballettunterricht.« Jeder, meine Ärzte eingeschlossen, hielt es für eine gute Idee, und so fing ich an zu tanzen. Ich war am Anfang nicht besonders gut, aber ich arbeitete hart und hatte eine Menge Spaß.

Kurz danach gab Sally das Tanzen auf. Wenn sie auch sehr launisch und faul ist, so hat sie doch einige Talente und ist außergewöhnlich musikalisch. Dad spielt ein wenig Klavier, daher war er erfreut, als Sally anfing, Klavier zu spielen. Später sollte sie sogar einen Platz an der Royal Academy of Music erhalten.

Obgleich ich die Schule mochte, begannen meine Zeugnisse zu zeigen, daß meine Leistung nicht so gut war, wie sie sein sollte. Als ich neun war, wurden meine Augen überprüft, und der Optiker erschreckte meine Eltern zu Tode, indem er erklärte: »Da stimmt etwas mit Nicolas Augen nicht.«

Dad brachte mich zu einem Augenspezialisten in London. Als Dad ihn fragte, wie schlecht meine Augen seien, meinte der Arzt: »Nun, Mr. Owen, wenn ich fünf Finger eine Armlänge vor ihren Augen hochhielte, so könnte Ihre Tochter sie nicht erkennen.« Als Dad mich fragte, wie ich es schaffte, in der Schule die Worte an der Tafel zu lesen, erklärte ich ihm, daß ich immer nach vorne ging, um eine Frage zu stellen, so daß ich auch sehen konnte, was an der Tafel geschrieben stand. Danach trug ich eine Brille, und meine Leistungen in der Schule besserten sich ganz erheblich.

Auch das Tanzen war gut für mich. Ich liebte es sehr. Es hob nicht nur mein Selbstvertrauen, auch meine Körperhaltung verbesserte sich, und ich litt weniger an Erkältungen als früher. Ich bemerkte auch, daß ich allmählich ziemlich gut tanzte. Ich begann an Ausscheidungswettbewerben teilzunehmen und bestand eine nach der anderen mit Auszeichnung – der besten aller möglichen Noten.

Und doch glaube ich, daß all meine Unfälle, Krankheiten und Operationen mich sehr von meinen Eltern abhängig gemacht hatten. Mum war stets freundlich und liebenswert zu mir und machte mir bei allem Mut. Aber trotzdem fühlte ich mich Dad am nächsten. Ich wußte: War Dad bei mir, war alles in Ordnung. Dad würde alles in Ordnung bringen. In meinen Augen konnte er gar nichts falsch machen. Das stimmte selbst noch, als seine Reaktionen mir angst machten. Obschon er sehr viel Spaß machen konnte, war er doch ein starker, strenger und ziemlich aggressiver Mann.

Einmal lag ich im Bett, als Dad entdeckte, daß ich mit der Gardinenstange Dellen in die Wand geschlagen hatte. Er geriet richtig außer sich und stürmte in Sallys Zimmer. Als er sah, daß sie das gleiche getan hatte, packte er die Sparschweinchen, die wir gerade erst von Nanny bekommen hatten, ließ sie über den Treppenabsatz fallen und zerschlug sie.

Aber ich habe Dad nie für etwas getadelt, das er getan hatte. Es hatte immer ein anderer die Schuld – ich, Sally oder Mutter. Dad rührte etwas in mir an. Es ist schwer zu erklären, aber mein Herz gehört ganz und gar ihm. Trotz seiner Arroganz habe ich immer eine große Liebe für ihn empfunden. Ich wollte ihn nie verärgert sehen. Es tat mir weh, wenn ich sah, daß irgend etwas ihn verletzt hatte. Irgend etwas an ihm ist überaus liebenswert. Er kommt mir so jungenhaft, so naiv, so offen und verletzlich vor.

2.
Der Hexentanz

Mit elf Jahren bestand ich die Prüfung, um auf dieselbe höhere Mädchenschule zu gehen, die auch Mum für einige Zeit besucht hatte, bis ihr Vater sie auf eine Gewerbeschule schickte, weil er dachte, es wäre besser, sie zur Sekretärin auszubilden, als daß sie auf eine Kunstschule ginge, wie sie es sich insgeheim wünschte.

Bei den anderen Mädchen war ich ziemlich unbeliebt. Sie sagten, daß ich eingebildet sei, weil ich auf eine Privatschule gegangen war, weil ich in einem großen Haus wohnte, mein Haar zu einem Pferdeschwanz band und eine kleine Geldbörse um den Hals trug. Ich schätze, ich war recht dünkelhaft und zimperlich. Meine Klassenkameraden waren ganz anders als ich, und ich hatte nicht viel Einfühlungsvermögen für Leute in diesem Alter.

Ich sah in keiner Hinsicht gut aus oder fühlte mich so. Ich trug noch immer eine Brille, als ich auf die höhere Schule kam. Erst kurz danach erhielt ich von Mum und Dad Kontaktlinsen, weil ich recht eitel war. Ich mußte aber auch beim Tanzen gut sehen können. Wenn ich mit Brille eine Pirouette tanzte, flog sie davon; und ohne Brille sah ich alles nur verschwommen.

Ich nahm das Tanzen sehr ernst und war ein richtiger Perfektionist. Jeden Morgen machte ich meine gymnastischen Übungen, und jeden Abend ging ich zum Ballettunterricht. Ich nahm auch an einer Aufführung in der Ballettschule teil. Es wurde ein großer Erfolg, und zu meiner Freude schlug mein Lehrer vor, daß ich mich an einem Wettbewerb des Sidcup Dance Festival beteiligen sollte. Ich wußte, das war etwas, das mir sehr viel Spaß machen würde.

Zu dieser Zeit war das Leben, das die Owens führten, sehr angenehm. Ed und Pam hatten in ihren Zwanzigern aufgehört, sehr hart zu arbeiten, als sie sich um drei sehr kleine Kinder kümmern mußten. Eds Geschäfte liefen gut, und Pam arbeitete in dem Büro für ihn, das sie sich zu Hause eingerichtet hatte. Als der Reiz der jungen Ehe verflogen war, begannen sie zu Partys zu gehen, wobei sie sich immer sehr elegant anzogen. Beide waren sehr beliebt und genossen diese beschwingten Partys. Damals war alles ein großes Vergnügen, und sie hatten nicht das Gefühl, daß ihre Kinder vernachlässigt wurden. Sie hatten auch immer Babysitter, die ihre Kinder mochten. Daher hatten sie auch nie ein schlechtes Gewissen, wenn sie ausgingen.

Wegen seiner Geschäfte war Ed ziemlich häufig von zu Hause fort. Deshalb beschloß er, statt zu Hause in seinem Büro zu arbeiten und Pam als Halbtagssekretärin zu beschäftigen, sich in Sidcup ein eigenes Büro zu mieten und eine Sekretärin für den ganzen Tag einzustellen. Pam stimmte seinen Plänen sofort zu und half ihm, ein Büro und eine Sekretärin zu finden, aber dann plötzlich hatte sie das Gefühl, nicht mehr gebraucht zu werden. Ihr Selbstvertrauen schwand noch mehr, als sie Ed nach seinem ersten Tag im neuen Büro fragte, wie sich seine neue Sekretärin mache.

»Sie ist genauso gut wie du«, sagte er, vielleicht weil er

ihr auf diese Weise versichern wollte, daß alles wunderbar laufen würde.

Da sie sich zurückgesetzt fühlte, geriet Pam in eine tiefe Depression. Sie war allein im Haus, während ihre drei Kinder in der Schule waren und sich ihr Mann in seinem Büro aufhielt, und sie kam sich einsam und verlassen vor. Sie wollte nichts anderes mehr tun als nur zu weinen.

Zu dieser Zeit lud sie ein Bekannter zum Mittagessen ein. Und bald hatten sie eine Affäre. Pam war nicht sehr glücklich über diese abnorme Situation, denn sie liebte ihren Mann noch immer und wußte, daß sie nicht fähig gewesen wäre, ihn zu belügen, wenn er ihr Fragen stellen würde.

Schließlich, an einem Montagabend im Dezember, als Nicola bereits drei Monate auf die höhere Schule ging, stellte Ed seine Frau zur Rede. Pam gestand alles, und es gab eine traumatische Szene. Dann gingen sie erschöpft zu Bett, stritten sich aber noch bis morgens um zwei Uhr. Am nächsten Tag ging der Streit weiter. Eine ganze Woche stritten sie sich.

Am folgenden Freitag kam Nicola aus der Schule und erzählte, daß sie sich am Rücken verletzt hatte, als sie im Schullabor vom Stuhl gefallen war. Da sie nicht nach Hause gebracht worden, sondern wie gewöhnlich mit dem Bus gekommen war, machten Ed und Pam nicht viel Aufhebens davon. Am nächsten Morgen lagen sie stumm und traurig im Bett, als Nicola in ihr Schlafzimmer kam und fragte, ob sie mit Sally und Johnnie auf die Sidcup High Street gehen dürfte, um ein paar Weihnachtseinkäufe zu tätigen.

Ed und Pam stimmten freudig zu und gaben den drei Kindern etwas Taschengeld. Ungefähr eine Stunde später klopfte es an der Tür. Als Ed öffnete, sah er Nicola dastehen und weinen.

Bleich und zitternd stöhnte sie: »Ich kann nicht mehr atmen. Mein Rücken tut so fürchterlich weh.«

Ed und Pam waren in höchstem Maße bestürzt. Nicola wurde eiligst ins Krankenhaus gefahren, wo man bei ihr eine Bronchopneumonie und einen Lungenkollaps feststellte. Sie wurde sofort auf die Intensivstation gebracht und in ein Sauerstoffzelt gelegt. Die Leute in der Klinik befürchteten, daß Nicola vielleicht nicht auf die Antibiotika ansprechen würde, weil sie wegen ihres Asthmas und ihrer Halsschmerzen schon so viele Medikamente bekommen hatte. Der Arzt erklärte Ed, daß Pam und er Nicola zu jeder Zeit so lange besuchen dürften, wie sie es wünschten.

Ed und Pam machten sich große Vorwürfe. Sie meinten, sie hätten sich so sehr in ihre ewigen Streitereien verstrickt, daß sie nicht genau genug darauf geachtet hätten, was Nicola ihnen über ihren Unfall berichtet hatte. Pam glaubte, es wäre eine ganz persönliche Strafe für sie.

Obschon die Dinge sich zwischen ihnen längst noch nicht wieder eingerenkt hatten, waren sie doch wegen Nicola so besorgt, daß sie aufhörten sich zu streiten. Nach einiger Zeit, in der sie sich voneinander entfernt hatten, brachte Nicolas ernste Krankheit sie wieder zusammen.

Langsam erholte Nicola sich. Sobald sie nicht mehr im Sauerstoffzelt liegen mußte, sagte sie: »Laßt meinen Namen auf der Teilnehmerliste des Sidcup Festivals stehen. Ich tanze dort. Ihr werdet es sehen.«

Ed und Pam lächelten zustimmend, sie wußten aber, daß, wenn kein Wunder passierte, Nicola an dem Festival nicht würde teilnehmen können. Denn es waren nur noch sechs Wochen bis dahin. Doch nachdem sie das Krankenhaus verlassen hatte, begann Nicola hart zu trainieren und offenbarte ihren so charakteristischen eisernen Willen und ihre Entschlossenheit.

Ich war nur für eine Kategorie beim Sidcup Festival gemeldet worden – den Ausdruckstanz. Ich sollte »Little Betty Blue« sein. Meine Lehrerin Mrs. Sutton erklärte meiner Mutter, wie das Kostüm aussehen sollte. Mum war ganz aufgeregt und verbrachte Stunden damit, Stoff zuzuschneiden und zu nähen. Das Kleid, das sie mir machte, war wunderschön mit einem hübsch gemusterten Stoff am Saum. Aber als Mrs. Sutton das Kleid sah, sagte sie: »Wie schade, daß du nicht das ganze Kleid aus diesem Stoff gemacht hast!« Also trennte Mum alles wieder auf, nähte es neu und verwendete den gemusterten Stoff für das ganze Kleid.

Voller Selbstvertrauen ging ich zu dem Festival und gewann meinen Tanzwettbewerb. Danach begann meine Ballettlehrerin sich weit mehr für mich zu interessieren. Beim nächsten Festival führte ich zwei Tänze vor, und allmählich entwickelte ich mich, so daß ich schließlich an allen Kategorien teilnahm – Steppen, Ballett, modernes Tanztheater, Ausdruckstanz und Volkstänze. Ich habe nicht alle Wettbewerbe gewonnen, aber die meisten, und ich konnte mich in jeder Kategorie plazieren.

Meine Eltern taten, was sie konnten, um mich zu fördern. Sie gehörten zu den Menschen, die, wenn sie bemerkten, daß ihr Kind ein besonderes Talent hatte, meinten, daß ihr Kind nur das Beste haben sollte. Ich bekam alles, was ich mir wünschte. Wir kauften Dinge in den exklusivsten Ballett-Shops. Und ich wurde ausgeführt, um das Bolschoi-Theater und das Royal Ballett zu sehen. Mum verbrachte Stunden damit, meine Tanzkostüme in Ordnung zu bringen und mich zu den Ballettstunden zu fahren. Dad war unglaublich stolz auf mich, und er begriff, daß ich wirklich Talent hatte. Sie waren beide ganz aufgeregt über mein Tanzen. Andere Leute mögen gedacht haben, daß meine Eltern mich drängten, aber selbst wenn es so war, so drängten sie mich in eine Richtung, die ich gehen wollte, ja, die ich ohnehin gegangen wäre.

Aufführungen gehörten zu meinem Alltag, ich wuchs auf mit ihnen, denn ich lebte in einem sehr theaterversessenen Haus. Meine Eltern liebten es von jeher, etwas darzustellen. Obwohl mein Vater von Beruf Steuerberater war, spielte er auf Partys gerne Klavier und verkleidete sich auch gerne, um uns zu amüsieren. Einmal, an Weihnachten zog er ein pinkfarbenes Trikot an und steckte sich vier Paar dicke Socken in die Hose. Dann gaben er und Nanny, die als Pflaumen-Fee gekleidet war, ihre lustige Version der »Nußknacker-Suite« zum besten.

Mum war genauso schlimm. Einmal, als ich mit Sally und Johnnie frühstückte, bevor wir zur Schule gingen, rutschte Mum in einem roten Négligé das Treppengeländer runter, dann sprang sie auf den Küchentisch und begann »Hey, Big Spender« zu singen. So war unsere Familie: Wenn man nicht irgendwas vorführte, dann wurde man gar nicht bemerkt.

Für mich war es unmöglich, zu Hause mit meinen Eltern zu konkurrieren, aber ich konnte auf der Bühne etwas darstellen, und ich liebte diese Aufführungen sehr. Ich liebte die Atmosphäre auf der Bühne, das Make-up, die Lichter und den Applaus. Während ich darauf wartete, daß ich an die Reihe kam, spürte ich, wie das Adrenalin durch mich hindurchraste und wie nervös ich war – erstaunlich nervös. Aber sobald ich vor dem Publikum stand, wurde ich lebendig. Ich wußte, daß ich gut war und ich den Leuten, die mir zusahen, wirklich etwas Besonderes bot. Ich hatte auch keine Zweifel daran, daß Tanzen das war, was ich in meinem Leben tun wollte. Mit der Zeit sagten auch die Ballettlehrer und alle anderen, daß ich außergewöhnlich talentiert sei und das Zeug zu einem echten Star habe; daß ich dazu bestimmt sei, ganz nach oben zu kommen. Ich selbst hegte daran niemals irgendwelche Zweifel. Ich war froh, dieses Talent zu besitzen und es entwickelt zu haben. Es gab mir das Gefühl, etwas Besonderes zu sein. Ich werde niemals wieder so glücklich sein, wie ich es damals war. Es war eine zauberhafte Zeit.

Und doch wußte ich stets, daß ich zwei Persönlichkeiten besaß. Auf der einen Seite gab es das große Selbstvertrauen und die Reife, die ich auf der Bühne spürte, wenn ich die Entertainerin und Künstlerin war. Aber abseits der Bühne war ich wieder nur das wohlerzogene, ein wenig introvertierte Schulmädchen.

In der Schule wurde ich von meinen Klassenkameradinnen nicht akzeptiert. Da half es auch nichts, daß ich mit meinen Medaillen und Pokalen, die ich bei verschiedenen Tanzfestivals gewann, oft in der Zeitung stand. Außerdem war ich ziemlich mager und hatte flache Brüste, während all die anderen Mädchen in meiner Klasse offenbar Brüste bekommen hatten und Büstenhalter trugen. Daher kaufte man mir schließlich auch einen großen Büstenhalter. Das Ding war zwar völlig unnötig, aber ich fühlte mich besser, wenn ich wie die anderen Mädchen einen BH anhatte.

Als Mum sah, daß ich mich in der Schule nicht wohlfühlte, sagte sie: »An deinem dreizehnten Geburtstag feiern wir eine große Tramp-Party, und du darfst alle Mädchen aus deiner Klasse einladen.« Die Party wurde ein riesiger Erfolg. Dad hatte im Garten ein großes Zelt aufgestellt. Er hatte sich eine Menge Spiele ausgedacht, die alle auf dem Rasen stattfanden. Jeder hatte sich als Tramp verkleidet und amüsierte sich großartig. Jeder fand Dad toll, und einige Mädchen meinten, er sähe wie Paul Newman aus. Danach war ich bei den Mädchen in meiner Klasse sehr beliebt – so sehr, daß ich dreimal hintereinander zur Klassensprecherin gewählt wurde.

Kurz nach Nicolas dreizehntem Geburtstag sollte sie an einem bedeutenden Tanzfestival teilnehmen. Wie immer taten ihre Eltern alles, was sie konnten, um ihr zu helfen und sie zu unterstützen. Es war schon eine Art Ritual geworden, daß Nicola, um sich auf das Festival einzustimmen, ihren neuen Tanz im Wohnzimmer probte. Platz wurde geschaffen, indem man das Sofa und die Sessel beiseite schob und die Beistelltische und Lampen auf das Sofa legte. Sallys Aufgabe war es, den Kassettenrecorder zu bedienen und die Musik für den Tanz zu spielen.

Einer der neuen Tänze, die Nicola für das Festival einstudierte, war eine Darstellung der Carmen. Ed schaute der Arbeit seiner schlanken, dreizehnjährigen Tochter aufmerksam zu.

Er unterbrach ihren Tanz, indem er ihr in aufgeregtem Tonfall erklärte: »Nein, nein, Nicola. Du bist Carmen. Mit spanischem Blut in deinen Adern! Spröde Empfindlichkeit. Schnell damit, zu lieben und zu hassen. Du mußt verführerisch sein. Du mußt das heiße, leidenschaftliche Blut spüren, das in deinen Adern pulsiert.

Dein ganzer Körper ist der Körper einer Zigeunerin. Du hast geliebt, und nun haßt du. Du bist eifersüchtig, und du denkst an Rache.«

Während sie ihrer Mutter einen Blick zuwarf, lächelte Nicola schüchtern und fragte unbedarft: »Wie würdest du es machen, Dad?«

Ed zog seine Schuhe aus, rollte seine Hose ein Stück hoch und stellte sich mitten im Raum in einer Pose auf, die er als typisch für einen spanischen Tänzer ansah. »Mach die Musik an, Sally«, rief er. »Komm schon, Sally. Stell es lauter.« Die Musik dröhnte los. »Gut, auf geht's!« sagte er, und mit eingezogenem Bauch und herausgestrecktem Hintern bewegte er sich in kreisenden Bewegungen durch den Raum, die er wohl für ordentliche Jetés und Pirouetten hielt. Seine Arme schienen in alle Richtungen zu fliegen, als er mit Händen und Füßen übertriebene Gesten vollführte.

Pam wand sich auf dem Sofa und versuchte verzweifelt, das Lachen zu unterdrücken. Sie hielt sich wirklich den Bauch, und ihr standen Tränen in den Augen. Sally, die neben dem Kassettenrecorder auf dem Boden gesessen hatte, versuchte erst gar nicht, ruhig zu bleiben. Sie lag flach auf dem Rücken, ihr ganzer Körper bebte vor Lachen.

Während sie noch immer schallend lachte, schaffte Pam es zu rufen: »Hör auf, Ed, um Gottes willen, du bringst uns um.«

Von seiner Tanzeinlage ganz außer Atem wandte Ed sich an Nicola, die der Hysterie nahe in einen Sessel gesunken war. »Hast du es jetzt kapiert, Nicola?« fragte er.

Seine Frage wurde von Lachsalven seiner Frau und seinen zwei Töchtern beantwortet.

Sechs Wochen nach meinem dreizehnten Geburtstag saß ich eines Abends in meinem grünen Morgenmantel am Schreibtisch in meinem Zimmer. Mum machte sich bereit, ins Bett zu gehen. Plötzlich fühlte ich etwas Klebriges zwischen meinen Beinen. Ich öffnete meinen Morgenmantel und entdeckte Blut auf meinem Nachthemd. Ich war völlig überrascht. Ich lief zu Mum und sagte: »O Mum, schau nur!« Dann fing ich an zu weinen, ohne überhaupt zu wissen, warum.

Mum nahm mich in den Arm und sagte: »Es ist alles gut, Nicola. Du hast deine erste Periode bekommen. Ich fühlte mich genauso, als es bei mir passierte. Komm, laß uns das in Ordnung bringen.«

Sie erklärte mir, was ich zu tun hatte, und zeigte mir, wie ich eine Binde benutzte. Doch noch jahrelang hatte ich einen Horror davor, zum Apotheker zu gehen und nach Damenbinden zu fragen. Also kaufte Mum die Binden für mich, und ich fragte mich, ob ich jemals Selbstvertrauen genug haben würde, um sie mir selbst zu kaufen. Ich glaubte, Toilettenpapier dafür benutzen zu müssen, wenn ich von zu Hause auszog. Das Ganze war mir überaus peinlich.

Am Tag nach meiner ersten Periode fand das wichtige Tanzfestival statt. Abends im Bett kam ich mir beinahe wie eine Märtyrerin vor – am nächsten Tag würde ich tanzen, während ich blutete.

Am Morgen des Festivals stand Ed wie üblich früh auf. Sein elektrischer Wecker, den er ein Stück von seinem warmen Bett entfernt auf einer Kommode plaziert hatte, riß ihn aus dem Schlaf. Es war ein Samstag, daher würde die ganze Familie Nicola begleiten, um sie tanzen zu sehen.

Nachdem er ein Tablett mit Teetassen vorbereitet hatte, kehrte Ed ins Schlafzimmer zurück und weckte seine Frau mit einem sanften Kuß auf ihren Nacken. Pam nippte noch schläfrig an ihrem Tee und kontrollierte dann im Geiste noch einmal die Kollektion von Tanzkostümen, die überall im Zimmer in ihren Plastikhüllen aufbewahrt waren. Ihr Perfektionismus hatte einmal mehr dafür gesorgt, daß alles für das Festival bereit war – das pfirsichfarbene Ballettkleid, das Kostüm für den Stepptanz mit dem blauen Oberteil und der Hose, die mit Hunderten von Münzen bedeckt war, die sie selbst angenäht hatte, dem ungarischen Trachtenkostüm, dem Kleid der Carmen und dem neuen Kleid, das sie für die Darstellung der Hexe in »Hänsel und Gretel« aus grauem und schwarzem Chiffon gefertigt hatte. Auf der Kommode lagen der dazugehörige große, schwarze, glänzende Hut, eine graue, zerlumpte Perücke, ein schwarzer Schal und lange grüne Fingernägel.

Nicola war auch schon wach. Sie kam ins Schlafzimmer der Eltern und war ganz aufgeregt. »Komm schon, Mum«, rief sie. »Es gibt noch eine Menge zu tun.«

Pam lächelte und erwiderte ruhig: »Na gut, Nicola. Ich bin schon dabei.« Während Nicola sie dann aufmerksam beobachtete, trug sie all die Kostüme zusammen.

Für gewöhnlich war es viel schwieriger, Sally aufzuwecken als ihre Schwester. Ed begann das allmorgendliche Ritual, indem er ihre Tür öffnete, dann eine Tasse Tee neben ihr Bett stellte, die zumeist nicht angerührt wurde, und sie schließlich mit einem Wetterbericht weckte: »Guten Morgen, Sally. Das Wetter ist schön, und es weht ein leichter Wind aus Südwest.«

Weil sie wußte, daß es der Tag des Festivals war, mußte man Sally nicht zweimal ansprechen. »Danke, Dad«, sagte sie, dann richtete sie sich auf und schüttelte ihr lockiges, dunkelbraunes Haar. Sie genoß es sehr, Nicola auf solchen Festivals tanzen zu sehen. Sie liebte die zauberhaften Kostüme, die Musik und die Art, wie die Tänzerinnen zurechtgemacht waren. Vor nicht allzu langer Zeit hatte sie im Mittelpunkt der Aufmerksamkeit ihrer Familie gestanden, aber nun, da Nicola die begabtere Tänzerin war, schien der Erfolg ihrer Schwester das wichtigste Gesprächsthema ihrer Eltern zu sein. Sally hätte gut und gerne eifersüchtig auf Nicola sein können, aber sie war es nicht. Sie bewunderte die ältere Schwester und war stolz auf deren Leistungen.

Als Ed Johnnies Zimmer betrat, schlief sein Sohn noch tief und fest; er hatte sich ganz unter seine orangefarbene Bettdecke zusammengerollt. Ed rüttelte ihn an der Stelle, wo er Johnnies Schulter vermutete. Nett und gutgelaunt, wie er stets war, schlug Johnnie die Bettdecke zurück und grinste seinen Vater an. Natürlich wußte auch er, daß es der Tag des Festivals war. Er war erst acht, und er begleitete seine Eltern, ohne zu murren und ohne zu sagen, was er wirklich dachte. Denn im Gegensatz zu Sally konnte er nicht anders, als eifersüchtig auf Nicola zu sein. Er war verärgert darüber, daß man offenbar Nicola alle Aufmerksamkeit widmete. Sie war die große Tänzerin, während er sich aus Tanzen überhaupt nichts machte. Er haßte es, diese Tanzfestivals zu besuchen. Lieber wäre er mit seinen Freunden zu Hause geblieben. Es entsprach so gar nicht seiner Vorstellung, mit irgendwelchen Müttern herumzustehen, die zuschauten, wie ihre Töchter auf einer Bühne herumhüpften.

Nachdem sie gefrühstückt hatten und die Kostüme im Auto verstaut worden waren, machten die Owens sich zu der großen Halle auf, wo das Festival stattfinden sollte. Dort reihten sie sich in der Menge der Mädchen und Eltern ein, die sich, beladen mit Kostümen und Schminkkoffern, durch die offenen Türen der Halle drängten. Weil er falsch geparkt hatte, war Ed beim Ausladen mehr in Eile, aber er bemerkte dennoch, daß trotz des durchdringenden Geruchs von Bohnerwachs eine dünne Schicht Staub in der Halle lag.

Als sie alle Dinge ausgeladen hatten, fuhr Ed davon und suchte einen Parkplatz. Nicola begab sich mit Pam in den Umkleideraum. Ihre Mutter würde fast den ganzen Tag damit beschäftigt sein, ihr mit den Kostümen und dem Make-up zu helfen. Johnnie und Sally zog es zur Erfrischungsbar, wo sie sich zu den anderen Tänzern gesellten, die eine Unmenge Schokolade und Chips vertilgten und alles mit Fruchtsäften und Mineralwasser herunterspülten.

Da die Tanzwettbewerbe nicht nur nach Stilen, sondern auch nach Altersgruppen eingeteilt waren, gab es unaufhörlich Entscheidungen und Preisverleihungen. Daher herrschte ständig Unruhe im Publikum; Eltern liefen umher, um Erfrischungen zu besorgen oder ihre Kinder aufzusuchen, andere lobten lauthals die Sieger, während wieder andere die Verlierer trösteten. Nur wenn eine außergewöhnlich begabte Tänzerin angekündigt war, saßen mehr Leute im Publikum. Das war immer der Fall, wenn Nicola tanzen sollte. Und sie war wirklich außergewöhnlich gut. Als nur noch ein Tanz zu absolvieren war, hatte sie bereits fünfmal den ersten Platz belegt. Der letzte Wettbewerb war der Ausdruckstanz.

Die Leute drängten sich in der Halle, um Nicolas Aufführung zu sehen. Wie bei den anderen Tänzen auch war die Bühne hell erleuchtet. Pam eilte aus dem Umkleideraum und nahm den Platz neben Ed ein. Sie beugte sich zu Sally und Johnnie vor und flüsterte: »Eure Schwester sieht großartig aus.« Das Publikum schwieg erwartungsvoll.

Der Pianist schlug einen dissonanten Takt an, der schnell an Lautstärke gewann. Eine Hand tauchte langsam auf; Finger mit langen grünen Nägeln spreizten sich, als die Hand den Vorhang ergriff und ihn zur Seite schob. Als die dröhnenden Klavierakkorde im Publikum widerhallten, schob sich ein spitzer, schwarzer Hut ein Stück über der ausgestreckten Hand durch den Vorhang. Ein Schuh und ein Fuß in einem schwarzen Strumpf tauchten auf und bewegten sich zögernd, als suchten sie auf einem gefrorenen See einen sicheren Halt. Dann verstummte die Musik abrupt, und unter dem Hut sprang ein Gesicht ins Bild. Das Publikum stöhnte auf, und ein paar junge Mädchen schrien. Die durchdringenden Augen in dem totenbleichen Gesicht waren mit schriller grüner Farbe ummalt, und die smaragdgrünen Lippen teilten sich und entblößten schwarze, verfaulte Zähne.

Die Musik setzte wieder ein, und die schlanke Gestalt in schwarzen und grauen Lumpen bewegte sich in grotesken Kreisen auf die Mitte der Bühne zu. Arme streckten sich wie die knorrigen Äste einer alten Eiche. Umrahmt von grauem Haar tauchte das Gesicht über gekrümmten Schultern wieder auf. Wieder kreischten etliche junge Mädchen vor Entsetzen auf. Jede Bewegung der Arme und Beine, jede groteske Regung des Gesichts ließ niemanden im Zweifel, daß es sich bei diesem Wesen um eine Hexe handeln mußte.

Am Ende der Vorführung herrschte verblüfftes Schweigen, das schließlich von zögerndem Beifall durchbrochen wurde, der sich dann in einen donnernden Applaus verwandelte. Das war die Anerkennung für eine wirklich herausragende Darbietung. Pam war vor Aufregung und Stolz errötet. Als Ed zusammen mit all den anderen applaudierte, teilte er die Gefühle seiner Frau, aber da gab es noch etwas anderes, das er ganz tief in sich fühlte – und dessen Existenz er lieber geleugnet hätte. Und doch ließ sich, wie er es emotional und rational auch wendete, nicht ignorieren, was er fühlte.

Es war in ihren Augen – in Nicolas Augen! Er hatte einen Schimmer von Wahnsinn in ihren Augen gesehen, als sie den Hexentanz aufführte – und es war kein Wahnsinn, den diese großartige Darbietung heraufbeschwor, es war ein Wahnsinn, der Wirklichkeit war. Ed haßte sich für diese Gedanken, aber so sehr er es versuchte, er konnte sich des zutiefst verwirrenden Eindrucks nicht erwehren, daß Nicolas Augen die Wahrheit sprachen. Er wußte, daß er eine Angst fühlte, die er auf keinen Fall ausdrücken durfte. Er konnte nicht wissen, wie bald seine Angst Realität werden sollte. Dann würde seine Tochter nicht mehr nur eine Gestalt auf der Bühne sein, die junge Mädchen im Publikum vor Angst aufschreien ließ, sondern eine, die, auf sonderbare Weise verändert, ein Entsetzen hervorrufen würde, das eine ganze Familie in höchste Gefahr bringen sollte.

Nach Nicolas letztem, triumphalem Tanz half Pam in der Umkleide ihrer jubelnden Tochter, das Make-up zu entfernen und die Kostüme vorsichtig in Plastiktüten zu verpacken. Dann waren alle Kleider zusammengepackt, und Pam wartete auf ihre Tochter, die sich umzog, als die Mutter einer anderen Tänzerin kam, um ihr zu dem Erfolg ihrer Tochter zu gratulieren.

»Ja, Nicola ist solch ein nettes, kleines Mädchen«, entgegnete Pam erfreut. »Sie ist ein richtiger kleiner Engel.«

»Beschreien Sie es nicht!« hatte die Frau mit kalter Stimme ausgerufen. »Etwas ganz Schreckliches könnte passieren.«

Sobald ich die Bühne betreten hatte, veränderte sich plötzlich etwas in mir. Ich war nicht länger das kleine Mädchen, das einen Tanz vorführte, sondern eine erwachsene Frau. Ich wußte, daß ich die Konkurrenz bei diesem Festival in Grund und Boden tanzte.

Ich tanzte aus purem Vergnügen des Tanzes wegen, benützte meinen Körper, um mit der Bewegung auszudrücken, was ich fühlte. Als ich Carmen war, war ich die eifersüchtige Geliebte. Als ich einen Indianertanz aufführte, war ich ein tapferer Apache. Beim Hexentanz wurde ich wahrhaft zur Hexe. Ich ließ mich so vom Tanz mitreißen, daß ich tatsächlich aufschrie, als ich von Hänsel und Gretel in den Ofen geschoben werden sollte. Es war gar nicht beabsichtigt, aber ich ging ganz und gar in meiner Rolle auf. Ich hatte niemals zuvor so gut getanzt.

Ich siegte in allen sechs Kategorien, an denen ich teilgenommen hatte. Daneben gewann ich auch den Preis für die Tänzerin, die nach Ansicht der Juroren die besten Perspektiven für eine große Karriere hatte. Als ich auf dem Weg nach Hause im Auto saß, war ich überwältigt von einem wunderbaren Gefühl der Zuversicht. Ich dachte: O ist das wunderbar! Eine fabelhafte Karriere liegt vor mir. Ich werde eine erwachsene Frau, und ich habe diese große Begabung. Ist das Leben nicht wundervoll? Alles ist so aufregend.

3.
Die Familie bricht auseinander

Eine Woche nach dem Tanzfestival begannen die Ferien der Familie. Mum hatte es geschafft, Dad zu überreden, lieber eine Pauschalreise nach Mallorca zu buchen, als sich wieder auf einen Campingurlaub einzulassen.

Der Urlaub ein Jahr zuvor war ein einziger Reinfall gewesen. Nach zwei Tagen in Südfrankreich waren wir in ein nicht endendes Unwetter geraten und hatten nach Italien ausweichen müssen, wo uns aber nach drei Tagen der Regen einholte. Die nächsten zwei Wochen verbrachten wir in einer Holzhütte und spielten Scrabble. Und als es aufhörte zu regnen, fuhren wir nach Hause. Dad hatte die Manie, nicht mit ausländischem Geld zurückzukehren, daher passierte uns ein paar Meilen von der Autofähre in Boulogne entfernt noch ein lächerliches Mißgeschick. Unser Wagen hatte kein Benzin mehr, und Dad mußte per Anhalter zur nächsten Tankstelle fahren. Doch Dad besaß keinen Franc mehr, und der Besitzer der Tankstelle nahm kein englisches Geld. Also war Dad gezwungen, das Doppelte des üblichen Wechselkurses zu bezahlen, als er einen vorbeikommenden Autofahrer anhielt, um an die paar Francs zu gelangen, die wir brauchten, um die Fähre zu erreichen.

Am dritten Tag unseres Urlaubs auf Mallorca zogen sich Mum und Dad nach dem Essen mit einem englischen Paar, das sie hier getroffen hatten, an die Hotelbar zurück. Ich ging mit Sally, Johnnie und zwei seiner Freunde weg – einem Jungen in meinem Alter und dessen Schwester. Sie wollten uns ihre Zimmer zeigen, daher nahmen wir den Aufzug zur zweiten Etage. Dort gingen wir einen Gang entlang, als wir nach rechts abbogen, glitt ich auf dem Fliesenboden aus und stürzte schlimm.

Ich wußte sofort, daß ich mir mein linkes Bein gebrochen hatte. Es war sehr schmerzhaft, aber ich schrie weder, noch weinte ich. Ich wollte nur aufstehen und mein Bein strecken und baumeln lassen. Ich versuchte, mich aufzurichten, aber die Jungen hielten mich fest, und Sally lief los, um Dad zu holen.

Er muß die Treppen förmlich heraufgeflogen sein, denn wenig später hastete er durch den Flur auf mich zu. »Ich bin da, Nick«, sagte er. »Und Mum ist auch auf dem Weg.«

Ich lag völlig reglos da und sagte: »Ich bin so traurig, Dad. Ich glaube, ich habe mir das Bein gebrochen.«

Dad kniete sich hin und untersuchte mein Bein. Da er früher Fußball gespielt hatte, hatte er eine Menge Knochenbrüche gesehen. Er bemerkte sofort die leichte Vertiefung, die verletzte Haut und die gerissenen Adern an meinem linken Schienbein. »Mach dir keine Sorgen«, sagte er, »aber ich glaube, du hast dir wirklich das Bein gebrochen.« Dann legte er mich vorsichtig herum, so daß ich mein rechtes Bein ausstrecken konnte.

Dann sah ich, wie Mum mit dem englischen Ehepaar den Flur heruntereilte. Eine mürrisch aussehende Frau und ein Spanier waren noch bei ihnen. Der Spanier war mittleren Alters, er hatte einen Schnurrbart und einen dicken Bauch, der sich über den Gürtel seiner zerknitterten weißen Hose wölbte.

»Mach dir keine Sorgen, Mum«, sagte ich. »Mir geht's gut.«

Mum blickte Dad bekümmert an und fragte: »Was hat sie gemacht?«

Ganz nüchtern entgegnete Dad: »Sie hat sich ihr Schienbein gebrochen. Man kann es genau sehen. Und ich glaube, auch ihr Knöchel ist schlimm verletzt.«

»O nein«, rief Mum, dann wurde sie ohnmächtig und schlug mit dem Kopf auf den Boden.

Die mürrisch aussehende Frau kümmerte sich um Mum, und der Mann mit dem Schnurrbart sagte: »Ich bin Arzt. Wir waren in der Bar, als deine Freunde kamen und uns erzählt haben, was passiert ist. Das ist meine Krankenschwester.« Dann deutete er auf die Frau, die im Begriff war, Mum aufstehen zu helfen. »Sie kommt aus Belgien.«

»Ich spreche auch Englisch«, sagte die grauhaarige Schwester zu Dad. »Ihre Frau ist wieder in Ordnung. Engländer machen immer soviel Getue.«

Der Doktor öffnete die Tür zu einem der Zimmer und sagte: »Wir können dieses Zimmer benutzen. Lassen Sie uns Ihre Tochter auf das Bett legen.«

Ein paar Leute hoben mich auf, trugen mich in das Zimmer und legten mich auf das Bett. Der Arzt steckte sich eine riesige Zigarre an und verkündete, daß er mein Bein auf der Stelle schienen würde. Doch Dad hielt davon gar nichts; er sagte, daß ich sofort in ein Krankenhaus gebracht werden sollte, damit mein Bein geröntgt werden könnte, um zu sehen, ob eine Operation nötig wäre.

Da das Krankenhaus auf der anderen Seite der Insel in Palma lag, schlug der Arzt vor, ein Taxi zu nehmen statt auf einen Krankenwagen zu warten. Dad bestand darauf, mich zum Taxi zu tragen. Ich hing ihm um den Hals, während Mum mein Bein stützte. Die Fahrt war ein einziger Alptraum; sie dauerte über eine Stunde. Die meiste Zeit kauerte Dad auf dem Boden des Wagens und hielt mein gebrochenes Bein. Immer wieder beschwor er mich, tapfer zu sein. Der Schmerz war schier unerträglich, aber ich weinte nicht.

Im Krankenhaus wurden wir von einem Arzt in Empfang genommen, und ich wurde auf eine Trage gelegt. Dann wurde mein Bein geröntgt. Am nächsten Tag wurde das Bein operiert und mit einem riesigen Gipsverband versehen, der von meiner Hüfte bis zu meinen Zehen reichte und der an einer Winde über meinem Bett befestigt war.

Dad und ich teilten ein Zimmer im ersten Stock. Es war unerträglich heiß, ich fühlte mich sehr unwohl, weil ich überhaupt nichts zu tun hatte. Dad lief unaufhörlich herum, um mir bestimmte Dinge zu besorgen. Es muß schrecklich langweilig für ihn gewesen sein, aber ich dachte nicht darüber nach. Es schien mir ganz richtig zu scin, daß Dad für mich da war.

Am fünften Tag bekam ich aus keinem ersichtlichen Grund plötzlich furchtbare Kopfschmerzen und fühlte mich ziemlich niedergedrückt. Dad glaubte offenbar, daß ich nur ein wenig aufgemuntert werden müsse, aber als seine Versuche, mich fröhlicher zu stimmen, scheiterten, probierte er es auf eine andere Art. Er sagte, ich wäre nicht die einzige, die leide, denn das, was passiert sei, würde allen die Ferien gründlich verderben. Ich bekam einen Wutanfall. Es war schließlich nicht meine Schuld, daß ich mir mein Bein gebrochen hatte, und ich wollte auch nicht in einem heißen, stinkenden Krankenhaus liegen. Also, warum haute er nicht ab und ließ mich in Ruhe?

Dad riß der Geduldsfaden, und er schlug mich ins Gesicht. Sofort stellte ich mich stur, und er lief aus dem Zimmer. Doch nach einer Weile kehrte er zurück, nahm mich in die Arme, küßte mich auf die Stirn und sagte unter Tränen: »Verzeih mir, Nicola. Ich weiß auch nicht, was in mich gefahren ist.«

»Da gibt es nichts zu verzeihen, Dad«, erwiderte ich und meinte es auch so. »Es ist alles meine Schuld.« Ich war tief bewegt. Dad mußte mich nicht umarmen oder küssen, damit ich wußte, daß er mich liebte. Er brauchte überhaupt kein Wort zu sagen. Es herrschte eine ganz besondere Bindung zwischen uns. Ich wußte, was Dad für mich und was ich für ihn empfand.

Nach einer Woche im Krankenhaus wurde ich zurück ins Hotel gebracht. Ich trug noch immer den Gipsverband und lag die meiste Zeit am Swimming-pool im Schatten einer hohen Tanne. Da ich so etwas wie eine Berühmtheit war, umgaben mich ständig irgendwelche jungen Leute, die ihren Namen auf meinen Gips schreiben wollten.

Die Nächte verbrachte ich auf einem Campingbett draußen auf dem Balkon. Eines Morgens schwang ich mein gebrochenes Bein aus dem Bett, und es kippte einfach nach unten. Ich wußte sofort, daß ich irgendwas falsch gemacht hatte, aber ich sagte zu niemandem ein Wort.

Als wir wieder zu Hause waren, wurde ich zu dem Arzt gebracht, der mich auch an der Hand operiert hatte, als ich mir eine Sehne durchschnitten hatte. Er sagte, daß mein Bein neu gerichtet werden müsse und daß die Möglichkeit bestünde, daß es dann etwas kürzer sei als das rechte Bein.

Ich war völlig verblüfft, aber meine Mutter weigerte

sich, diese Möglichkeit in Erwägung zu ziehen. »O nein, Herr Doktor«, sagte sie bestimmt. »Nicola will eine große Tänzerin werden. Wir können das nicht akzeptieren; sicherlich kann man irgend etwas anderes tun.«

»Nun, Mrs. Owen«, erwiderte der Arzt ruhig. »Ich kann nicht für den Erfolg garantieren, aber es wird sicherlich eine Menge helfen, wenn Nicola drei Wochen im Bett bleibt und ihr Bein in einem Winkel von dreißig Grad angehoben wird. Während dieser Zeit darf sie auch auf keinen Fall aufstehen.«

Und so wurde es gemacht. Drei Wochen lag ich im Bett, das nach unten ins Wohnzimmer gestellt worden war. Damit ich nicht aufstehen mußte, bekam ich eine große Bettpfanne. Um sicherzugehen, daß mein Bein ständig in dem vorgeschriebenen Winkel angehoben wurde, paßte meine Mutter wie ein Luchs auf mich auf; sie stand sogar mitten in der Nacht auf. Wie ich so dalag, Stunde um Stunde, Tag für Tag, wuchs meine Entschlossenheit, wieder zu tanzen.

Als die drei Wochen völliger Untätigkeit vorüber waren, versicherte der Arzt mir und Mum, daß das Bein wieder gut zusammengewachsen war. Ich bekam Krükken und die Anweisung, in den nächsten zwölf Wochen mein Bein nicht zu belasten. Als mein Bein noch in Gips war, ging ich dennoch schon zum Ballettunterricht. Auch wenn ich noch nicht in der Lage war, mitzumachen, so konnte ich doch wenigstens zuschauen und erfuhr von den Dingen, die passierten.

Dad war so beeindruckt von meiner Entschlossenheit, wieder zu tanzen, daß er beschloß, statt einer Garage ein Tanzstudio für mich zu bauen. Er und Mum teilten den Raum ab, bauten eine Tür ein, strichen die Wände und verlegten einen roten Linoleumboden. Großvater besorgte einen großen Spiegel, den er an einer Wand befestigte. Dad kaufte ein langes, rundes Geländer, das an Messinghaltern montiert wurde und als Barre am Spiegel entlanglief. Mum hängte ein paar Fotos von Tänzern auf sowie hübsche geblümte Vorhänge an den Fenstern. Dann, als alles fertig war, kaufte mir Nanny eine Tafel, damit ich sie an der Tür anbrachte: »Nicolas Tanzstudio«.

Ich war begeistert, und meine Entschlossenheit zu tanzen wurde noch stärker. Allerdings trug ich noch immer den Gipsverband und mußte an Krücken laufen, doch morgens um sechs Uhr stand ich täglich auf und ging in mein Tanzstudio hinunter. Ich stand auf meinem rechten Bein und schwang das linke hin und her. Dann trainierte ich meine Arme und ging alle anderen Körperübungen durch. Selbst Mrs. Sutton, meine Tanzlehrerin, wurde ganz euphorisch, als sie mich besuchte und sah, wie ich an der Stange mein Bein hin und her schwang, das noch ganz im Gipsverband steckte.

Als der große Gipsverband durch einen kleineren ersetzt wurde, der nur noch bis zum Knie reichte, sagte mir die Schwester im Krankenhaus, daß ich dreimal in der Woche zu einem Physiotherapeuten gehen sollte. Weil ich wußte, daß das die ganze Behandlung in die Länge ziehen würde, weigerte ich mich. Mein Knie war durch den Gips ganz steif geworden. Also verbrachte ich einen Tag in Dads Büro, setzte mich auf seinen Stuhl und bewegte mein Knie rauf und runter. Am Ende konnte ich das Knie wieder beugen.

Nachdem ich den viel leichteren Gipsverband trug, konnte ich auch in die Schule zurückkehren, aber ich wartete verzweifelt darauf, den Ballettunterricht wieder aufzunehmen. Mrs. Sutton stimmte zu, daß ich mitmachen konnte, nachdem der Arzt erklärt hatte, daß ich mein Bein wieder belasten dürfte. Aber solange konnte ich nicht warten. Jeden Abend, wenn der Unterricht stattfand, zog ich mein Leotard an und einen Ballettschuh. Mum fuhr mich zur Ballettschule, und mit einem Bein halb in Gips nahm ich am Unterricht teil. Mrs. Sutton war so beeindruckt, daß sie mich nach Weihnachten einlud, ihr am Sonntagmorgen beim Unterricht der kleinen Kinder zu helfen. Ich war außer mir vor Freude, als sie mich darum bat.

Gegen Ende Februar wurde der Gips endlich abgenommen. Zu dieser Zeit bereitete sich die Ballettschule auf eine öffentliche Aufführung vor, die im April stattfinden sollte. Als ich erklärte, daß ich dabei mitmachen wollte, entgegnete Mrs. Sutton: »Aber du bist dann erst seit sechs Wochen ohne Gipsverband.« Ich beharrte darauf, daß ich tanzen konnte, und obschon ich keinen großen Solopart bekam, erlaubte man mir, an der Aufführung teilzunehmen.

Zu meinem Erstaunen erregte diese Entscheidung bei den anderen Mädchen der Ballettschule eine Menge Ärger. Es herrschte eine ziemliche Konkurrenz zwischen uns, und vielleicht hatten sie angenommen, daß ich nach meinem Unfall nicht länger der Schrecken eines jeden Festivals wäre. Was immer der Grund auch sein mochte, jedenfalls wurde die Atmosphäre immer gespannter, je näher der Termin der Aufführung rückte.

Am ersten Abend stürzte ich auf der Bühne, gleichwohl stand ich sofort wieder auf und beendete den Tanz. Als ich in den Umkleideraum zurückkehrte, lachten die anderen Mädchen und eine rief: »Wir haben seit Monaten für diese Aufführung gearbeitet. Du hast uns enttäuscht, Nicola. Du bist erst seit ein paar Wochen wieder auf den Beinen. Du hättest gar nicht an der Aufführung teilnehmen dürfen.«

Es war das erste Mal, daß ich so eine Gehässigkeit am eigenen Leibe erfuhr, und es setzte mir ein wenig zu, gleichzeitig aber wuchs meine Entschlossenheit, mein Bestes zu geben. An den nächsten Abenden bot ich eine fehlerlose Vorstellung. Ein paar Wochen später nahm ich an jeder Konkurrenz bei einem Festival teil und gewann sie alle, bis auf die Kategorie Ballett, wo ich den zweiten Platz belegte.

Ich schätze, weil ich so erfolgreich war, war ich ganz und gar mit mir selbst beschäftigt. Vielleicht begann ich deshalb ungehalten mit meiner Mutter zu werden. Wenn sie meine Kostüme herrichtete, wußte ich stets, daß es zu meinem Nutzen geschah, aber es schien immer eine Ewigkeit zu dauern, und ich reagierte recht schnell gereizt. Wenn wir zu Festivals fuhren, begann ich sie unfreundlich zu behandeln, aber nicht absichtlich. Bewußt empfand ich auf der Bühne keine Feindseligkeit gegen sie.

Als mir klar geworden war, daß ich das Tanzen zu meinem Beruf machen wollte, wußte ich, daß ich von meiner Ballettschule zu einer besseren wechseln mußte. Ich hatte mich in meiner Schule sehr wohl gefühlt, doch die Unfreundlichkeit, die ich während der Aufführung im April gespürt hatte, machten mir meinen Wechsel leichter.

Im Herbst begann ich Ballettstunden an der Doreen Bird School of Acting and Dance in Sidcup zu nehmen. Doreen Bird war eine hervorragende Lehrerin, aber es gab einen Nachteil, von dem ich zunächst annahm, daß er nicht sonderlich ins Gewicht fallen würde. Mrs. Bird gestattete es ihren Schülern nicht, an irgendwelchen

Wettbewerben teilzunehmen. Eine Folge davon war, daß ich nach meinem vierzehnten Geburtstag aufhörte, das zu tun, was mir in den vier Jahren zuvor die größte Aufregung und das größte Vergnügen beschert hatte.

Zu dieser Zeit wuchs ich zum Teenager heran. Ich hatte mich von einem häßlichen, mageren Entlein, das eine Brille trug, in eine schöne, junge Frau verwandelt. Ich hatte eine makellose Haut, und von all den Tanzübungen hatte ich eine sportliche, beeindruckende Figur bekommen.

Anfangs achtete ich gar nicht auf mein Aussehen. Ich glaube, Sally betrachtete mich aufmerksamer, als ich es selbst tat. Sie hatte sich immer schon für Jungen interessiert, und sie befand sich in einer Phase, wo sie, was ihr Aussehen betraf, schrecklich verlegen war. Sie hatte Akne und war recht rundlich. Ich glaube, es störte sie, daß die Jungen mir sagten, wie hübsch ich sei, wenn wir im Park spazierengingen, oder daß die Leute mich anstarrten, wenn ich die Straße hinunterlief.

Bald genoß ich es, angestarrt zu werden, und legte es darauf an, Eindruck zu machen, wo immer ich hinging. Bis dahin war ich nur auf der Bühne betrachtet worden. Nun fragten mich Fotografen auf der Straße, ob ich für sie Modell stehen würde. Ich schätze, das alles begann mir zu Kopf zu steigen. Ich wurde mir meiner eigenen Bedeutsamkeit sehr bewußt und fing an, mich anderen Leuten gegenüber wegen meines Aussehens überlegen zu fühlen.

Vielleicht lag der Grund darin, daß ich nicht mehr vor Publikum auf Festivals tanzte, aber ich begann, mich selber vorzuführen, besonders in der Schule. Ich arrangierte kleine Szenen im Klassenzimmer, etwa wenn ich vorgab, meine Kontaktlinsen verloren zu haben und die

Lehrer veranlaßte, auf dem Boden herumzukriechen, um die Linsen zu suchen. Ich gesellte mich zu den notorischen Spielern der Schule, die für den Einsatz von zehn Pence, was für viel Geld gehalten wurde, Siebzehn und Vier spielten. Eines Morgens schwärzte ich mit Schminke die Zähne von jedem in der Klasse, so daß unsere Schulleiterin beinahe einen Herzanfall bekam, als sie hereinkam und wir alle »Guten Morgen, Miss Mason« sagten. Meine Leistungen in der Schule begannen zu leiden, und wenn ein Lehrer einen Kommentar in mein Übungsheft schrieb, antwortete ich mit einem Kommentar meinerseits. Es war daher nicht erstaunlich, daß ich allmählich in Schwierigkeiten geriet.

Meine Mutter und meine Schwester hatten beide Probleme mit ihrem Gewicht. Ich jedoch war sehr mager und konnte essen, was ich wollte, ohne ein Gramm zuzunehmen. Sie beide schienen immer irgendeine Diät zu halten, an der jeder mitmachen mußte, weil dann Bonbons, Kekse und Pudding verschwanden. Vielleicht erweckte das in mir das Verlangen, eine Unmenge zu essen. In der Schule aß ich vor aller Augen zwölf Packungen Chips oder für ein Pfund Bonbons. Ich hielt das nicht für besonders merkwürdig, doch es gab Tage, wo ich aß und aß.

Manchmal schien dieser Drang etwas zu sein, das ich nicht kontrollieren konnte. Dann begann ich mir auch Sorgen zu machen, daß ich doch zunehmen würde. Schließlich war ich eine junge Frau und keine magere Bohnenstange mehr. Also machte ich es mir zur Gewohnheit, mich nach einem solchen Freßanfall zu erbrechen. Irgendwo hatte ich gelesen, daß man dazu Salzwasser trinken mußte. Wenn niemand zu Hause war, schüttete ich jede Menge Salz in einen Zinnkrug und goß warmes Wasser hinein, um das Salz aufzulösen. Dann holte ich tief Luft und trank alles aus. Danach bekam ich regelrechte Hitzewallungen. Es dauerte dann noch eine halbe Stunde, und ich fühlte mich ziemlich elend. Ich erbrach mich und fror erbärmlich.

Das Ganze beunruhigte mich überhaupt nicht. Schließlich schien es ganz vernünftig zu sein. Und warum auch sollte ich beunruhigt sein? Ich hatte ein rosiges Leben. Eine großartige Karriere als Tänzerin lag vor mir. Ich hatte ein fabelhaftes Zuhause und Eltern, die mich liebten und mich bei allem ermutigten. Und weil ich ein hübsches Gesicht und eine gute Figur hatte, arbeitete ich sogar als Fotomodell. Die Mädchen an meiner Schule pflegten oft zu sagen: »Es ist so ungerecht, Nicola. Du hast alles. Alles wird dir auf einem Silbertablett serviert, und du weißt es gar nicht zu schätzen.«

Ich glaube, ich hielt das alles für selbstverständlich. Die Welt, so meinte ich, gehörte mir. Wie hätte da etwas schiefgehen können?

4.
Überdosis

Als ich ungefähr vierzehneinhalb Jahre alt war, fuhren meine Eltern an einem Samstagabend zu Freunden nach Beckenham. Zum ersten Mal blieb ich allein zurück, um auf Sally und Johnnie aufzupassen. Nachdem die beiden zu Bett gegangen waren, kauerte ich auf dem Boden und schaute mir einen alten Film mit Elvis Presley an. Es war wirklich ein netter, kitschiger Film, aber plötzlich fühlte ich mich ganz ohne Grund recht elend und begann zu weinen. Ich schaltete den Fernseher aus und starrte eine schiere Ewigkeit auf den dunklen Bildschirm.

Ich konnte nicht verstehen, was mit mir geschah, denn solche Gefühle hatte ich niemals zuvor verspürt. Es war, als wäre ich unter hellem, klarem Himmel dahingeschwommen, doch dann traf mich wie aus dem Nichts eine riesige Flutwelle und warf mich in ein Meer des Jammers. Alles um mich herum kam mir schwarz und leblos vor. Ich hatte auch nicht die Kraft, gegen dieses Gefühl anzukämpfen. Ich konnte einfach nur weinen.

Während ich versuchte, herauszufinden, warum ich mich so elend fühlte, erinnerte ich mich daran, daß ich vor einer Woche eine Sendung über ein hübsches Mädchen gesehen hatte, das versucht hatte, Selbstmord zu begehen. Das Mädchen war eiligst ins Krankenhaus gebracht worden, wo sich all die jungen Ärzte in sie verliebten und sie retteten. Plötzlich hatte ich das Gefühl, daß mit mir etwas auf eine sehr ernste Weise nicht stimmte und ich auch unbedingt Hilfe brauchte.

Weinend ging ich in die Küche, ohne zu wissen, was ich da überhaupt wollte. Ich öffnete die Speisekammer, und für einen kurzen Moment dachte ich daran, soviel zu essen, wie ich konnte, aber statt dessen griff ich zum obersten Regal und nahm zwei Flaschen mit Pillen herunter – das Antibiotikum, das ich einnahm, wenn ich wieder mein Bronchialasthma hatte, und Eisentabletten, die mein Vater in der Hoffnung gekauft hatte, sie würden ihm beim Squash zu mehr Ausdauer verhelfen.

Ich schüttete eine Anzahl von Tabletten in meine Hand und stellte die beiden Flaschen dann zurück ins Regal. Dann goß ich mir ein Glas Wasser ein und schluckte eine Handvoll Tabletten, ohne zu ahnen, was für eine Wirkung sie haben würden. Als ich sie einnahm, wußte ich eigentlich auch nicht, warum ich es tat. Ich war so völlig durcheinander und von dieser tiefen, dunklen Depression überwältigt.

Ich weinte die ganze Zeit weiter und ging dann in mein Zimmer hinauf. Ich zog mich aus, schlupfte in mein Nachthemd, legte mich ins Bett und löschte das Licht. Was habe ich getan? dachte ich. Vielleicht würde ich sterben. Obschon ich mich sehr erschöpft fühlte, konnte ich nicht aufhören zu weinen; es dauerte auch eine Ewigkeit, bis ich endlich einschlafen konnte.

Gegen zwei Uhr nachts wachte ich voller Panik auf. In Tränen aufgelöst, sprang ich aus dem Bett und zog meinen Bademantel über. Ohne mich darum zu scheren, ob Mum und Dad zurückgekehrt waren, lief ich die Treppe hinunter und stürzte aus dem Haus. Ich wußte nicht, was ich vorhatte, aber während mir die Tränen das Gesicht herunterrannen, machte ich mich nach Sidcup auf – was ungefähr drei Meilen entfernt lag. Obschon es Mitte Januar war, war es zum Glück eine milde Nacht. Aber da kein Mond schien, war es sehr dunkel. Das gelegentliche Aufflackern von Autoscheinwerfern und die offenbar gequälten Schreie der Nachtvögel ließen mich immer schneller gehen. Wohin ich auch immer lief, ich wußte, ich mußte dort so schnell wie möglich ankommen.

In Sidcup ging ich geradewegs auf die Polizeiwache. Ich konnte sehen, daß die beiden Polizisten, die dort Dienst taten, mich für eine Verrückte hielten, die hysterisch weinend und in einem Bademantel und Hausschuhen vor ihnen stand. »Sie müssen mir helfen«, schluchzte ich. »Ich habe ein paar Tabletten genommen ... Genauer gesagt, ich habe ziemlich viele Tabletten genommen.«

Ich war über alle Maßen unglücklich, aber in einem flüchtigen Augenblick kam es mir so vor, als spielte ich in einem Theaterstück mit; ich hatte aber keine Ahnung, warum ich die Rolle spielte, die ich spielte.

Zuerst dachte Ed, es wäre der Wecker, aber als er dann aus tiefstem Schlaf erwacht war, begriff er, daß das Telefon neben seinem Bett so penetrant klingelte. Er tastete in der Dunkelheit nach dem Apparat und hob dann ab.

»Ed Owen«, sagte er.

»Mr. Owen?«

»Ja, am Apparat.«

»Hier ist die Polizeiwache in Sidcup. Wir haben Ihre Tochter Nicola hier bei uns.«

»Ach, lassen Sie mich in Ruhe«, rief Ed ungehalten und knallte den Hörer auf die Gabel.

»Wer war das?« fragte Pam schläfrig.

»Irgendein Irrer. Dreh dich um und schlaf weiter.«

Das Telefon klingelte wieder. »Wer ist da?« fragte Ed unfreundlich.

»Mr. Owen, hier spricht Sergeant Williams von der Polizeiwache in Sidcup. Ihre Tochter Nicola ist bei uns.«

Noch immer nicht ganz wach, konnte Ed die Sache nicht verstehen. Als er und Pam von Beckenham zurückgekehrt waren, hatten sie vorsichtig die Kinderzimmer kontrolliert. Johnnie, Sally und Nicola hatten alle tief und fest geschlafen. Ed richtete seine Augen auf den Wecker. »Wie spät ist es?« fragte er.

»Es ist Viertel vor drei, Mr. Owen.«

Plötzlich wurde Ed wieder wütend. »Ich habe keine Ahnung, wer Sie sind«, rief er, »aber meine Tochter Nicola liegt in ihrem Bett.«

Pam hatte das Gespräch mit angehört. Sie sprang aus dem Bett und lief zu Nicolas Zimmer hinüber. Eilig kehrte sie zurück und rief: »Sie ist nicht da, Ed.«

Ed bemerkte die Furcht in der Stimme seiner Frau. »Meine Frau sagt, daß Nicola nicht in ihrem Bett ist«, sagte er. »Bleiben Sie am Apparat, Sergeant, ich schaue mich im Haus um.«

Er sprang aus dem Bett, erklärte Pam, sie solle in den anderen Kinderzimmern nachsehen, und rannte dann die Treppe hinunter, um Nicola zu suchen. Als er wieder hinaufkam, stand Pam an der Treppe und schüttelte ängstlich den Kopf. Von Nicola fehlte jede Spur.

Ed nahm wieder den Telefonhörer auf. »Sergeant Williams, Nicola ist nicht hier. Ich verstehe allerdings nicht, wie sie zu Ihnen kommt.«

»Sie sagt, sie ist den ganzen Weg gegangen. Sie trägt auch nur ein Nachthemd und einen Bademantel. Sie behauptet, eine Menge Tabletten geschluckt zu haben.«

»Tabletten sagen Sie? Was für Tabletten?«

»Das wissen wir nicht, Mr. Owen, aber wir bringen sie auf jeden Fall ins Krankenhaus. Vielleicht könnten Sie die Tabletten mitbringen, die Sie im Haus haben. Ich sollte jetzt nicht länger warten, Sir. Ich rufe im Krankenhaus an, daß Sie die Tabletten vorbeibringen.«

»Danke, Sergeant. Wir sind schon auf dem Weg.«

Pam war schon fast angezogen. Ed sagte ihr, sie solle Johnnie und Sally aufwecken, während er den Badezimmerschrank und die Speisekammer nach irgendwelchen Tabletten durchsuchte. Er fand nur das Antibiotikum und die Eisentabletten. Dann zog er sich hastig eine Hose und einen Pullover über seinen Schlafanzug.

Mit ihren noch halb schlafenden Kindern stürzten Ed und Pam voller Angst zum Auto. Sie waren über alle Maßen beunruhigt, daß Nicola vielleicht sterben würde.

Fünf Minunten nachdem Sergeant Williams sie angerufen hatte, waren sie unterwegs zum Krankenhaus.

Als Ed voller Aufmerksamkeit auf die Straße vor sich starrte, fiel ihm etwas ein, das vor ein paar Monaten geschehen war. Als Pam und er eines Abends zurückgekehrt waren, hatte ihr Babysitter erzählt, daß die drei Kinder und sie im Wohnzimmer gesessen hatten, als sie plötzlich von oben ein sonderbares Geräusch hörten. Zuerst waren sie alle zutiefst erschreckt gewesen und hatten geglaubt, daß irgend jemand in einem der Zimmer sein müsse, doch dann ging der Babysitter nachschauen und entdeckte mit einiger Erleichterung den Grund für das sonderbare Geräusch. Ein gerahmtes Bild lag auf dem Boden. Sonderbar war nur, daß es keinen Grund gab, warum es da lag. Der Draht, an dem es gehangen hatte, war unversehrt, und auch der Haken, an dem es befestigt war, hing noch an der Wand. An sich mochte dieser Zwischenfall keine Bedeutung haben, wenn Ed sich nicht nur allzu gut an die feste Überzeugung seiner Mutter erinnert hätte, die besagte, daß es ein böses

Omen sei, wenn ein Bild oder eine Fotografie von der Wand falle. Ed war daher einigermaßen erschreckt gewesen, als er entdeckte, daß das Bild, das so geheimnisvoll von der Wand gefallen war, ein Druck von Degas gewesen war – »La Classe« zeigte eine Gruppe junger Ballettänzerinnen, die geduldig ihrem Lehrer zuhörten.

Als die Owens an der Unfallstation des Krankenhauses ankamen, schien man sie am Empfang schon zu erwarten und bat sie, einige Minuten Geduld zu haben. Voller dunkler Ahnung versuchten Pam und Ed ihre beiden schläfrigen Kinder nicht weiter zu beunruhigen; sie setzten sich daher auf die billigen Plastikstühle am beinahe menschenleeren Empfang des Krankenhauses.

Nach ein paar Minuten tauchte eine Oberschwester auf, und Ed gab ihr die zwei Gläser mit den Tabletten, die er gefunden hatte. Aufmerksam betrachtete sie die Etiketten der Gläser und sagte: »Das scheint zu dem zu passen, was Nicola uns gesagt hat. Die Tabletten werden ihr keinen Schaden zufügen, aber sicherheitshalber haben wir ihr den Magen ausgepumpt.«

Ed und Pam fiel vor Erleichterung ein Stein vom Herzen. Ed schaffte es sogar, leise zu lächeln, als die Schwester ihm die leeren Gläser zurückgab.

Fragend blickte die Schwester dann Pam an: »Haben Sie eine Ahnung, warum Ihre Tochter das getan hat, Mrs. Owen?«

Pam schüttelte den Kopf. »Nein, wir haben keine Ahnung, warum sie so etwas getan hat«, erwiderte sie. »Können wir sie jetzt bitte sehen? Wir würden so gerne mit ihr reden.«

»Ja, natürlich. Ich muß nur noch feststellen, ob der Doktor mit allem fertig ist. Ich glaube, er möchte auch noch mit Ihnen beiden sprechen.«

Als sie dann zurückkehrte, führte die Schwester Pam und Ed auf eine Station, wo offenbar alle Betten von Plastikvorhängen umschlossen waren. Einen Vorhang zog die Schwester beiseite. Nicola lag auf dem Bett und sprach mit einem Arzt, der aufschaute, als sie hereinkamen.

Nachdem sie sich einander vorgestellt hatten, erklärte der Arzt: »Ich glaube, wir sollten Nicola noch ein paar Tage hierbehalten. Ich würde es für ratsam halten, daß noch ein anderer Arzt sie untersucht. Aber jetzt wollen Sie sicher ein paar Minuten mit Nicola reden, bevor wir sie für den Rest der Nacht in Ruhe lassen.«

Nicola blickte zu ihren Eltern auf. Es war das erste Mal, daß sie wirklichen Kummer und Sorge in den Augen ihres Vaters las. Er weinte zwar nicht, aber er unterdrückte mühsam die Tränen.

Pam war die erste, die ihre Sprache wiederfand. »Warum hast du das getan, Nicola?« fragte sie sanft. »Bitte, sag es uns. Wir verstehen es einfach nicht. Wenn du es uns sagst, können wir dir helfen.«

»Ich weiß es nicht, Mum«, erwiderte Nicola und begann zu weinen. »Ich weiß ehrlich nicht, warum ich das getan habe.«

Tief beunruhigt, aber auch verzweifelt bestrebt, der Sache auf den Grund zu gehen, rief Ed: »Das ist absolut lächerlich, Nicola. Das ist verrückt. Sag mir einfach den Grund, Nicola, warum das alles?«

»Ich weiß es nicht«, schluchzte Nicola. »Es tut mir leid, Dad.«

Ed konnte das alles nicht verstehen; er war daher verwirrt und verärgert. Er brauchte ein paar Minuten, um seine Gedanken zu ordnen. »Ich hole jetzt Sally und Johnnie, damit sie dich sehen können«, sagte er und ging hastig davon. Es war das einzig Positive, was er in dieser Situation tun konnte.

Pam sah, daß Eds übereilter Aufbruch Nicola noch mehr verunsichert hatte. Stumm blickte sie in das tränenüberströmte, aber wunderschöne junge Gesicht ihrer Tochter. Sie war von tiefer Sorge erfüllt. Nicola war immer ein so gutes Mädchen gewesen, aber sie hatte sich verändert; und obschon Pam es nicht genau benennen konnte, war sie sicher, daß die Dinge nicht richtig liefen. Es muß genauso sein, überlegte Pam, wie einer Frau zumute ist, die spürt, daß ihr Mann eine Affäre hat. Sie kann nichts beweisen, sie kann nicht erklären, was sie fühlt, aber sie ist sicher, daß sie sich nicht irrt.

In der letzten Zeit war Nicola zunehmend launischer gewesen, und Pam hatte sich mehr und mehr von ihr kritisiert gefühlt, weniger offen durch Worte als vielmehr durch Nicolas Verhalten. Pam fragte sich häufig, ob es ihre Schuld war, während Ed nichts von dem zu spüren schien. Er war sehr oft von zu Hause fort, und wenn er zurückkehrte, begegnete Nicola ihm mit großer Zuneigung.

Ed hatte sich ein wenig beruhigt, als er mit Johnnie und Sally zurückkam. Sie redeten noch ein paar Minuten mit Nicola, dann, da sie nichts mehr für sie tun konnten, küßten sie ihre Tochter und fuhren erschöpft und schweigsam heim.

Nicola blieb drei Tage im Krankenhaus. Der Arzt hielt ihre Überdosis Tabletten nicht für unbedingt besorgniserregend, aber es war höchst ungewöhnlich, daß sie mitten in der Nacht drei Meilen weit zur nächsten Polizeiwache gegangen war.

Das mochte ein Indiz dafür sein, daß sie zutiefst verstört war. Also wurde Nicola im Krankenhaus noch

»einem anderen Arzt« vorgestellt – Dr. Goble, einem Psychiater, der es so einrichtete, daß Nicola seine Klinik als nicht-stationäre Patientin besuchte.

Ich fand überhaupt keine Beziehung zu Dr. Goble, obwohl er ein sehr freundlicher Mann mit einer sanften Stimme und einer recht mitfühlenden Art war. Wir führten lange, ausschweifende Gespräche über meine Vergangenheit, meine Krankengeschichte und meine Träume.

Ich erzählte ihm, daß ich oft davon träumte, nicht irgendwelchen Leuten entfliehen zu können, die mich verfolgten. Oft waren es Apache-Krieger. Ich hatte viel Zeit zu entfliehen und fand eine Menge Orte, um mich zu verstecken, aber meine Beine waren bleischwer und ich konnte nicht weglaufen. Ich blieb einfach stehen und schaute mich um, obwohl ich wußte, daß sie mich am Ende fangen würden. Also drehte ich mich um und sah mich meinen Verfolgern gegenüber. Es war genau dieser Augenblick, wenn sie im Begriff waren, mich zu töten, der mir am meisten Angst einjagte. Aber nie wachte ich in diesem Moment auf. In meinen Träumen wurde ich stets getötet.

Nach ein paar Wochen schlug Dr. Goble vor, daß ich, statt in seine Klinik zu kommen, seine Privatpatientin werden und ihn zu Hause besuchen sollte. Meine Eltern stimmten dieser Regelung zu, und so wurde ich jeden Montagabend nach meinem Ballettunterricht zu ihm nach Hause gefahren. Jedesmal konnte ich es kaum erwarten, wieder zu gehen, denn für mich war das Ganze glatte Zeitverschwendung. Ich hielt mich nicht für verrückt oder unausgeglichen. Das alles war nur ein seltsamer Zwischenfall gewesen. Ich konnte es nicht erklären, war mir aber sicher, daß ich so etwas nicht noch einmal tun würde.

Ich war vielmehr in Sorge, daß ich zuviel aß und wirklich begonnen hatte zuzunehmen. Ich war knapp ein Meter sechzig groß und wog ungefähr fünfzig Kilo. Das war bereits mehr, als ich als vierzehnjährige Tänzerin hätte wiegen dürfen. Ich sprach darüber gelegentlich mit Dr. Goble, aber da er nur ein schlankes Mädchen vor sich sah, das über sein Gewicht klagte, schloß er, daß ich wahrscheinlich an Anorexie litte. Obschon ich ihm auch erzählte, daß ich zwischen Phasen des Hungerns und solchen hin und her lavierte, wo ich über alle Maßen zwanghaft aß und meiner Mutter sogar Geld stahl, um etwas zu essen zu kaufen, hatte er keinen Rat für mich.

Er schien zu glauben, daß ich an nervöser Erschöpfung leide, und sagte, er wolle meinen Eltern ein paar Empfehlungen geben.

Ed und Pam saßen Dr. Goble in dem Raum gegenüber, der ihm als Beratungszimmer diente – es war durch einen Vorhang vom Rest des Wohnzimmers abgeteilt.

»Ich bin der Ansicht, daß Nicolas Verpflichtungen zu schwer für sie sind«, erklärte er und blickte sie durch seine goldumrandete Brille an, deren dicke Gläser seine dunklen braunen Augen stark vergrößerten. »Ich glaube, das setzt sie unter unangemessen großen Druck. Schließlich absolviert sie neun A-Kursfächer in der Schule. Außerdem hat sie mir erzählt, daß sie neben dem Ballettunterricht an drei Abenden fast jeden Morgen um sechs Uhr aufsteht, um in ihrem eigenen Tanzstudio zu üben.«

»Ja, das stimmt, Dr. Goble«, erwiderte Pam nachdenklich. »Was schlagen Sie also vor?«

»Ich glaube, Mrs. Owen, daß Nicola einen ihrer A-Kurse fallenlassen sollte. Außerdem wäre es klug, die Zahl der Morgende zu beschränken, an denen sie in ihrem Studio trainiert. Jeden Morgen so früh aufzustehen ist zu anstrengend für sie, wenn sie bis spät am Abend an ihren Schulaufgaben arbeiten muß.«

Ed und Pam stimmten diesem Vorschlag zu; es beschämte sie ein wenig, nicht selbst darauf gekommen zu sein, daß Nicola vielleicht einfach zu viel gearbeitet hatte.

»Da ist aber noch etwas anderes, Mr. Owen«, fuhr der Psychiater fort. »Als ich Sie zu Hause besucht habe, habe ich bemerkt, daß die Zweige des großen Kirschbaumes bis an die Fenster von Nicolas Zimmer reichten. Manchmal in der Nacht, wenn ein kräftiger Wind weht, schlagen die Zweige gegen das Fenster und verursachen Geräusche, die Nicola erschrecken.«

»Sie hat das mir gegenüber nie erwähnt«, entgegnete Ed. Dann wandte er sich an Pam. »Oder hat Nicola zu dir etwas darüber gesagt?«

»Nein, nie. Wie sonderbar.«

»Ich schneide die Zweige gleich morgen früh ab«, sagte Ed.

»Und ich werde die Direktorin so schnell es geht sprechen«, sagte Pam, »um zu klären, welchen Kurs Nicola fallenlassen kann.«

Innerhalb von zwei Tagen waren Dr. Gobles Vorschläge alle in die Tat umgesetzt worden.

Daß ich weniger Schulaufgaben zu machen hatte und weniger tanzte, änderte überhaupt nichts. Ich fühlte mich noch immer sehr unausgeglichen und hatte mit gewisser Regelmäßigkeit sehr düstere Tage, an denen ich ohne Grund depressiv war und am liebsten losgeheult hätte. Außerdem hatte ich sehr oft starke Kopfschmerzen und begann, auf alles sehr gefühlsbetont zu reagieren. Vorher war ich immer sehr energisch und entschlossen gewesen, nun aber verbrachte ich Tage, an denen ich völlig lethargisch war und mich nicht aufraffen konnte, irgend etwas zu tun.

In der Schule stellte ich mich noch mehr zur Schau, nachdem die Mädchen herausgefunden hatten, daß ich zu einem Psychiater ging. Ich schätze, ich begann so zu leben wie sie es von jemandem erwarteten, der irgendwie irre war. Ich zog sehr extravagante Kleider an, hatte mein Schulkleid zerrissen und aß in der Pause ein halbes Dutzend Tafeln Schokolade.

Zu Hause spürte ich, daß Mum mich beobachtete, als wäre irgendwas seltsam an mir. Ich hatte allmählich eine Menge an ihr auszusetzen. Ich war überzeugt, daß sie sich nicht um Dads Besitz kümmerte. Ich sagte Dinge wie: »Ich weiß ja, Mum, daß du deine eigenen Sachen machen willst, aber ist es zuviel verlangt, daß du das Haus sauberhältst? Du weißt, daß er es am meisten haßt, wenn alles in Unordnung ist. Und warum kannst du nicht das Essen fertig haben, wenn er nach Hause kommt, wo du doch nicht arbeitest?«

Das mußte unweigerlich zum Streit führen, und ich verzog mich stets hastig in mein Bett. Mums Reaktion überzeugte mich aber nur davon, daß sie auf die besondere Beziehung eifersüchtig war, die zwischen Dad und mir bestand.

Ein paar Wochen nachdem ich die Überdosis Tabletten geschluckt hatte, wurde ich von Mark, einem dunkelhaarigen, recht lebhaft wirkenden Jungen ausgeführt. Er war ein Jahr älter als ich und mein erster Freund.

»Hast du schon mal jemanden geküßt?« fragte er mich.

»Schon ganz oft«, entgegnete ich, obschon ich noch nie jemanden geküßt hatte.

Der erste Kuß verschlug mir beinahe die Sinne. Ich fühlte mich großartig, und unsere Freundschaft vertiefte sich schnell. Wir tauschten recht innige Zärtlichkeiten aus, gingen aber nie weiter als bis zum Petting. Obwohl ich nichts Schlimmeres tat als andere Mädchen auch, fühlte ich mich in solchen Situationen nie ganz wohl. Ich meinte stets, daß ich mit Mark irgendwas Unrechtes tat.

Zu allem Überfluß machte Dad mir oft ein schlechtes Gewissen, wenn es darum ging, mit Jungen auszugehen. Es war, als traute er Sally und mir nicht. Also achtete er immer streng darauf, daß wir pünktlich zu Hause waren. Und wenn wir über Jungen sprachen, war sein geflügeltes Wort: »Denkt daran, daß euer Körper ein Tempel ist. Laßt nur die wahren Gläubigen hinein.« Als er das zum ersten Mal sagte, fand Sally es zum Totlachen, denn sie hielt es für blanken Unsinn, ich war aber tief bewegt und fühlte mich bevorzugt, weil Dad zu uns wie zu Erwachsenen sprach.

Ich denke, nach einiger Zeit war ich nicht mehr sehr nett zu Mark. Ich ließ ihn ganz schön zappeln. Manchmal verhielt ich mich reizend, dann wieder war ich sehr kurzangebunden. Ich verabredete mich mit ihm, kam dann aber nicht. Und wenn ich mit ihm ausging, gab es immer irgendwelche Männer, die mich attraktiv fanden und mit denen ich dann flirtete. Nach ungefähr vier Monaten trafen Mark und ich uns nicht mehr. Ich hatte keine Liebesbeziehung zu einem Mann, bis ich achtzehn Jahre alt war.

Aber mit Mark auszugehen stärkte mein Selbstvertrauen ganz erheblich. Ich begann ziemlich ausgefallene Kleidung zu tragen. Ich hatte dabei nicht die Absicht, aufreizend zu wirken, ich wollte mich bloß auf eine ganz bestimmte Art und Weise kleiden. So machte Mum mir einen fabelhaften Flickenrock, den ich zusammen mit einer dünnen Weste trug. Irgendwann lud mich einmal ein Typ ein und bat mich, es aber mit meiner Kleidung nicht zu übertreiben. Natürlich war das so eine Art Todeskuß. Ich wand mein Haar um einen Kleiderbügel aus Draht, so daß es steil in die Höhe stand, und dann borgte ich mir eines von Mums alten Kleidern aus den sechziger Jahren. Der arme Kerl war so fassungslos, daß er den ganzen Abend kaum ein Wort sagen konnte.

Ich mochte es, wenn die Leute mich anstarrten. Ich fühlte mich gut dabei. Es war, als würde dieses Bedürfnis nach Bewunderung, das einst mein Tanzen auf der Bühne bestimmt hatte, sich nun auch in mein Alltagsleben schleichen. Als Kind war ich so schüchtern gewesen, daß mich die meisten Menschen gar nicht bemerkten. Das hatte sich völlig geändert. Nun beachtete mich jeder.

5.
Der Schlaf mit den Toten

In den Monaten vor Nicolas fünfzehntem Geburtstag begannen einige Verhaltensweisen ihrer Tochter Pam mehr und mehr zu beunruhigen. Aber wenn sie ihre Sorgen mit Ed besprechen wollte, wischte er alles brüsk beiseite: »So ist die Jugend nun einmal; das regelt sich von selbst«, oder er sagte: »Das ist alles Unsinn, nichts als das übliche bei Teenagern.« Wenn Pam sich beklagte, daß Nicola ihr nie bei den Arbeiten im Haus wie zum Beispiel Abwaschen half, pflegte Ed zu entgegnen: »Das ist deine eigene Schuld, Pamela. Du hättest sie früher dazu anhalten müssen, nun ist es zu spät.«

Sally, die selbst zu einem lebhaften, hübschen Teenager heranreifte, bewunderte ihre ältere Schwester und nahm an, daß deren Verhalten zu einer imposanten, auffallenden Persönlichkeit gehörte, die Nicola nun einmal darstellte.

Johnnie, der zu dieser Zeit zehn Jahre alt war, zeigte Nicola gegenüber ein anderes Verhalten als der Rest der Familie. Er fand es höchst störend, daß Nicola die Familie so beherrschte. Ihm kam es vor, als würden seine Eltern ihre unterdrückte Theaterleidenschaft durch Nicola ausleben und sich in deren Ruhm sonnen. Mitunter wünschte er sich, er könnte auf dem Kopf stehend Geige spielen, nur damit sie ihn bemerkten. Aber es gab nichts, auf das er sich besonders gut verstand, und daher wußte er, daß er niemandem wirklich die Schau stehlen konnte. Die Rolle des Stars war ohnehin besetzt.

Vielleicht lag es an Johnnies größerer Distanz zu Nicola, daß er als erster bemerkte – wenn er auch seine Gedanken für sich behielt –, daß man viele Dinge an Nicolas Verhalten nicht mehr hinnehmen konnte. Weder er noch seine Schwestern hatten sich jemals selbst am Kühlschrank oder an der Speisekammer bedient, aber wenn Nicola auf sie aufpassen mußte, weil die Eltern ausgegangen waren, dann nahm sie sich jede Menge Kekse aus der Speisekammer und große Flaschen Bitter Lemon aus dem Getränkeschrank. Wenn Johnnie sie fragte, was sie da tue, pflegte sie zu antworten, daß sie es mit Mum und Dad abgesprochen habe. Sie ermunterte auch Sally und Johnnie, zu essen und zu trinken, aber sie selbst vertilgte immer den Löwenanteil.

Einmal, als Nicola ihn schon ins Bett gebracht hatte, kroch Johnnie wieder die Treppe hinunter und sah, wie sie sich am Wodka bediente. Als Nicola ihn entdeckte, geriet sie in Wut; sie schlug ihn und drohte ihm härteste Konsequenzen an, wenn er ihren Eltern etwas sagte. Er war der erste, der erfuhr, wie Nicolas furchterregende und gewalttätige Wutausbrüche aussahen.

Aber auch Pam und Ed sollten bald den beunruhigenden Beweis dafür bekommen, daß Nicola aufgehört hatte, ein Musterkind zu sein. An einem Montagabend mitten im Mai arbeitete Ed unten im Garten, als er Pam von der Terrasse rufen hörte: »Ed, Ed komm schnell!«

Da er die Bedrängnis in ihrer Stimme wahrnahm, ließ er die Harke fallen und lief zu ihr. »Was ist los, Pam?« fragte er. »Was ist passiert?«

Völlig außer Atem erklärte Pam: »Ich bin losgefahren, um Nicola vom Ballettunterricht zu Dr. Goble zu bringen, aber sie war nicht da. Sie ist gar nicht beim Unterricht gewesen, obwohl ich sie um fünf Uhr bei Doreen Bird's abgesetzt habe. Ich habe mit ein paar Mädchen gesprochen; ein Mädchen hatte gesehen, wie Nicola zum Bahnhof von Sidcup gegangen ist. Sie glaubt, daß Nicola einen Zug nach London genommen hat.«

»Was, zum Teufel, hat dieses verdammte Gör vor?« rief Ed. Er verspürte Zorn, der zum einen aus Furcht resultierte, aber auch aus dem Kummer, den es ihm bereitete, seine Frau leiden zu sehen.

»Was sollen wir tun, Ed?« fragte Pam voller Verzweiflung.

»Wir können im Moment nicht mehr tun, als die Polizei zu alarmieren.«

Der diensthabende Polizist auf der Wache hatte schon häufiger mit Anfragen nach verschwundenen Teenagern zu tun gehabt. Erfahren und mitfühlend zugleich erklärte er: »Da es keinen Grund gibt, anzunehmen, daß ein Verbrechen vorliegt, Mr. Owen, werden wir in den nächsten vierundzwanzig Stunden nichts unternehmen. Nach unserer Erfahrung haben etliche Mädchen in diesem Alter aus dem einen oder anderen Grund solche hysterischen Anwandlungen und reißen für eine Nacht aus. Die meisten aber kehren innerhalb von vierundzwanzig Stunden nach Hause zurück.«

»Ich verstehe«, sagte Ed. »Aber gibt es noch etwas, das wir tun können?«

»Ich an Ihrer Stelle würde alle Freunde Ihrer Tochter anrufen und den Eltern mitteilen, was passiert ist. Vielleicht geht Ihre Tochter zu einer Freundin oder nimmt mit jemandem Kontakt auf, wenn sie nach Hause kommen will.«

»Vielen Dank. Das werden wir machen.«

»Eine andere Sache vielleicht noch. Ich weiß, es mag Ihnen vielleicht törricht vorkommen, aber machen Sie sich nicht allzuviele Sorgen. Mit ziemlicher Sicherheit geschieht Ihrer Tochter nichts, und sie wird morgen wieder bei Ihnen sein.«

»Ich hoffe, Sie haben recht, Officer. Wir sind ganz krank vor Sorge.«

»Ich verstehe Sie sehr gut, Sir.«

Seit Monaten hatte ich Eßwaren in meinem Zimmer versteckt. Manchmal wachte ich mitten in der Nacht auf und fühlte mich ziemlich schlecht, und dann aß und aß ich einfach. Zugleich aber war ich von der Furcht besessen, daß ich zunehmen könnte. Mein Verstand und mein Körper waren nicht so in Ordnung, daß ich tanzen konnte. Plötzlich mußte ich, die stets die beste gewesen war und im Mittelpunkt gestanden hatte, mich wirklich abmühen. Ich schien die Kraft und Entschlossenheit, die mich einmal ausgezeichnet hatten, verloren zu haben. Ich trainierte auch nicht mehr soviel, wie ich es zuvor getan hatte.

Mum muß so etwas geahnt haben, denn als sie mich zum Unterricht fuhr, sagte sie: »Nicola, ich habe nie gewollt, daß du meinst, du wirst zum Ballettunterricht gezwungen. Du weißt, wenn du es nicht mehr magst, kannst du sofort damit aufhören. Es würde uns nicht stören. Wir möchten, daß du das tust, was du tun willst.«

Ich entgegnete nichts darauf; als sie mich absetzte, stieg in mir die Panik auf. Ich ging in die Ballettschule und verließ sie gleich wieder. In meiner Schuluniform mit der schwarzen Wolljacke lief ich zum Bahnhof und kaufte mir eine Fahrkarte nach London.

Als ich an der London Bridge ankam, hatte ich keine

Ahnung, wohin ich gehen sollte. Ich fuhr eine Weile mit einigen Bussen und dann mit der U-Bahn umher. Die ganze Zeit versuchten irgendwelche sonderbaren Männer mich anzusprechen. Aber das war kein Problem; daran war ich gewöhnt. Tatsächlich erwartete ich so etwas sogar. Es schmeichelte mir und verstärkte mein Selbstvertrauen. Ein Mann stoppte sogar seinen Wagen und erklärte, er habe daran gedacht, mich zu überfahren, damit er mit mir sprechen konnte. Schließlich ging ich mit einem jungen Mann mit, den ich in einem Pub getroffen hatte, aber als klar war, daß ich nicht das machen würde, was er sich wünschte, lief er in die eine Richtung davon und ich in eine andere.

Dann fand ich mich in Bethnal Green wieder, streunte umher und besah mir die Armut rings um mich. In dieser Gegend fühlte ich mich noch schlechter. Ich wußte nicht, was für unrechte Dinge ich getan haben könnte, aber ich meinte, daß ich mich selbst bestrafen müßte. Obschon ich völlig verwirrt war, war ich mir sicher, nicht nach Hause gehen zu können. Es mußte einen Grund dafür geben, warum ich weggelaufen war.

Schließlich ging ich auf einen kleinen Friedhof. Das entsprach meiner Stimmung. Der Gedanke, zwischen all den Toten zu schlafen, erschreckte mich auch keineswegs. Ich hatte keine Angst davor. Ich fürchtete mich auch nicht vor dem, was mit mir geschah, obgleich ich mich ständig fragte: Warum tust du das? Was ist der Grund? Warum tust du all diese merkwürdigen Dinge? Aber ich vermochte mir keine Antwort zu geben. Ich fühlte mich wie in einer Berg-und-Tal-Bahn und hatte keinen Einfluß auf das, was passierte. Ich steckte in dieser Bahn und konnte nicht heraus. Es war auch, als hätte irgend jemand meinen Körper übernommen und ließ mich Dinge tun, die ich gar nicht tun wollte.

Als ich einen geeigneten flachen Grabstein gefunden hatte, legte ich mich hin und versuchte zu schlafen. Während der Nacht tauchte ein alter Stadtstreicher auf, er blies mir seinen nach billigem Fusel stinkenden Atem ins Gesicht und redete wirres Zeug. Ich erwiderte nichts, und er wankte irgend etwas murmelnd in die Dunkelheit davon.

Am Morgen beschloß ich, daß ich einen Job finden mußte. Zuerst ging ich zu Woolworth's und kaufte von meinem letzten Geld ein wenig Make-up, das ich auf einer öffentlichen Toilette auftrug. Dann machte ich mich zu einer Arbeitsvermittlung in der Nähe auf. Ich erzählte den Leuten, daß ich achtzehn wäre und Tänzerin, daß ich aber, weil ich mir das Bein gebrochen hatte, nicht mehr tanzen konnte und daher einen Job brauchte. Sie glaubten mir meine Geschichte sofort und schickten mich zu einer Vorstellung zu einem Modehaus nach East End. Obschon ich noch immer meine Schuluniform trug, hielt mich der Mann dort für geeignet, und er gab mir einen Job als Empfangsdame und als Model. Am nächsten Montag sollte ich anfangen.

Bis dahin vergingen noch sechs Tage, und ich hatte weder Geld noch eine Bleibe. Also ging ich zu der Arbeitsvermittlung zurück, erklärte meine Lage und sagte: »Schauen Sie, kann ich nicht eine Arbeit bis zum Montag bekommen?« Sie fanden für mich einen Job in einem ihrer Büros. Ich mußte nur Dinge tun wie Tee kochen und dergleichen.

Erst nach meinem ersten Arbeitstag begann ich an meine Eltern zu denken und wie bestürzt sie sein würden. Es war, als wäre die Person, die meinen Körper übernommen hatte, plötzlich verschwunden und die alte Nicola war zurückgegekehrt. Ich hatte Angst vor dem, was meine Eltern sagen würden.

Ich beschloß, meine beste Schulfreundin anzurufen. »Ich habe mich ein wenig in Schwierigkeiten gebracht, Gail«, sagte ich. »Ich bin von zu Hause weggegangen, und ich weiß nicht mehr, was ich tun soll.«

Gail wußte schon davon, denn Mum und Dad hatten die letzten Abende damit verbracht, die Eltern meiner Freundinnen anzurufen. »Hör zu«, sagte sie. »Steig in den Zug und fahr nach Hause. Wir werden dich am Bahnhof abholen.«

Tatsächlich warteten Gail und ihr Vater im Bahnhof in Sidcup auf mich. Sie nahmen mich mit zu sich, wo ich ein warmes Bad nahm. Dann rief Gails Vater meine Eltern an.

Ich hörte, wie er sagte: »Nein, Mr. Owen. Ihr geht es sehr gut; es ist ihr wirklich nichts passiert. Ich hoffe, Sie haben keine Einwände, aber Nicola war sehr hungrig, und meine Frau hat ihr einen Tee gemacht. Wir werden sie in einer Viertelstunde zurückbringen.«

Als Pam die Nachricht von Gails Vater bekam, war ihre erste Reaktion Erleichterung, daß Nicola unversehrt geblieben war. Aber sie war darüber hinaus auch tief besorgt.

Und sie wußte nicht, wie sie mit Nicola umgehen sollte, als ihre Tochter nach Hause zurückgebracht wurde. Pam wollte die Dinge nicht noch verschlimmern, aber für sie war es wichtig, herauszustellen, wieviel Kummer ihre Tochter ihnen bereitet hatte.

»Dein Vater ist fast wahnsinnig geworden vor Kummer«, sagte sie.

»Aber wo ist er?« fragte Nicola.

»Was glaubst du, wo er ist? Er ist in London und sucht im West End nach dir. Ich weiß nicht, was er sagen wird, wenn er zurückkommt.«

»Es tut mir leid, Mum. Es tut mir sehr leid.«

»Wir wußten nicht, was mit dir passiert ist – wohin du gegangen bist. Wir haben der Polizei mitgeteilt, daß du verschwunden bist. Ich schätze, sie wollen auch mit dir reden. Du hast für eine Menge Ärger gesorgt, Nicola. Ich weiß wirklich nicht, was in dich gefahren ist. Warum tust du so etwas?«

»Ich wünschte, ich wüßte es, Mum. Glaub mir, ich weiß es wirklich nicht. Für ein paar Tage fühlte ich mich gar nicht wie ich selbst. Ich habe keine Ahnung, warum ich das alles getan habe.«

»Ist es das Tanzen? Willst du mit dem Tanzen aufhören?«

Nicola antwortete nichts. Das Gespräch schien zu nichts zu führen, und darum fragte Pam Nicola schließlich, wo sie gewesen war und was sie gemacht hatte. Erleichtert, ein anderes Thema zu haben, gab Nicola einen lebhaften Bericht über ihre Abenteuer ab. Pam hörte schweigend zu, erstaunt über den Wagemut ihrer Tochter und voller Bedauern über deren fehlende Reue. Als Nicola alles erzählt hatte, griff sie gern Pams Vorschlag auf, früh ins Bett zu gehen. Während sie schon schlief, wartete Pam ängstlich darauf, daß Ed zurückkehrte.

Er kam kurz nach Mitternacht und hörte ungläubig, daß Nicola tief und fest in ihrem Bett schlief. Natürlich war er erleichtert, daß seine Tochter müde und erschöpft zurückgekehrt war, doch während er von Pam Nicolas Geschichte hörte, wuchs in ihm sein Zorn über die Unbegreiflichkeit und Dummheit dieser ganzen Episode. Er hatte einen düsteren, entwürdigenden Abend verbacht, indem er in Bars, Eisdielen, Spielsalons und irgendwelchen Läden blickte oder junge Männer auf der

Straße anhielt, um sie zu fragen, ob sie Nicola auf einer Fotografie wiedererkannten. Doch alle hatten ihm nur falsche Hinweise gegeben, und einige konnten sich ordinäre Bemerkungen nicht verkneifen.

Am nächsten Morgen fiel es Ed schwer, seinen Zorn im Zaum zu halten, und er versuchte von Nicola zu erfahren, ob sie irgendeinen Grund gehabt hatte, von zu Hause wegzulaufen. Er wollte es unbedingt wissen, aber Nicola erklärte ihm nichts. Schließlich kam er zu dem Schluß, daß es das beste war, so weiterzumachen, als hätte dieser Zwischenfall nie stattgefunden.

In den nächsten Wochen beschäftigten sich Pam und er damit, die Party für Nicolas fünfzehnten Geburtstag vorzubereiten.

»Du kannst ungefähr vierzig Leute einladen«, sagte Pam zu Nicola. »Ich kümmere mich um das Essen, und dein Dad und ich werden da sein und ein Auge auf alles halten.«

»Nein, das werdet ihr nicht tun«, erwiderte Nicola. »Ihr dürft nicht zu Hause sein, wenn die Party stattfindet.«

Pam wußte nicht, was sie tun sollte, aber einer der Jungen, die sie gelegentlich besuchten, sagte zu ihr: »Mrs. Owen, ich glaube, es wäre am besten, wenn Sie an diesem Abend im Hause blieben.«

Durch diese Worte beunruhigt, meinte Pam zu Nicola, daß sie an alle Gäste Einladungen verschicken wollte, aber Nicola zeigte sich unwillig, die Namen und Adressen herauszurücken.

Ihre Eltern begriffen auch den Grund dafür, als die Party begann. Um acht Uhr waren über hundert Teenager gekommen und strömten aus dem Haus in den Garten. Um Viertel nach acht war von den Speisen und

Getränken nichts mehr übrig, und die Atmosphäre verschlechterte sich zusehends. Nicola hatte Jungen von zwei rivalisierenden Schulen eingeladen – die eine war eine Privatschule. Es schien unausweichlich, daß es Ärger geben würde.

Ed hatte sich entschlossen im überfüllten Wohnzimmer zu postieren, um alles im Auge zu behalten. Plötzlich bemerkte er Nicola, die neben dem Klavier stand und mit zwei Jungen redete. Sie trug ein eng anliegendes, weinfarbenes Kleid, das ihre Mutter ihr gekauft hatte. Zum ersten Mal wurde Ed bewußt, daß seine Tochter den Körper einer erwachsenen Frau besaß. Flüchtig trafen sich ihre Blicke. Irgend etwas an Nicolas Augen stimmte nicht. Sie glänzten unnormal hell und wirkten voller Angst. Für einen Moment konnte er nicht verstehen, warum diese Augen ihn so tief verstörten. Dann übermannte ihn Übelkeit, als er erkannte, daß er diesen Blick schon einmal bemerkt hatte. Es war dieselbe Verrücktheit in Nicolas Augen, die ihn so aufgeschreckt hatte, als er zugesehen hatte, wie sie auf der Bühne ihren Hexentanz aufführte. Aber jetzt war der verrückte Blick der Hexe in seinem Haus Wirklichkeit geworden.

Er hatte keine Zeit mehr, länger darüber nachzudenken, denn in einer Ecke des Zimmers war die erste Prügelei ausgebrochen. Ed sorgte wieder für Ordnung, dann wies er ein Paar aus dem Haus, weil sie, wie er es beschrieb, »etwas taten, was sich nur im Schlafzimmer gehörte«. Zum Glück tauchten dann drei oder vier von Pams und Eds Freunden auf und unterstützten sie. Als wenig später die übelsten Burschen und die ungebetenen Gäste entfernt worden waren, wurde es für die übrigen noch eine nette Party. Für die meiste Zeit aber gehörte Nicola nicht dazu. Sie entschied sich, mit ein paar jungen

Männern einen Pub aufzusuchen, wo der Alkohol noch in Strömen floß.

Sofort nach ihrem fünfzehnten Geburtstag verkündete Nicola, daß sie sich absolut weigere, wieder zu Dr. Goble zu gehen. Dr. Goble war darüber sehr in Sorge. Zu Pam sagte er: »Nicola ist emotional ein sehr krankes Mädchen, Mrs. Owen, und ihre Behandlung muß weitergeführt werden.« Doch weder Ed noch Pam bestanden darauf, daß Nicola ihre Meinung änderte.

Zu dieser Zeit befreundete sich Nicola auch mit Peter Kotting, einem Jungen, der zu den Gästen ihrer Geburtstagsparty gehört hatte. Peter war mit schweren Schädigungen auf die Welt gekommen, weil seine Mutter während der Schwangerschaft an den Röteln erkrankt war. Er und Nicola verstanden sich sehr gut. Sie hatten dieselbe Wellenlänge und brachten einander zum Lachen. Außerdem hatten sie eine Gemeinsamkeit – Fremde neigten aus unterschiedlichen Gründen dazu, sie anzustarren. Mrs. Kotton hörte einmal, wie Nicola zu ihrem Sohn sagte: »Laß uns zusammen zu der Party gehen, Peter, dann wissen wir nicht, wen von uns beiden sie anglotzen.«

In diesem Sommer wurde Peter ins Roehampton Hospital eingeliefert, damit seine Gliedmaßen in einer von schließlich über dreißig Operationen gestreckt und gerichtet wurden. Während der sechs Wochen, die er im Krankenhaus blieb, gehörte Nicola zu den wenigen Menschen, die ihn regelmäßig besuchten. Die meisten von Peters Freunden empfanden es als zu entsetzlich, zu ihm ins Krankenhaus zu gehen, weil es dort so viele deformierte und verletzte Leute gab. Ein junger Mann hatte sich mit einer Schrotflinte sein Gesicht förmlich weggeschossen und mußte eine Maske tragen. Ein anderer hatte einen so schweren Autounfall gehabt, daß ihm ein Teil seines Schädels entfernt werden mußte. Daneben gab es viele Conterganopfer, die keine Arme oder Beine mehr hatten.

Aber Nicola bewältigte all diese Eindrücke spielend. Sie pflegte Peter mit einem Kuß zu begrüßen und schob ihn dann in seinem Rollstuhl in die Cafeteria, wo sie mit den anderen Patienten plauderte. Als Peter schließlich aus dem Krankenhaus entlassen wurde, war sein Kiefer mit einem Draht versehen, so daß er nichts essen konnte und zum Trinken einen Strohhalm benutzte. Daher bat Nicola ihre Mutter, eine Saftpresse zu kaufen, so daß Peter kommen und den ganzen Tag bei ihnen verbringen konnte. Peter und seine Eltern sahen in Nicola das reizende Mädchen, das sich als sehr fürsorglich und liebevoll erwies.

Während dieser Sommermonate freute Ed sich darüber, daß Nicola offenbar ins normale Leben zurückgefunden hatte. Aber mit Beginn des Herbstes traten wieder Seiten in Nicolas Verhalten zutage, die Pam beunruhigten. Nicola stand nicht mehr morgens um sechs Uhr auf, um in ihrem Studio zu trainieren. Sie war auch wieder recht launisch. Wenn manchmal irgendwelche Leute ins Haus kamen, zog sie sich in ihr Zimmer zurück und sagte: »Ich habe Kopfschmerzen.« Während Ed geschäftlich unterwegs war, verhielt sie sich ihrer Mutter gegenüber immer unfreundlicher. Denn wenn Ed zu Hause war, erwies sich Nicola ihm gegenüber immer als außergewöhnlich liebevoll.

»Ich habe es allmählich satt mit Nicola«, pflegte Pam häufiger zu sagen. »Sie ist immer so grob zu mir, Ed.«

»Nun, mir gegenüber verhält sie sich tadellos«, antwortete er stets.

»Aber warum redest du nicht einmal mit ihr?«

»Ich kann schlecht mit ihr über etwas reden, das immer dann passiert, wenn ich nicht da bin«, pflegte er zu erwidern, und damit war das Thema dann erledigt.

Im Oktober jedoch schien es für Ed und Pam einen triftigeren Grund zu geben, sich über Nicola Sorgen zu machen. Ihr Blinddarm platzte, und sie wurde für eine Notoperation ins Krankenhaus gebracht. Da Ed unterwegs war, begleitete Pam ihre Tochter ins Krankenhaus. Sie sagte der Oberschwester, daß man sich besonders um Nicola kümmern müsse, da sie schon etliche gesundheitliche Probleme gehabt hatte, wie einen Lungenkollaps und eine Lungenentzündung.

Als Pam am Tag nach der Operation auf der Krankenstation auftauchte, lag Nicola in ihrem Bett und weinte. Sie sagte ihrer Mutter, daß sie den Schmerz an ihrem Bauch nicht aushielte. Außerdem spürte sie einen neuen Schmerz in der Brust. Da Nicola auf die Toilette gehen wollte, rief Pam eine Krankenschwester und bat um eine Bettpfanne.

»Nun, komm schon, Nicola«, sagte die Schwester voller Ungeduld. »Mach nicht so ein Getue. Du kannst selbst auf die Toilette gehen.«

Pam wurde wütend. »Nicola hat Schmerzen in der Brust, Schwester. Offenbar stimmt da etwas nicht.«

Doch die Krankenschwester scherte das nicht. »Es ist alles in Ordnung«, sagte sie. »Ich helfe dir, Nicola. Laß uns nicht so ein Aufhebens darum machen. Bist ein gutes Mädchen.«

Als Nicola aus dem Bad zurückkehrt, beunruhigte ihr Aussehen Pam. Sie glaubte, daß ihre Tochter fieberte, daher verabredete sie mit der Schwester, daß ein Arzt sich Nicola ansah. Ihre Befürchtungen schienen jedoch unbegründet zu sein, denn zwei Tage nach der Operation war Nicola wieder auf den Beinen, sie half den Schwestern auf der Station und erhielt Besuch von ihren Freunden.

Am nächsten Tag aber wurde Pam auf der Station von einer Schwester abgefangen. »Mrs. Owen«, sagte die Schwester, »heute morgen haben wir Nicola auf der Toilette gefunden. Sie war zusammengebrochen und spuckte Blut. Ich fürchte, sie ist sehr krank.«

Voller Kummer und Zorn rief Pam: »Ich habe schon versucht, Ihnen zu sagen, daß es Nicola nicht gutgeht. Warum hat man Nicola erlaubt, auf der Station herumzulaufen und den anderen Patienten zu helfen? Sie macht nie viel Getue um sich, was von den Leuten nur zu oft ausgenutzt wird.«

Die Krankenschwester antwortete nicht darauf, ruhig sagte sie: »Nicola hat starke Antibiotika bekommen und ein Beruhigungsmittel. Sie schläft jetzt. Ich halte es daher nicht für ratsam, wenn Sie zu lange bleiben.«

Als Ed am Abend zurückkehrte, erzählte Pam ihm, was geschehen war. Er fuhr sofort zum Krankenhaus, und in einem längeren Gespräch mit dem diensthabenden Arzt brachte er scharf zum Ausdruck, wie unzufrieden er mit der Behandlung war, die Nicola bisher erhalten hatte. Offenbar zeigte das Gespräch Wirkung. Von da an schien eine Krankenschwester oder ein Arzt jede Stunde nach Nicola zu sehen.

Obwohl sie schon einige Tage später aus dem Krankenhaus entlassen wurde, wurde es Weihnachten, bis Nicola wieder völlig gesund war. Wieder einmal schien es so zu sein, daß die harte Arbeit, mit der Nicola das Ziel verfolgte, Tänzerin zu werden, von äußeren Schwierigkeiten durchkreuzt wurde.

Noch während ihrer Krankheit hatte sie einen Tanz zu »Annie Get Your Gun« für eine Vorführung in ihrer Ballettschule einstudiert. Und obschon sie noch nicht ganz wiederhergestellt war, nahm sie an der Vorführung teil. Hinterher sagte die Cheftrainerin zu ihr: »Ich habe schon viele talentierte Tänzerinnen gesehen, und du kannst sicherlich eine gute Balletteuse werden, aber nicht mehr als eine gute Balletteuse. Doch in der Sparte Comedy kannst du es bis ganz nach oben bringen. Du hast soviel Talent. Ich bin überzeugt, daß du eine zweite Shirley MacLaine werden kannst.«

Das Lob einer solch herausragendenden und erfahrenen Lehrerin erfreute Nicola und ihre Eltern und verstärkte in ihr den Ehrgeiz, sich ganz dem Ziel zu widmen, eine professionelle Tänzerin zu werden. Im neuen Jahr allerdings mußte sie eine längere Zeit darauf verwenden, für Schulprüfungen zu lernen, die im Juni stattfanden. Wenigstens für sechs Monate rückte das Tanzen an die zweite Stelle.

Doch als sie ihr Training mehr und mehr reduzierte, begann sie immer mehr zu essen. Eines Tages kaufte Pam eine große Tafel Schokolade, die Nicola einem Freund zum Geburtstag schenken sollte. Am Morgen, als Nicola erwacht war, aß sie die ganze Schokolade auf und ging dann nach unten, um ein herzhaftes Frühstück zu sich zu nehmen. Das ganze Geld, das sie bekam oder das sie stehlen konnte, gab sie im Supermarkt für Süßigkeiten aus, sogar halbfertige Puddings verschlang sie, die eigentlich dreißig Minuten kochen sollten. Zu Hause durchsuchte sie die Speisekammer und den Kühlschrank nach allem, das man essen konnte.

Zu Ostern fuhr sie mit einer Gruppe ihrer Schule nach Grenoble, um ihr Französisch aufzubessern. Zu ihrem

Entsetzen stellte Nicola fest, daß die Familie, bei der sie untergebracht war, mit vielen Leuten anderer Nationalität in einem heruntergekommenen Wohnblock lebte. Der Fahrstuhl war mit Graffitti übersät und stank nach Urin. Im Wohnzimmer standen nur billige Gartenmöbel, und ihr eigenes Zimmer hatte kein Fenster. Ständig wurde sie gescholten, weil sie zu lange im Badezimmer blieb oder aus dem Fenster lehnte, um frische Luft zu schnappen. Aber noch mehr regte es sie auf, daß die Hauskatze in einem winzigen Besenschrank gehalten wurde. Voller Heimweh begann Nicola übermäßig zu essen. Als sie nach drei Wochen aus Frankreich zurückkehrte, wog sie dreiundsechzig Kilo. Ed und Pam waren erstaunt und beunruhigt, als sie Nicolas Übergewicht bemerkten, aber viel wütender als auf ihre Tochter waren sie auf die Schulleitung und die französische Familie.

Zu Beginn des Sommers allerdings hatte Nicola es durch Hungern und Erbrechen, das sie selbst herbeiführte, geschafft, über sechs der zwölf Kilo abzunehmen, die sie in den vergangenen zwölf Monaten zugenommen hatte. Eine Zeitlang zumindest hatte Nicola den Kampf um die Herrschaft über ihren Körper noch nicht verloren.

6.
»Ich bin vergewaltigt worden«

Meine Eltern hatten mir oft gesagt: »Geh nicht durch den Wald, wenn du alleine bist. Mit anderen Leuten kannst du es tun, aber auf dich allein gestellt nimm den längeren Weg.«

Aber der Weg um den Wald war so beschwerlich, und natürlich dauerte er viel länger.

Nach Monaten der Vorbereitung, der Vorprüfungen und der nächtlichen Büffelei hatte ich meine erste Prüfung am siebten Juni. Hinterher nahm ich den Bus nach Buxley. Ich trug das grüne Baumwollkleid, das unsere Schuluniform darstellte, und Schuhe mit hohen Absätzen, die zu der Zeit in Mode waren. Als ich aus dem Bus stieg, fühlte ich mich sehr erschöpft, und da es ein herrlicher Sommertag war, machte ich mich auf, den kurzen Weg durch den Wald zu nehmen.

Ich betrat den Bexley Woods am Bach an seinem unteren Ende. Von da steigt der Wald steil an, bis seine alten Bäume plötzlich an einer Reihe langer, unversehrter Gartenzäune enden. Ein Kiesweg führt durch den Wald von seinem unteren Zugang bis zu einem anderen an der Camden Road, der nur hundertfünfzig Meter von unserem Haus entfernt liegt.

Langsam schritt ich das steilste Stück des Pfades hinauf und achtete sorgsam darauf, mir nicht den Knöchel zu brechen, indem ich auf den Kieselsteinen ausrutschte.

Ich hatte beinahe die höchste Stelle des Weges erreicht, als ich zu meiner Linken einen sonnengebräunten Mann in einer cremefarbenen Windjacke sah, der sich wie ein Angeber auf einer Bank rekelte. Ich erhöhte mein Tempo und ging doppelt so schnell, denn ich erkannte plötzlich, daß er mit seinem erigierten Penis herumspielte. Ich hatte aber überhaupt keine Angst, sondern dachte statt dessen: »Ich kann es gar nicht erwarten, den Mädchen in der Schule davon zu erzählen.« Als ich an dem Mann vorüberschritt, blickte ich starr geradeaus.

»Komm und hol mir einen runter«, rief er.

Er rief immer weiter, und ich ging so schnell ich konnte, aber wegen meiner blöden Schuhe konnte ich nicht einfach loslaufen. Doch der Zugang zur Camden Road, wo ich in Sicherheit war, lag nur noch zweihundert Meter vor mir.

Dann hörte ich seine schweren Schritte hinter mir. Sofort bekam ich es mit der Angst zu tun und versuchte verzweifelt, loszurennen, aber innerhalb von ein paar Sekunden hatte er mich eingeholt und packte mich von hinten. Er legte einen Arm um meinen Hals, und mit der anderen Hand hielt er meinen linken Arm in einer Art Polizeigriff.

Ich wollte nicht glauben, daß niemand in der Nähe war. Wo waren die Frauen, die ihren Kinderwagen schoben, die alten Männer, die ihre Hunde spazierenführten, und die vielen Jungen, die zwischen den Bäumen herumrannten? Gleich würde jemand kommen und mich retten.

Ich versuchte zu schreien, brachte aber nur ein heiseres Krächzen heraus.

»Wenn du einen Laut von dir gibst«, zischte der Kerl, »dann breche ich dir deinen verdammten Arm.« Während er schmutzige, zotige Dinge sagte, zerrte er mich vom Weg in den Wald. Ich hatte Angst, daß er mich umbringen wollte. Dann drückte er mich gegen einen Baum, schob mir seinen Penis in die Hand und sagte: »Berühre ihn!« Ich hatte keine Ahnung, was er von mir wollte. Er beschimpfte mich und packte meine Hand fester, dann zwang er sie, seinen Penis zu reiben. Mit seinem Körper drückte der Mann mich gegen den Baum, und mit seiner anderen Hand versuchte er, mir meinen Slip herunterzuziehen, dann drängte er sich mit seinem Penis an mich. Keuchend und fluchend berührte er mein Schulkleid, schob mich brüsk beiseite und stürzte in den Wald davon.

Ich zitterte am ganzen Körper, und doch war ich erleichtert, daß ich nicht getötet worden war. Ich war so voller Angst, daß ich gar nicht wußte, was wirklich passiert war. Ich war sicher, daß er versucht hatte, in mich einzudringen, aber da ich wenig sexuelle Erfahrung besaß, wußte ich nicht, ob ein Geschlechtsverkehr stattgefunden hatte oder nicht. Ich wußte lediglich, daß das alles nichts mit mir zu tun hatte und nicht meine Schuld gewesen war.

Meine Beine waren wie aus Gummi. Ich konnte nicht loslaufen. Also schritt ich langsam den Pfad in Richtung Ausgang hinauf. Als ich den Ausgang erreicht hatte, brach ich in Tränen aus.

Zwei Anstreicher arbeiteten an einem Haus auf der anderen Seite der Straße. Sie entdeckten mich, und einer von ihnen kam zu mir herüber und sagte: »Was ist los mit dir?«

»Ein Mann hat ...«

Mehr mußte ich ihm nicht sagen. »Wo?« fragte er nur.

Ich deutete hinter mich und erzählte ihm schluchzend,

wo es passiert war. Der Anstreicher rief seinem Kollegen etwas zu und rannte in den Wald.

Der andere Anstreicher kam und führte mich zu dem Haus hinüber, wo er mir einen Tee machte und die Polizei anrief. Nachdem er erklärt hatte, was vorgefallen war, reichte er mir den Hörer. Mir wurde nur eine einzige Frage gestellt: »Wurdest du vergewaltigt?«

Es mag unglaublich klingen, aber ich wußte wirklich nicht, ob ich vergewaltigt worden war oder nicht. Ich war sehr verwirrt und wußte nicht, was ich sagen sollte. Also sagte ich nichts. Mein Schweigen wurde offensichtlich dahingehend gedeutet, daß ich vergewaltigt worden war, denn der Polizist erklärte, daß er einen Streifenwagen schicken werde und wir nach dem Mann suchen konnten.

Ich hockte in dem Polizeiwagen, und wir fuhren in der Gegend herum und suchten nach meinem Peiniger, aber es fehlte jede Spur von ihm. Nach einer halben Stunde wurde ich schließlich nach Hause gefahren. Der Schrekken war inzwischen vergangen. Ich spürte, daß es, was das Sexuelle betraf, doch keine so schlimme Sache gewesen war. Ich empfand vor allem Erleichterung, daß ich noch am Leben war.

Dad befand sich auf Geschäftsreise nach Durham, und Mum war gerade losgefahren, um Johnnie von der Schule abzuholen, als wir zu Hause ankamen. Also warteten die Polizisten auf ihre Rückkehr. Als Mum den Polizeiwagen sah, nahm sie an, daß etwas Schreckliches geschehen war. Natürlich war sie von der Nachricht schockiert und erzürnt. Da ich wußte, daß sie ein großes Theater aus der Sache machen würde, sagte ich: »Mum, es ist schon in Ordnung. Mach nicht soviel Aufhebens darum; ich kann das jetzt nicht mehr ertragen.«

Ich ging hinauf und steckte, so wie man es mir gesagt

hatte, alle Kleidungsstücke, die ich getragen hatte, in eine Plastiktüte, damit die Polizisten sie mit aufs Revier nehmen konnten. Danach stieg ich in die Badewanne. Wie ich so dalag, sagte ich mir: »Ich schere mich wirklich nicht darum, was passiert ist. Es spielt überhaupt keine Rolle mehr.«

Ein wenig später kamen zwei Kriminalbeamte – ein Mann und eine Frau. Sie stellten mir eine Menge Fragen: »Du bist ein kräftiges Mädchen. Warum hast du dich nicht verteidigt? Gehörte der Mann zu deinen Freunden? Warum hast du nicht geschrien? Jeder kann schreien.«

Dann sagte die Polizistin: »Wir glauben, daß es sich um einen Fall von Vergewaltigung handelt.«

»Was geschieht, wenn es eine Vergewaltigung war?« fragte ich.

»Du mußt von einem Arzt untersucht werden.«

Das schien mir eine gute Idee zu sein, also sagte ich: »Ich glaube, es ist am besten, wenn ich zu einem Arzt gehe.«

»Also war es eine Vergewaltigung!« erwiderte die Polizistin triumphierend.

»Ich glaube, ja«, erwiderte ich.

Eine halbe Stunde danach fuhr Mum mich zur Polizeistation von Bexleyheath, wo ich von einer Ärztin untersucht wurde. Sie sagte, mein Jungfernhäutchen sei zwar gedehnt worden, aber noch unversehrt. Um ganz sicherzugehen, gab sie mir eine Pille gegen eine etwaige Schwangerschaft.

Als Dad von seiner Geschäftsreise zurückkehrte, gab es noch mehr Fragen. Ich wollte nicht darüber reden, aber Mum und Dad wollten unbedingt von mir hören, daß ich nicht vergewaltigt worden war. Sie stellten immer wieder Fragen wie: »Hast du dir das Ganze ausgedacht, um Aufmerksamkeit zu erregen?« Ich begriff wirklich nicht, was geschehen war, aber schließlich schien es am einfachsten zu sein, ihnen zuzustimmen und sie in dem Glauben zu lassen, daß ich gelogen hatte.

Die Polizei nahm allerdings weiter an, daß ich vergewaltigt worden war, und später in der Woche, an einem Tag, an dem ich keine Prüfung hatte, ging ich zu Scottland Yard und schaute Tausende von Fotos durch, um meinen Peiniger zu identifizieren. Aber das war einfach unmöglich. Ich konnte mich nicht an sein Gesicht erinnern – nur daß er sonnengebräunt und dunkelhäutig gewesen war. Es war keine Überraschung, daß der Mann niemals gefunden wurde.

Für ein paar Tage stand ich wieder im Mittelpunkt, aber dann geriet ich wieder in die Tretmühle der Prüfungen, und der Vorfall wurde so behandelt, als würde man ihn am besten ganz vergessen. Obschon das anfängliche Gefühl des Entsetzens vergangen war, hatte mich die Sache doch auf eine unerwartete Weise berührt. Ohne daß es einen Grund gab, geriet ich plötzlich in Wut. Eine Woche nach diesem Vorfall war ich so zornig, daß ich, als ich von der Schule nach Hause kam, in mein Zimmer stürmte und mein Sparschwein aus Porzellan gegen meinen Spiegel warf, so daß er zerbrach.

Statt mich unauffälliger anzuziehen, um keinen weiteren Angriff herauszufordern, begann ich meinen Körper zur Schau zu stellen. Einmal fuhr ich per Anhalter vom Freibad zurück und trug nur einen Bikini. In der Discothek unseres Ortes sorgte ich für Aufsehen, als ich einen Striptease begann. Wohin ich auch ging, ich trug stets die kürzesten Röcke. Ständig sprachen mich junge Männer an und wollten mit mir ausgehen, aber sie mußten spüren, daß etwas an mir seltsam war, denn alle verloren recht schnell ihr Interesse. Ganz offen sehnte ich mich nach der Aufmerksamkeit, die ich erhielt, aber es gab auch Zeiten, da war ich völlig in mich gekehrt.

Ich war froh, als die Prüfungen endlich vorbei waren, denn ein paar Wochen später verließ ich die Schule endgültig. Ich war mit meinem Haß auf die Schule aufgewachsen und schien auch ständig in irgendwelchen Schwierigkeiten gesteckt zu haben. Dad wünschte, daß ich weiter zur Schule ging, denn er hätte es gern gesehen, wenn ich an der Universität neuere Sprachen studiert hätte, aber ich hatte nichts davon im Sinn. Ich hatte mich entschlossen, ganztägig die Doreen Bird School für Tanz zu besuchen, zu der ich auch schon an den Abenden gegangen war. Ich hatte auch nie ernsthaft daran gedacht, etwas anderes zu werden als professionelle Tänzerin.

Nachdem ich die Schule abgeschlossen hatte, fuhren wir nach Dorset, um Ferien zu machen. Zum ersten Mal seit Jahren waren wir nicht ins Ausland gereist. Wir wohnten in einem Landgasthof, wo wir das wunderbare Essen genossen wie etwa große Portionen Fleischpastete. Und dennoch bekam ich nicht genug zu essen. Wenn die anderen zum Strand gingen, trödelte ich daher hinter ihnen her, um noch schnell in den Dorfladen zu springen und mir Unmengen von Süßigkeiten zu kaufen, die ich dann in einer stillen Ecke aß, bevor ich mich wieder zu meiner Familie gesellte.

Dieser Sommer war außergewöhnlich heiß, und ich wurde richtig braun. Eines Abends trug ich beim Essen sehr enge Jeans. Mit den Jeans, meiner Bräune und meiner makellosen Figur hielt ich mich für die Schönste der Schönen. Als ich zufrieden an mir herabsah, entdeckte ich zu meinem Entsetzen, daß sich eine Hautfalte über den Bund meiner Jeans schob. »Das ist das Ende«, dachte ich. »Jeder wird bemerken, daß ich wieder zunehme. Wie soll ich mit einer solchen Figur tanzen?«

Ich wußte, daß ich unbedingt abnehmen mußte, bevor ich im Herbst den ganzen Tag zur Ballettschule ging. Als wir aus Dorset nach Hause zurückkehrten, aß ich daher fünf Tage lang nichts und rührte auch keinen Tropfen Alkohol an. Dann, als ich zu dem Schluß gelangte, daß ich meinen Appetit ganz verloren hatte, begann ich wieder zu essen.

Aber der Zwang, immer mehr und mehr zu essen, übermannte mich. Ich füllte eine große Schüssel mit Rice Crispies, schüttete einen Liter Milch darauf und ein halbes Paket Zucker, und dann aß ich es. Aber das reichte mir immer noch nicht. Rasch vertilgte ich noch ein Dutzend Scheiben Toast. Danach konnte ich nur noch dafür sorgen, daß ich mich erbrach.

Das Wechselspiel von Völlerei, Erbrechen, Fasten, Völlerei und Erbrechen wurde für mich zur Normalität. Später brachte ich mich so oft zum Erbrechen, daß ich nur noch Blut würgte, aber das ängstigte mich nicht mehr so sehr wie der Gedanke, ich könnte zunehmen.

Gegen Ende August fuhren Sally und ich für zehn Tage nach Frankreich, um bei Freunden in der Normandie zu wohnen. Es war sehr heiß, und einmal, als wir in Rouen einen Schaufensterbummel machten, sagte ich zu Sally: »Ich frage mich, wie es wohl in einem französischen Krankenhaus aussieht.«

»Was, zum Teufel, redest du da?«

»Ich frage mich nur, wie es wohl sein würde, wenn ich plötzlich mitten in Rouen auf der Hauptstraße zusammenbrechen würde«, sagte ich. Dann wurde ich ohnmächtig. So fand ich also heraus, wie es in einem französischen Krankenhaus aussah, obwohl ich bereits nach ein paar Stunden wieder entlassen wurde, weil bei mir alles in Ordnung zu sein schien.

Ich konnte nicht herauskriegen, was wirklich mit mir geschehen war. Wurde ich ohnmächtig, weil ich gerade fastete und es drückend heiß war? Sprach ich zu Sally über französische Krankenhäuser, weil ich mich matt fühlte? Oder wurde ich wegen meinem Gerede ohnmächtig – war der Wunsch der Vater des Gedanken? Oder tat ich nur so, als wäre ich ohnmächtig geworden, um wieder alle Aufmerksamkeit auf mich zu ziehen? Es war für mich unmöglich, mir eine ehrliche Antwort zu geben. Aber nicht zum ersten Mal hatte ich das Gefühl, als das Ganze geschah, daß ich etwas auf der Bühne spielte. Und doch gab es einen Unterschied: Es war, als beobachtete ich mich und wäre völlig unter der Kontrolle einer anderen Person, so daß ich unfähig war, etwas anderes zu tun.

Als die beiden Mädchen aus der Normandie zurückkehrten, erfuhren ihre verschreckten Eltern von Nicolas neuester Heldentat, aber Sally, die sich ihrer Schwester gegenüber sehr loyal verhielt, verriet kein Wort von dem, was Nicola gesagt hatte, bevor sie ohnmächtig wurde. Ed und Pam waren in höchstem Maße besorgt, bis ihnen die Ärzte zwei Tage später mitteilten, daß die Röntgenaufnahmen, die das französische Krankenhaus ihnen geschickt hatte, keine Unregelmäßigkeiten bei Nicola zeigten. Physisch war bei Nicola alles in Ordnung.

Am Abend besuchten Ed und Pam Freunde in Rochester. Sie waren noch keine Stunde da, als Sally anrief. »Sobald ihr weggefahren seid, ist Nicola aus dem Haus gegangen«, sagte sie, »und sie ist immer noch nicht zurück. Es ist schon dunkel, und ich mache mir Sorgen. Was soll ich tun, Mum?«

»Ich bin sicher, daß du dir keine Sorgen machen mußt«, erwiderte Pam. »Nicola schaut wahrscheinlich bei einer Freundin rein; sie verhält sich unmöglich, aber mach dir keine Sorgen, Sally.«

»Sie trägt aber nur Shorts und ihre Squashsachen, Mum. Ihr kann alles mögliche passiert sein.«

»Wir fahren sofort«, beruhigte Pam ihre Tochter. »In zwanzig Minuten sind wir zu Hause. Mach dir keine Sorgen. Wir werden Nicola schon finden.«

Pam legte den Hörer auf, und Ed fragte verärgert: »Was hat die verdammte Göre nun schon wieder gemacht?«

Sie rasten nach Hause. Nicola war noch nicht zurückgekehrt, daher fing Pam an, die Krankenhäuser in der Umgebung anzurufen. Beim dritten Krankenhaus sagte man ihr, daß bei der Notaufnahme eine junge Frau eingeliefert worden sei, die offenbar ihr Gedächtnis verloren habe. Sie sei ungefähr achtzehn Jahre alt und trage ein kurzes, weißes Kleid. »Nicole« war auf dem Armband eingraviert, das sie bei sich hatte.

Pam erklärte, daß diese Beschreibung auf ihre Tochter paßte, und Ed machte sich sofort auf, um Nicola abzuholen, obschon die Stimme am Telefon sagte, daß man es im Krankenhaus lieber sähe, wenn Nicola zur Beobachtung über Nacht in der Klinik bliebe.

Im Krankenhaus wurde Ed zu dem Bett geführt, in dem Nicola mit geschlossenen Augen lag. Ein junger Arzt schaute Ed besorgt an, als er erklärte, er sei der Vater des Mädchens und wolle sie nach Hause holen.

In diesem Moment öffnete Nicola die Augen und sagte: »O hallo. Wo bin ich?«

Für Ed war das zuviel Schauspielerei. »Halt mich nicht zum Narren, Nicola!« brüllte er. »Ich bin dein Vater, und du weißt verdammt gut, wo du bist.«

Der junge Arzt machte einen Schritt nach vorn, als wolle er zwischen seine Patientin und ihren aufgebrachten Vater treten.

Ed blickte dem Arzt offen ins Gesicht und erklärte: »Sie treibt hier ihre Possen, Herr Doktor. Ich lasse nicht zu, daß Nicola Ihre kostbare Zeit in Anspruch nimmt und ein teures Krankenbett belegt. Ich werde sie umgehend mit nach Hause nehmen.«

Nicola hatte ihre Augen wieder fest geschlossen.

Frostig sagte der Arzt zu Ed: »Ich entscheide, was mit meinen Patienten geschieht. Sie behaupten, der Vater dieser jungen Dame zu sein ...«

»Was, zum Teufel, glauben Sie, wer ich bin? Meine Frau hat mit dem Krankenhaus telefoniert und meine Tochter hier aufgespürt.«

»Ist Ihnen klar, daß dieses Mädchen zusammengebrochen an einer Straße aufgefunden worden ist? Vermutlich ist sie aus einem Wagen geworfen worden, der aus London kam, und leidet an einer Form der Amnesie.«

»Verdammte Amnesie! Erst letzte Woche hat sie versucht, diese Masche in Rouen abzuziehen. Unser Arzt hat gerade die Röntgenaufnahmen durchgesehen. Es ist alles in Ordnung mit Nicola.« Dann bemerkte Ed, daß er sich ganz unnötig aggressiv verhielt, und er beruhigte sich ein wenig. »Hören Sie«, sagte er. »Es tut mir leid, wenn ich Ihnen wütend erscheine, Herr Doktor. Bitte verstehen Sie, daß meine Frau und ich nicht anders können. Wenn Sie nichts dagegen haben, würde ich sie jetzt gerne nach Hause bringen.«

»Ich verstehe Sie, Mr. Owen«, erwiderte der Arzt mitfühlend, »aber ich möchte Nicola doch über Nacht zur Beobachtung hierbehalten.«

Da es nichts mehr zu sagen gab, verließ Ed das Krankenhaus. »Was mich wirklich aufgeregt hat«, erklärte er Pam, nachdem er zurückgekehrt war, »ist die Tatsache gewesen, daß ein Mädchen in einem Sportkleid an einer Straße gefunden worden ist, und man sich dann diese wunderbare Geschichte zusammengesponnen hat, daß ein paar Kerle sie aus einem Auto geworfen haben. Wie kommen die auf solche Dinge?«

Pam sah die komische Seite der Angelegenheit und erwiderte lachend: »Ich nehme an, sie hielten dich für einen der Kerle, der sich meldete, um sich seine Beute zurückzuholen!«

Ed lächelte. »Vielleicht haben sie das wirklich gedacht«, sagte er. »Kein Wunder, daß der Arzt so ein zweifelndes Gesicht machte, als ich sagte, ich sei Nicolas Vater.«

Während die Eltern unten miteinander sprachen, lag Sally oben in ihrem Bett und konnte nicht schlafen. Es gab etwas, über das sie eigentlich mit ihren Eltern reden sollte – etwas, das Nicola betraf. Obschon sie eine große Loyalität Nicola gegenüber verspürte, meinte sie, daß ihre Eltern wissen sollten, wieviel Nicola trank. Als sie sich entschlossen hatte, es zu sagen, ging sie nach unten zu den Eltern. Aber in dem Moment, in dem sie das Wohnzimmer betrat, schwankte sie in ihrem Entschluß.

»O meine arme Sally«, rief Pam. »Komm und setz dich zu mir. Es wundert mich nicht, daß du bei all der Aufregung nicht schlafen kannst. Komm und kuschel dich ein wenig an mich.«

Ed ging in die Küche, und nachdem er mit Tee zurückgekommen war, fragte er Sally, ob sie wüßte, was hinter Nicolas Trick, eine Ohnmacht zu simulieren, stand.

»Nein, Dad«, entgegnete Sally. »Nicola ist manchmal ziemlich merkwürdig, und sie tut sich gerne ein wenig hervor.«

»Was meinst du damit, Sally?« fragte Ed. »In welcher Weise tut sie sich gerne hervor?«

So in die Enge getrieben, tat Sally ihr Bestes, um sich um eine klare Antwort herumzudrücken. »Nun, nichts Besonderes, Dad. Du weißt doch, es ist einfach die Art und Weise, wie sie sich verhält und wie sie sich mit ihren Freunden aufführt. Sie will immer im Mittelpunkt stehen.«

Pam versuchte noch einige Fragen zu stellen, aber offenkundig hatte Sally nichts Konkretes mitzuteilen.

Als Nicola am nächsten Morgen abgeholt wurde, weigerte sie sich über das zu reden, was passiert war, aber es gab keinen Hinweis darauf, daß ihr Gedächtnis in irgendeiner Form in Mitleidenschaft gezogen war. Man kam allerdings überein, daß sie ihre regelmäßigen Besuche bei Dr. Goble wieder aufnehmen sollte, dem Psychiater, bei dem sie in Behandlung war, nachdem sie die Überdosis Tabletten genommen hatte.

Ed und Pam verbrachten Stunden mit der Überlegung, wie sie sich Nicola gegenüber verhalten sollten. Ed neigte noch immer zu der Ansicht, daß seine Frau nicht genügend beachtete, daß Nicola noch heranwuchs und anfing, für sich selbst zu denken und zu entscheiden.

Pam war überzeugt, daß mehr dahintersteckte. »Nicola hat nie Schwierigkeiten gemacht, als sie noch ein junges Mädchen war, Ed«, sagte sie. Dann äußerte sie einen Gedanken, der ihr schon vor einiger Zeit gekommen war. »Sie begann erst so grob zu werden und so seltsame Dinge anzustellen, nachdem ihre Regel eingesetzt hatte.«

»Nun, das ist keine Überraschung«, erwiderte Ed beschwichtigend. »Da verwandelte sie sich schließlich von einem Mädchen in eine Frau. Das ist immer eine schwierige Zeit. Sie wird aus dieser Phase herauswachsen. Jedenfalls hoffe ich das.«

Für Ed lag die Antwort auf die gegenwärtigen Schwierigkeiten darin, Nicola mehr wie eine Erwachsene zu behandeln und sie zu ermutigen, mehr Verantwortung zu zeigen. Da Nicola die Schule verlassen hatte und nunmehr die Ballettschule absolvierte, erklärte Ed, daß er ihr ein Konto einrichten und ihr monatlich eine Summe von dreiunddreißig Pfund überweisen würde.

Pam stimmte diesem Vorschlag ohne Zögern zu, aber sie war weit davon entfernt anzunehmen, Eds Vorhaben sei die Lösung für Nicolas Probleme.

7.
Haltlos

Im September, als Nicola den ganzen Tag auf die Ballettschule ging, ging Johnnie, der mittlerweile elf Jahre alt war, auf ein Internat. Er liebte seine Eltern, aber er war dennoch froh, von zu Hause wegzukommen. Er haßte die Reibereien und Streitigkeiten, die immer häufiger vorkamen. Es schien immer Aufregung über das zu geben, was Nicola wieder einmal angestellt hatte. Manchmal lag er im Bett und weinte und hoffte, daß am Morgen alles besser aussehen mochte.

Als Nicola immer mehr zunahm und ihre Begeisterung für das Tanzen nachzulassen begann, ließ sich die immer größer werdende Spannung im Haus nicht länger ignorieren. Die Schwierigkeiten hatten stets mit Nicola zu tun, aber wenn auch alle in ihr den Hauptgrund für die Probleme sahen, neigte die Familie auch dazu, sich gegenseitig Vorwürfe zu machen.

Johnnie meinte, daß seine Mutter und sein Vater sich falsch verhielten. Seine Mum reagierte bei allem, was Nicola anging, viel zu emotional, so daß der kleinste Vorfall ein Übermaß an Bedeutung gewann. Sein Vater kam mit den Dingen besser zurecht, aber er neigte dazu, in Wut zu geraten.

Sally sah ihre Mutter in einem anderen Licht. Sie meinte, daß ihre Mutter bei jedem Problem mit Nicola einen beruhigenden Einfluß ausübte, daß sie sich sehr vernünftig verhielt und versuchte, die Dinge in Ordnung zu bringen, indem sie Nicola noch mehr Liebe entgegenbrachte. Auf der anderen Seite glaubte Sally, daß ihr Vater sich schlichtweg weigerte, Aspekte im Verhalten Nicolas zu sehen, die überaus besorgniserregend waren.

Pam hingegen fand es immer schwieriger, mit Nicola und den Spannungen umzugehen, die sich zwischen ihr und Ed aufbauten. Als Ed einmal zu Hause war, beschloß sie, sich eine Pause zu gönnen und für ein paar Tage ihre Eltern zu besuchen.

Ed stimmte sofort zu. Er war erfreut, als er nach Hause zurückkehrte und von Nicola begrüßt wurde. »Ich habe das Essen für dich fertig«, sagte sie. »Und ich habe dir auch einen Tee gekocht. Setz dich einfach hin, und ich bringe dir alles.«

»Das ist ja großartig«, dachte Ed. »Nicola wird doch die fabelhafte, erwachsene Tochter. Mir gefällt das sehr.«

Seine Einstellung änderte sich ein paar Wochen später, als Pam wieder fort war. Nicola hatte nicht nur ein Essen bereitet, sie trug auch ein Kleid ihrer Mutter. Als Ed wissen wollte, warum sie das tat, entgegnete Nicola: »Findest du nicht, daß das Kleid mir steht?«

Ed geriet in Rage. »Nimm dir nicht zu viele Freiheiten heraus, Nicola«, brüllte er. Da brach Nicola in Tränen aus, und ruhiger fuhr Ed fort: »Hat deine Mutter gesagt, daß du das Kleid tragen darfst?«

»Es ist doch nur ein altes Kleid«, erwiderte Nicola wimmernd.

»Das kümmert mich nicht. Geh und zieh es sofort aus!«

Zum ersten Mal spürte Ed eine gewisse Beunruhigung. Er wußte, daß es nicht ungewöhnlich war, wenn Mädchen die Kleider ihrer Mutter anzogen, und Nicola oft Kleider mit ihrer Schwester tauschte, aber er hielt es doch für möglich, daß Nicola auf sonderbare Art und Weise versuchte, die Rolle seiner Frau an sich zu reißen.

Nachdem ich begonnen hatte, ganztätig die Ballettschule zu besuchen, wurde mein übermäßiges Essen ein großes Problem. Ich aß und aß und aß. Das letzte, was ich am Abend tat, war essen, und morgens, wenn ich aufgewacht war, begann ich sofort wieder zu essen.

Einen riesigen Krach gab es eines Abends, nachdem meine Muter etliche leere Dosen und eine Unmenge Schokolade unter meinem Bett entdeckt hatte. Dad zerrte mich auf die Waage im Bad. »Schau dir das an, Pam«, rief er. »Nicola wiegt über sechzig Kilo. Es ist unglaublich. Was, zum Teufel, tust du dir selbst an, Nicola?«

Danach entwarf er ein System der Belohnung, das besagte, er erhöhe seine monatliche Zahlung um fünf Pfund für jedes Kilo, das ich verlor.

Wieder fing ich an zu fasten. Doch nach ein paar Tagen, als ich nach Hause kam und niemanden vorfand, ging ich in die Küche und stopfte mich mit allen Eßwaren voll, die mir in die Hände gerieten. An jenem Abend bekamen meine Eltern Besuch. Mum bot den Gästen Tee und Kuchen an. Sie ging zur Speisekammer, um den Kuchen zu holen, den sie erst bei ihrem Wochenendeinkauf mitgebracht hatte, aber der Kuchen war nicht mehr da. Später kam sie in mein Zimmer und fragte mich, ob ich wüßte, wo der Kuchen geblieben sei.

»Nein, ich habe keine Ahnung«, log ich. »Ich habe den Kuchen nicht gegessen.«

Aber über die Monate hinweg verschwanden so viele Lebensmittel, daß meine Eltern beschlossen, sie in einem Aktenschrank wegzuschließen. Als Mum es mir erzählte, brüllte ich herum und schrie hysterisch. Ich sagte, daß ich mich ständig beobachtet fühle und mir niemand traue. Und doch wollte ich noch immer abnehmen. Ich gab mich dem Glauben hin, wenn ich abnähme, würde alles in Ordnung sein. Meiner Ansicht nach lag mein ganzes, unsoziales Verhalten nur an meinem Übergewicht. Ich haßte es, dick zu sein. Ich war nicht so wie meine Schwester. Obschon sie Übergewicht hatte, wirkte sie doch attraktiv. Sei hatte noch immer Probleme mit ihrem Make-up und machte sich sehr viele Gedanken über ihre Kleidung. Ich aber, da ich stetig zunahm, wurde häßlicher und häßlicher, legte kein Make-up mehr auf und kümmerte mich nicht darum, was ich trug. Ich haßte es wirklich, wie ich aussah.

Ein enges Leotard zu tragen bedeutet, daß jede Rundung hervortritt. Daher wollte ich nicht mehr zum Ballettunterricht gehen. Statt zur Ballettstunde zu gehen, wanderte ich also an einigen Tagen nur durch die Straßen – und verschlang Unmengen von irgendwelchem Zeug. Als meine Mutter herausbekam, daß ich mich nur herumgedrückt hatte, gab es den nächsten Streit.

Wir beschimpften uns sehr oft. Ich empfand meiner Mutter gegenüber auch eine große Feindseligkeit. Ich mochte sie überhaupt nicht mehr. Ich war nicht nur der Ansicht, daß sie Dad ungerecht behandelte und die ganze Zeit mit ihm stritt; sie versuchte darüber hinaus, zu kontrollieren, was ich aß, indem sie in meinem Zimmer herumschnüffelte. Außerdem schloß sie alle Lebensmittel ein und erklärte mir ständig, ich nähme zu. Sie war mir überhaupt keine Hilfe.

Ich wurde immer depressiver und fragte mich: Warum tue ich das? Warum zerstöre ich alles, was ich habe? Wenn denn alles so gut für mich zu laufen schien – warum nur wollte ich das alles vernichten? Ich konnte mich selbst nicht verstehen. Ich spürte lediglich die furchtbare Verzweiflung, zu wissen, daß die Dinge falsch liefen, daß sie immer schlimmer laufen würden und daß ich machtlos war, etwas dagegen zu tun.

Um meine Verzweiflung loszuwerden, begann ich ziemlich viel zu trinken. Meine Eltern empfingen oft Besuch, daher waren immer alkoholische Getränke im Haus. Jahrelang bediente ich mich an ihren Getränken, füllte den Gin und Whiskey mit Wasser auf, damit niemand es bemerkte. Aber als Dad mir einmal die Erlaubnis gegeben hatte, konnte ich mir den Alkohol selbst besorgen. Ich genoß es, allein in die Pubs zu gehen, und kippte, sehr zum Erstaunen der Bedienung, in rascher Folge einige Bier hinunter.

Doch trotzdem ich unmäßig trank und aß, war ich immer noch eine sehr begabte Tänzerin. Am Ende meines ersten Semesters an der Ballettschule legte ich vier Prüfungen mit guten Noten ab. Ich probte auch erfolgreich für eine Hauptrolle in einer Weihnachtsrevue.

Dafür nahm ich mit großer Entschlossenheit ab. Die Aufführung, die am zweiten Weihnachtstag begann und dann drei Wochen lief, wurde ein großer Erfolg für mich. Es war mein erstes Engagement als professionelle Tänzerin, und ich hätte froh darüber sein sollen, aber ich war es nicht. Ich stellte törichte Dinge an. Bei einer Aufführung etwa schwärzte ich meine Vorderzähne. Nichts schien in Ordnung zu sein, und ich spürte, daß ich nicht mehr den Wunsch hatte, Tänzerin zu werden. Auch meine Begeisterung für das Leben schlechthin schwand.

Nach der Weihnachtsrevue verschlechterten sich die Dinge noch. Je mehr ich mich zurückzog, desto größer wurde mein Unmut, den ich jedem gegenüber empfand. Nichts und niemand schien mir zu helfen. Anfang

Februar rief ich Dr. Goble an und erklärte ihm, daß ich keinen Sinn darin sähe, ihn noch weiter zu besuchen.

Mittags und abends war ich meistens in irgendwelchen Pubs und trank für mich allein. Aus irgendeinem Grund bemerkten meine Eltern nicht, daß ich oft betrunken war, obschon ich einmal auf mein Zimmer stürmte und mich auf meinem Bett erbrach. Zur Strafe verbot mein Dad mir eine Woche lang auszugehen. Danach beschloß ich, einen Job als Bardame anzunehmen. Das war nicht schwierig, denn trotz meines Übergewichts betrachteten mich die Männer als wohlgeformt. Ich hielt es nicht lange in dem Pub aus. Innerhalb von zwei Monaten wurde ich gefeuert, weil ich Geld aus der Kasse gestohlen hatte.

Da ich soviel Geld für Essen und Trinken ausgab, war ich immer knapp bei Kasse. Im Mai hatte ich nicht nur mein Konto überzogen, ich schuldete auch Mum über fünfzig Pfund. Ich wußte, daß sie mir kein Geld mehr leihen würde, und beschloß, in einem erneuten verzweifelten Versuch abzunehmen und mein Leben zu ändern, für längere Zeit zu fasten. Ich nahm eine Menge ab, worüber Dad sehr erfreut war.

Die Ballettschule hatte den Besuch eines Theaterstücks arrangiert, der nach dem Unterricht stattfinden sollte. Als ich aus dem Haus ging, gab Mum mir einen Fünf-Pfund-Schein und sagte: »Das ist für dich, Nicola. Kauf dir davon etwas Gutes zu essen.«

Am Morgen konnte ich während des Unterrichts an nichts anderes als an Essen denken. Als ich mittags die Ballettschule verließ, sagte ich zu mir: Du fängst wieder an, dich vollzustopfen, Nicola. Du wirst damit nicht fertig. Du hast keine Kontrolle über dich. Früher warst du so entschlossen und ehrgeizig, jetzt schaffst du es nicht einmal, eine einfache Diät durchzuhalten.

Also beschloß ich, etwas dagegen zu tun. Ich ging zu Woolworth und kaufte ein Paket Unkrautvertilgungsmittel. In einem Café in der Nähe besorgte ich mir ein Stück Brotpudding und eine Dose Cola. Dann ging ich in den Umkleideraum in der Ballettschule. Ich schnitt den Brotpudding auf und streute Unkrautvertilgungspulver darüber, dann klappte ich ihn wieder zu. Dann öffnete ich die Dose Cola und streute noch mehr von dem Mittel hinein.

Ich hatte gerade angefangen, das Zeug zu essen, als ein paar von meinen Freundinnen an der Ballettschule hereinkamen.

»Was ist mit dir, Nicola?« fragte ein Mädchen. »Fühlst du dich nicht gut?«

»Hör zu, laß mich in Ruhe, okay?« brüllte ich. »Ich bin beschäftigt.«

Verwirrt schauten die Mädchen sich an, und dann fragte eine von ihnen: »Was stimmt mit dir nicht, Nicola? Was tust du da?«

»Ich esse gerade Unkrautvertilger. Gleich wird es mir wieder gutgehen.«

Die Mädchen schraken auf. Ein paar nahmen mir das Essen und die Cola weg, während die anderen mich unter meinem Protest zu unserer Lehrerin brachten, die erklärte, daß ich ins Krankenhaus gebracht werden müsse. Die ganze Zeit rief ich: »Bitte sagen Sie meinen Eltern nichts. Sie werden so wütend sein. Versprechen Sie mir, meinen Eltern nichts zu sagen.« Aber natürlich wußte ich, zuallererst würde man meine Eltern anrufen.

Im Krankenhaus wurde mir sofort der Magen ausgepumpt. Ich wurde auf eine Trage gelegt und von zwei kräftigen Krankenschwestern festgehalten. Ein Schlauch wurde mir in den Hals geschoben. Ich bekam es mit der Angst zu tun. Es war ein recht großer

Schlauch, der offenbar kein Ende hatte, und die ganze Zeit, während er mit eingeschoben wurde, würgte ich und erbrach ich mich. Dann war der Inhalt meines Magens herausgepumpt worden, so daß man ihn untersuchen konnte. Schließlich zog man den Schlauch wieder heraus. Der Schmerz war schier unerträglich, und mein Hals war tagelang wund.

Und die ganze Zeit dachte ich: Das bin nicht ich. Wo ist Nicola? Wohin ist Nicola gegangen? Ich wollte nicht dieses irrsinnige Mädchen sein. Bitte, helft mir. Warum kann mir niemand helfen?

Pam war den Tränen nahe, als sie und Ed zu ihrem Auto zurückkehrten, nachdem sie Nicola im Krankenhaus besucht hatten.

»Ich verstehe das einfach nicht mehr, Ed«, sagte Pam. »In der einen Minute versucht sie sich umzubringen, und in der nächsten sitzt sie wunderhübsch und munter in ihrem Bett und ruft: ›O hallo, Mum.‹ Ich begreife das alles nicht.«

Sie fing an zu weinen, und Ed versuchte, sie zu trösten und sagte: »Kopf hoch, Pam. Wir sind beide müde, und im Moment sieht es schlimmer aus, als es wirklich ist.«

»Ich habe solche Angst, Ed. Du bist die meiste Zeit unterwegs, während ich zu Hause auf den nächsten Zwischenfall warte. Nicola ist nicht mehr unsere Tochter. Schau, was sie uns antut. Wir streiten uns unentwegt. Was Nicola widerfährt, widerfährt auch uns. Es ist, als würden wir in der Hölle leben. Wir haben keinen Frieden mehr, und ich weiß nicht, wie lange ich das noch aushalte.«

»Ganz so schlimm ist es nicht, Pam. Wir finden einen Weg, wie wir alles wieder in Ordnung bringen. Ich bin sicher, daß wir das schaffen.«

»Ich wünschte, wir könnten das wirklich. Ich meine, Nicola ist sehr krank, aber du willst es ja nicht glauben. Du kannst dich nicht damit abfinden, daß du nun einmal keine perfekte Familie hast.«

»Rede nicht so einen verdammten Unsinn, Frau.«

»Ich rede keinen Unsinn, und ich bin keine verdammte Frau. Ich bin deine Ehefrau, Ed, und ich liebe Nicola. Aber du hörst mir nicht zu. Irgend etwas stimmt mit Nicola nicht, und das macht mir angst. Du hast ja keine Ahnung, was für eine Angst ich ausstehe, wenn du fort bist.«

Ed mochte der letzte sein, der es zugab, aber die einstmals so glückliche Familie Owen befand sich im Zustand tiefster Verzweiflung.

Am Tag, nachdem ich ins Krankenhaus eingeliefert worden war, kam ein gewisser Dr. Sangster zu mir.

»Ich habe deine Krankengeschichte gelesen, Nicola«, sagte er in einem lockeren, freundlichen Tonfall. »Ich verstehe das alles nicht so ganz. Du scheinst alles zu haben, aber in den Krankenakten ist nur von einem Mädchen die Rede, die sich das eigene Leben kaputtmacht. Ich möchte, daß du mir davon erzählst ... erzähl mir alles darüber.«

Ich fühlte mich ausgeruht und hätte auch gerne mit diesem großen, gutaussehenden Mann geredet, aber es gab nichts, das ich ihm erwidern konnte, also wandte ich bloß den Blick ab.

»Ich kann überhaupt keinen Grund erkennen, warum du auch nur im entferntesten daran denken konntest, Unkrautvertilger zu essen«, fuhr Dr. Sangster fort. »War das nur ein dummer Mädchenstreich? Oder ging es um eine Wette? Es macht keinen Sinn. Es war nur eine riesige Dummheit.«

»Ich weiß«, erwiderte ich. »Es ist ziemlich lächerlich. Ich begreife auch nicht, was in mich gefahren war. Ich tue solche Dinge einfach.« Dr. Sangster schien verärgert darüber zu sein, daß ich mich ihm nicht öffnete und ihm vertraute. Aber was sollte ich sagen?

Der Gesichtsausdruck des Arztes wurde ernster, als er sagte: »Wenn deine Mutter heute kommt, würdest du sie bitten, kurz mit der Oberschwester zu sprechen. Ich möchte mich gern mit deinen Eltern unterhalten. Wir müssen sehen, daß du wieder gesund wirst, Nicola. Wir können es einfach nicht bei diesem törichten Verhalten belassen.«

Ein paar Tage später hatten Pam und Ed ein Gespräch mit Dr. Sangster im Krankenhaus. Sie saßen in dem engen Sprechzimmer und beantworteten viele Fragen über Nicolas umfangreiche Krankengeschichte. Mit großer Erleichterung hörten sie, daß Nicola nur wenig Unkrautvertilgungsmittel zu sich genommen hatte.

»Dennoch möchte ich Ihre Tochter einige Tage hierbehalten«, erkärte Dr. Sangster, »schon aus dem Grund, Ihnen ein wenig Erholung zu verschaffen.« Dann wandte er sich an Pam: »Welche Gefühle hegen Sie gegenüber Ihrer Tochter, Mrs. Owen?«

»Ich habe die Nase voll von ihr. Wir haben alle genug.«

»Wirklich. Ich fand Ihre Tochter sehr charmant.«

»Sie ist sehr charmant. Aber es ist so zermürbend und beunruhigend, daß sie ständig solche schrecklichen Dinge macht.«

»Ich verstehe das sehr gut, aber ich glaube nicht, daß Nicola wirklich versucht, sich umzubringen. Es mag ein wenig abgedroschen klingen, aber ich bin sicher, ihre Selbstmordversuche sind nichts anderes als ein Hilferuf. Ich fürchte allerdings, daß sie sich irgendwann einmal mehr oder minder zufällig umbringen könnte. Um das zu verhindern, müssen wir herausfinden, wo das wirkliche Problem Ihrer Tochter liegt. Haben Sie da irgendeine Vermutung, Mrs. Owen?«

»Ed stimmt mir da zwar nicht zu«, erwiderte Pam, »aber ich habe den Verdacht, daß es etwas mit ihrer Menstruation zu tun hat. Als sie ihre Tage bekam, begann das alles.«

Dr. Sangster blickte Pam einen Moment forschend an, dann blätterte er in seinen Krankenhausunterlagen. »Ich würde es begrüßen, wenn Nicola einen Gynäkologen aufsuchen würde«, sagte er schließlich, »damit wir hören, was er herausfindet.«

»Was stimmt Ihrer Meinung nach mit unserer Tochter nicht, Herr Doktor?« fragte Ed und gab damit zum ersten Mal zu, daß seine Tochter sich nicht normal verhielt.

»Offen gesagt, Mr. Owen, weiß ich es nicht. Ihre Frau mag recht mit der Ansicht haben, daß es sich um ein medizinisches Problem handelt, aber möglicherweise ist es auch ein psychischer Defekt. Also müssen wir beide Möglichkeiten untersuchen. Darum möchte ich einen Gynäkologen hinzuziehen, und ich werde Ihnen außerdem einen Termin in einer erstklassigen psychiatrischen Abteilung machen. Überlassen Sie das alles nur mir.«

Ed und Pam fühlten sich erleichtert. Schließlich sah es so aus, als hätten sie jemand gefunden, der Nicola helfen würde.

Leider hatte der Gynäkologe eine sehr lange Warteliste, und sie hörten nichts mehr von ihm. Der Termin in der psychiatrischen Klinik wurde für Mitte August gemacht – aber bis dahin waren es noch fast drei Monate.

8.
Keine Fluchtmöglichkeit

Nachdem ich aus dem Krankenhaus entlassen worden war, fühlte ich mich so lethargisch, daß für mich selbst das Aufstehen am Morgen eine große Anstrengung darstellte. Am liebsten hätte ich die ganze Zeit entweder gegessen oder geschlafen. Weil ich so schrecklich aussah, wollte ich auch am Abend nicht ausgehen. Ich konnte auch nicht gut mit Leuten umgehen. Meine Augen waren kalt und glasig. Eine seltsame Atmosphäre umgab mich, die andere zu spüren schienen. Selbst meine Schwester begann, einen Bogen um mich zu machen. Anders als ich hatte sie einen großen Freundeskreis, dazu gehörten auch eine ganze Reihe Jungen, die für sie schwärmten.

Weil ich mich so sonderbar aufführte, hielten auch die anderen Absolventen der Ballettschule Abstand zu mir. Ich haßte es, mit ihnen zusammen zu sein und ihre kalten, argwöhnischen Blicke zu spüren. Dieses Unbehagen und die Tatsache, daß ich an Gewicht zunahm, machten es schließlich unmöglich für mich, weiter am Unterricht teilzunehmen. Also ging ich nicht weiter zur Ballettschule – ohne allerdings meinen Eltern etwas zu sagen. Statt dessen lief ich durch die Straßen, trank in Pubs oder setzte mich auf eine Wiese und betrachtete die Ponys – mit solchen Dingen vertrieb ich mir den Tag. Einmal entdeckte mich Mrs. Green, Mums Haushaltshilfe, zusammengekauert auf einer Bank im Bexley Woods, wie ich ein Buch las. Sie nahm mich mit nach Hause, und sofort gab es den nächsten großen Streit. Wieder fiel ich bei meinen Eltern in Ungnade, aber daran war ich mittlerweile gewöhnt.

Zu Hause war es so, als sei die Luft ständig elektrisch geladen und als könnte es im nächsten Augenblick eine schreckliche Explosion geben. Wenn die Explosion dann kam, verschwand die Spannung für eine Weile, bevor sie sich rasch wieder aufbaute. Mum und Dad schienen ständig zu streiten, und ich hatte keine wirkliche Beziehung mehr zu ihnen. Ich gelangte zu der Überzeugung, wenn ich in London leben könnte, weg von zu Hause, dann würde alles in Ordnung kommen.

Schließlich schaffte ich es, Mum und Dad dazu zu überreden, daß ich meine Ballettschule verlassen und nach London gehen durfte.

Als ich meiner Lehrerin erzählte, was ich vorhatte, zeigte sie sich verärgert. »In London wird es nicht besser werden«, sagte sie zu mir. »Du selbst bist das Problem, Nicola. Du mußt dich selbst auf den rechten Weg bringen. Du kannst vor dir selbst nicht davonlaufen.«

So sah ich die Dinge aber nicht. Ich glaubte, in London würde alles besser werden. Ich wurde an der Arts Education Trust School für einen Kurs, der im September begann, angenommen, doch während meiner Aufnahmeprüfung erklärte der Lehrer: »Sie müssen einiges abnehmen.«

»Ich weiß«, erwiderte ich. »Ich habe in letzter Zeit ein wenig zugenommen, aber das verliere ich schon, bevor ich anfange. Das ist kein Problem.«

Aber es war ein Problem. Soviel zu essen und zu trinken war ein Zwang geworden, den ich nicht mehr abschütteln konnte. Jedesmal, wenn ich mich wieder meiner Gier hingab, war es, als würde ich einen Stein in die Mauer meines Selbsthasses setzen. Mitunter geriet ich richtig in Panik und haßte mich, so wie ich geworden war. Aber für gewöhnlich fühlte ich mich nur erschöpft und dachte: Ach, warum soll ich mir Sorgen machen? Das kümmert mich alles nicht mehr. Ich wollte nur noch schlafen, tagein, tagaus schlafen. Wenn ich nicht schlief, suchte ich eine Möglichkeit, mir zu entfliehen, indem ich diese billigen Horrorromane las, die ich mir neuerdings kaufte. Ich verbrachte Stunden im Bett und wünschte mir bloß, in einem Raum zu sein, in den niemand kam und an mir herumnörgelte.

Zu Hause war das nicht möglich. Mum kam ständig in mein Zimmer, um nachzuschauen, ob mit mir alles in Ordnung war. Ihre Herumschnüffelei machte mich rasend. Ich schrie sie an, brüllte, daß sie aus meinem Zimmer abhauen und sich zum Teufel scheren sollte. Manchmal war ich so zornig, daß ich aus dem Bett sprang und sie regelrecht hinausjagte. Ich wollte sie sogar schlagen und sie bestrafen. Warum konnte sie mich nicht in Ruhe lassen?

Anfang Juli, kurz nach meinem siebzehnten Geburtstag, beschloß ich, daß ich nicht länger zu Hause bleiben wollte. Ich hob mein ganzes Geld von der Bank ab und ging dann zu einer anderen Filiale und hob dieselbe Summe noch einmal ab. Dann haute ich nach Brighton ab, wo ich eine billige Pension fand, in der ich unterkam. Obschon ich mich und mein Aussehen haßte, muß ich doch einigermaßen attraktiv ausgesehen haben, zumindest muß das der junge Italiener an der Rezeption gedacht haben. Stundenlang unterhielt er sich mit mir. Aber die meiste Zeit saß ich allein am Strand und dachte nach. Was fing ich mit meinem Leben an? Warum fühlte ich mich so depressiv? Was stimmt mit mir nicht? Irgend jemand mußte es doch wissen, aber bisher schien niemand der Wahrheit auch nur nahegekommen zu sein.

Nach vier Tagen in Brighton nahm ich den Zug zurück nach Albany Park. Vom Bahnhof aus rief ich eine alte Freundin an und erzählte ihr, was für eine Angst ich vor dem hatte, was meine Eltern wohl sagen oder tun würden. Sie kam mit ihrem Freund zum Bahnhof und brachte mich zu sich nach Hause, von wo aus sie Mum anrief und mich dann zurückbrachte. Ich war sehr ruhig und gefaßt, bereit alle Fragen und Vorwürfe zu ignorieren, doch Mum und Dad schienen mehr erleichtert als wütend zu sein.

Später erklärten sie, daß wir alle Ferien bräuchten, und deshalb buchten sie für die ganze Familie einen vierzehntägigen Urlaub im August in einem Hotel auf Mallorca. Das bedeutete, daß wir den ersten Termin in der psychiatrischen Klinik verpaßten und daher verschieben mußten.

»Du wirst diesen Urlaub genießen, Nicola«, sagte Dad. »Das Hotel liegt direkt am Strand, es hat sogar eine Discothek. Es wird ein genauso schöner Familienurlaub werden wie früher.«

Ich haßte diese Vorstellung. Ich war überzeugt, daß die Spannungen in unserer Familie mich krank machten. Ich meinte, nicht mit Mum und Dad in Urlaub fahren zu können, da ich ihnen gegenüber mittlerweile ziemlich starken Groll empfand. Sie schienen unglaublich viel Einfluß auf mich zu haben. Sie beherrschten mein Leben, und ich wollte sie loswerden und mich von ihnen lösen. Ich hatte aufgehört zu tanzen und wollte von ihnen zu nichts mehr ermuntert werden. Sie würden mich nicht mehr herumschubsen.

Ich beschloß, statt in Urlaub zu fahren, lieber für immer das Haus zu verlassen. In London fand ich eine winzige Bleibe in New Cross und bekam eine Stelle bei MacDonald's, die ich genau an dem Tag antreten sollte, an dem wir nach Mallorca fliegen wollten.

Als ich nach Hause zurückkehrte, war Mum nicht da. Ich brachte einen großen Koffer in mein Zimmer und fing an zu packen. Ich nahm nicht nur Bettzeug mit und Kochtöpfe, die ich brauchte, sondern auch ein paar antike Porzellanteller, die meine Mutter über die Jahre hin gesammelt hatte. Sie prahlte immer, wie wertvoll diese Teller waren, und daher plante ich, sie zu verkaufen, um Geld zu haben, bis ich meinen ersten Lohn bekam.

Ich hatte beinahe alles eingepackt, als Mum plötzlich ins Zimmer trat. Als sie den vollen Koffer offen auf dem Bett liegen sah, sagte sie: »Was tust du da, Nicola?«

»Ich gehe weg.«

»Was meinst du damit?«

»Was ich gesagt habe. Ich gehe weg von hier.«

Mum schaute in den Koffer und sagte: »Nun, mein Bettzeug kannst du jedenfalls nicht mitnehmen.« Sie nahm die Bettücher heraus, und dann entdeckte sie ihre Teller und geriet furchtbar in Wut. Sie hob den Koffer hoch und begann, ihn wieder auszuräumen und alles auf das Bett zu werfen, dabei schrie sie unentwegt: »Das kannst du nicht mitnehmen! Das kannst du nicht mitnehmen!«

Sie meinte sogar, daß ich meine eigenen Kleider nicht mitnehmen könnte, und daher brüllte ich zurück: »Wie kannst du es wagen, in meine Privatspähre einzudringen! Wie kannst du es wagen, meine Sachen wieder auszupakken, und mir zu erzählen, dies und das gehört dir!« In meiner Wut begann ich alle Schubladen in meinem Zimmer herauszuziehen und die Dinge auf den Boden zu werfen. Ich schrie: »Du hast gesagt, das hier ist mein Zuhause. Wenn diese Sachen nicht mir gehören, was gehört dann mir? Was für Dinge besitze ich?« Dann nahm ich einen Gegenstand nach dem anderen in die Hand und rief immer wieder: »Gehört das mir? Gehört das mir? Oder das?«

Einen von diesen billigen Romanen in der Hand, die ich oft gelesen hatte, schrie Mum: »Das hier gehört dir. Schau dir diese Romane an. Sie sind schrecklich, sie sind widerlich und voller Gewalt. Die gehören dir, und ich will sie nicht mehr im Haus haben.« Dann stürmte sie mit dem einen Buch und ihren Tellern hinaus. Ein paar Minuten später kehrte sie zurück und sagte: »Dein Vater möchte noch mit dir reden.«

Ich ging die Treppe hinunter und begab mich in Dads Arbeitszimmer. Ich bemerkte sofort, daß Mum es geschafft hatte, Dad richtig in Rage zu bringen. Sie drückte sich erwartungsvoll an seinem Schreibtisch herum, wie ein Pariser Waschweib an der Guillotine.

Dad begann eine Moralpredigt über all das zu halten, was ich falsch gemacht hatte – daß ich faul war, daß ich meiner Mutter die kostbaren Teller stehlen wollte, daß ich oft betrunken war, daß ich widerwärtige Bücher las, daß ich ihnen ständig furchtbare Sorgen bereitet hatte, daß ich zuviel aß und sogar daß ich stets viel zu lange im Badezimmer blieb. »Warum tust du all diese Dinge?« wollte er wissen. »Warum? Was stimmt mit dir nicht? Warum läufst du diesmal weg?«

»Ich gehe weg von hier. Ich habe mir eine Wohnung und eine Arbeit gesucht.«

»Und warum?«

»Weil ich einfach nicht mit euch in den Urlaub fahren will.«

»Es kümmert mich einen Dreck, was du willst oder was du nicht willst, Nicola. Aber du wirst das Haus nicht verlassen. Und du wirst mit uns in Urlaub fahren. Das ist mein letztes Wort.«

Mit all der Gehässigkeit, die ich aufbringen konnte, erwiderte ich: »Das wirst du noch bereuen!«

Für einen Moment bemerkte ich, wie in seinen Augen Angst aufflackerte.

»Kann ich jetzt gehen?« fragte ich. »Ich möchte mit dem Hund spazierengehen.«

»In Ordnung, Nicola«, sagte er, und sein selbstsicherer, großspuriger Tonfall war verschwunden. »Wir werden einen fabelhaften Urlaub verleben. Alles wird wunderschön werden.«

Ich ließ Mum und Dad im Arbeitszimmer zurück, ging in die Küche, wo ich einen Fünfpfund-Schein aus Mums Tasche nahm und Lizzie an die Leine legte. Ich lief mit ihr geradewegs durch den Wald zu einer Trinkhalle an der Straße. Ich kaufte zwei Flaschen Sherry und kehrte dann in den Wald zurück. Während ich mich auf eine Bank an einem Bach hockte, trank ich sehr hastig die erste Flasche aus und machte mich über die zweite her. Als ich nichts mehr hinunterbekam, warf ich die Flasche voller Wut in den Bach, aber meine Wut betraf nicht meine Eltern, sondern mich selbst. Ich haßte nicht sie, ich haßte die, die ich geworden war.

Wenig später eilte ich nach Hause, ließ Lizzie in die Küche und ging auf mein Zimmer. Vielleicht weil ich in letzter Zeit sehr viel gegessen hatte, konnte mir der Alkohol offenbar nichts anhaben. Ich fühlte mich nicht betrunken, war aber innerlich sehr aufgewühlt und beinahe hysterisch. Ich begab mich ins Bad, das meinem Zimmer gegenüberlag, und verschloß die Tür. Ich starrte mein Spiegelbild im Badezimmerschrank an und dachte:

Ich hasse dich. Ich hasse dich für das, was du mir antust. Ich werde dich für all den Kummer bestrafen, den du deinen Eltern bereitet hast. Ich werde dich dafür bestrafen, daß du einmal ein wunderschönes Mädchen gewesen bist. Ich werde dich furchtbar bestrafen.

Dann öffnete ich den Spiegelschrank und nahm eine Schere heraus. Fasziniert, als schaute ich jemandem anderen zu, begann ich mein langes, blondes Haar abzuschneiden, bis nur noch Stoppeln zurückblieben. Ich starrte mich im Spiegel an. Was ich da sah, entsetzte mich überhaupt nicht. Ich fing an zu kichern. Nun bist du völlig verrückt, dachte ich.

Ich wickelte ein Handtuch um meinen Kopf, schloß die Badezimmertür auf und ging ins Zimmer meiner Schwester. Als sie zu mir aufschaute, sagte ich: »Sieh mal, Sally. Ich habe mir ein bißchen die Haare geschnitten.« Ich zog mir das Handtuch herunter und fing an zu lachen.

Sally schrie auf, dann brach sie in Tränen aus und keuchte: »O Nicola, was, um Himmels willen, hast du gemacht? Warum hast du das getan?« Dann rannte sie zur Tür und schrie: »Mum! Dad!«

Meine Eltern stürmten die Treppe herauf und liefen in Sallys Zimmer. Ich saß auf dem Bett und lachte immer noch. Als er mich erblickte, schrie Dad: »Was, zum Teufel, hast du jetzt schon wieder gemacht?« Im nächsten Moment brach auch er in Tränen aus. Es war das erste Mal, daß ich ihn weinen sah. Er ging ins Badezimmer, las mein Haar auf und sammelte es in einer Papiertüte. Mum stand offensichtlich unter Schock. Sie starrte mich reglos an und sagte nur: »O Nicola, dein wundervolles Haar! O Nicola!«

Mich berührte das alles nicht. Ich mochte mich selbst nicht, und es kümmerte mich nichts mehr. Wenn ich schon nicht liebenswürdig sein konnte, dann mochte ich eben so entsetzlich sein, wie es ging. Alle waren bestürzt, ich aber dachte: Was soll das ganze Theater? Es ist bloß mein Haar. Warum machen sie soviel Aufhebens davon?

Dad kehrte zurück, nur um mitzuteilen, daß er den Arzt angerufen und jetzt ein Beruhigungsmittel holen würde.

Als er fort war, sagte Mum: »Komm, Nicola. Ich helfe dir, dein Zimmer sauberzumachen.« Es hatte dort, schon bevor ich alle Schubladen ausgeräumt hatte, völliges Durcheinander geherrscht.

Bald kehrte Dad zurück, gab mir das Beruhigungsmittel und half mir aufzuräumen. Es dauerte beinahe eine Stunde, alles ordentlich einzuräumen und das Bettzeug zu wechseln.

Allmählich begann ich mich schläfrig zu fühlen, und Mum brachte mich ins Bett. Sie küßte mich und sagte: »Nick, mach dir keine Sorgen. Es wird alles gut werden. Gute Nacht.« Dann verließ sie mit Dad das Zimmer und schloß leise die Tür.

Eine Weile lag ich in der Dunkelheit und dachte: Ich hasse mich noch immer, ich hasse mich noch immer. Wie unter Zwang stand ich leise auf und ging zurück ins Bad. Ich verschloß die Tür, nahm ein Rasiermesser und rasierte mir vorsichtig den ganzen Kopf. Dann rasierte ich mir auch noch die Augenbrauen, und mit der Schere schnitt ich mir die Wimpern ab.

Als ich das Bad verließ, entdeckte mich Sally, die mich voller Entsetzen anstarrte. Ich schenkte ihr keine Beachtung, sondern stieg ins Bett und schlief sofort ein.

Um halb drei nachmittags erwachte ich im Bett meiner Eltern. Offenbar hatte mein Vater mich hinübergetragen, nachdem meine Schwester ihn zum zweiten Mal gerufen hatte. Mum hatte die ganze Nacht Wache gehalten, für den Fall, daß ich noch etwas anzustellen versuchte.

Mum half mir, mich anzuziehen, und gab mir ein Halstuch, das ich um meinen Kopf wickelte. Dann brachte sie mich nach unten. Der Arzt aus dem Ort sowie Dr. Sangster aus dem Krankenhaus saßen im Wohnzimmer. Sie waren sehr ungehalten.

»Diesmal bist du zu weit gegangen, Nicola«, sagte Dr. Sangster. »Du solltest dir vor Augen halten, daß du in eine Irrenanstalt eingeliefert wirst, wenn es noch einen weiteren Zwischenfall gibt.«

»Das kümmert mich nicht«, erwiderte ich wahrheitsgemäß.

Am nächsten Tag fuhr ich mit Kopftuch und Sonnenbrille zu Selfridge nach London, um mir eine Perücke zu kaufen. Mum, die mich begleitete, erzählte dem sehr diskret auftretenden Verkäufer eine Menge Lügen darüber, daß ich Farbe auf meinem Kopf verteilt hätte, dann probierte ich eine Unzahl von Perücken an. Ich hatte immer sehr langes Haar haben wollen, daher wählte ich die längste Perücke aus, die mir bis unter die Hüfte reichte. Das Haar war sehr dunkel, ganz anders als mein eigenes. Mum kaufte mir auch noch falsche Wimpern.

Mit meiner neuen Perücke ging ich neben Mum die Oxford Street hinunter. »Was sagst du dazu?« meinte Mum voller Ertaunen. »Die jungen Männer, an denen wir gerade vorbeigekommen sind, haben dir tatsächlich Blicke zugeworfen.«

Am Abend hatte ich wirklich das Gefühl, die alte Nicola sei zurückgekehrt, und ich saß mit Dad zusammen und führte mit ihm eines unserer sehr liebevollen innigen Gespräche. Er versuchte noch immer herauszufinden, warum ich mir mein Haar abrasiert hatte.

»Dad, es ist so, als wäre da eine andere Person am Werk, und ich schaue nur zu und bin unfähig, irgend etwas zu tun«, sagte ich.

»Aber du kannst nicht wirklich gewußt haben, was du da tust«, meinte mein Dad.

»Doch, Dad, ich habe ganz genau gewußt, was ich tat. Ich versuche ja es dir zu erklären: Es ist, als würde das jemand anderes tun.«

Dad hatte viel zu wenig Distanz zu mir und meinem Tun, um das zu verstehen. »Wo wir dir doch alles geben, was du willst, warum dankst du es uns mit solchen Sachen?« fragte er mich.

»Dad, ich kann nicht anders. Verstehst du mich nicht? Ich weiß es nicht. Ich habe darauf keine Antwort, aber ich wünschte, ich hätte eine. Ich möchte solche schrecklichen Dinge nicht tun, aber ich kann nicht anders.«

Ein paar Wochen später fuhr ich mit meiner Familie in die Ferien. Ich haßte es noch immer. Die erste Woche war nicht schlecht, dann aber spürte ich, daß die anderen mich behandelten, als wäre ich wirklich merkwürdig, und ich entfloh ihnen und verbrachte meine Zeit damit, Bacardi und Cola zu trinken. Eines Nachts war ich so betrunken, daß ich mich in meinem Zimmer erbrach. Mum und Dad beseitigten die Schweinerei, sie wuschen das Bettzeug aus und trockneten es auf dem Balkon.

Ich legte mich so oft in die Sonne, bis ich mir meine Brust verbrannt hatte, aber selbst dann badete ich weiter in der Sonne, um mich vorsätzlich zu verbrennen. Es bereitete mir ein sonderbares Vergnügen, mich selbst zu bestrafen, denn ich meinte, daß ich Strafe verdiente. Ich war ein unartiges, kleines Mädchen. Ich war so weit gegangen, daß es keine Möglichkeit mehr für mich gab, ein nettes, freundliches Mädchen zu werden. Also wollte ich zumindest wirklich schlecht sein.

Je länger die Ferien dauerten, desto widerspenstiger führte ich mich jedem gegenüber auf. Eines Abends aßen wir in einem noblen Restaurant, von wo aus man die Bucht überblicken konnte. Johnnie hatte sich über die Rechte der Tiere ausgelassen und wie grausam es von Frauen wäre, Pelze zu tragen. Es war Mums und sein Lieblingsthema.

Ich schnitt ein Stück Kalbsbraten ab und sagte: »Es schert mich nicht, was du da sagst, Johnnie. Die Tiere sind auf Erden, um dem Menschen nützlich zu sein. Welche Rechte sollte ein nutzloses Wesen schon besitzen?«

Johnnie war sehr aufgebracht. Er sprang auf und machte Anstalten zu gehen.

»Bleib hier, Jonathan!« sagte Dad kühl. »Geh nicht weg.«

»Du Hexe, Nicola!« zischte Sally. »Du verdammte Hexe!«

Mum schaute Sally an und meinte: »Sag so etwas nicht, Sally.«

»Warum soll ich so etwas nicht sagen? Sie tut alles nur, um Ärger zu machen und die Aufmerksamkeit auf sich zu ziehen.« Dann wandte sie sich an mich. »Ich habe wirklich genug von dir, Nicola. Du verdirbst allen die Ferien.«

Ich war drauf und dran, Sally zu sagen, was ich von ihr hielt, als Dad mir zuzischte: »Du sagst kein einziges Wort mehr, Nicola, oder ich schlage dich windelweich. Ich habe auch genug von diesem Theater.«

Wir beendeten das Dinner in totalem Schweigen.

Es war ein schrecklicher Urlaub – der letzte, den wir zusammen als Familie verbrachten. Als wir zurückkehrten, mußten wir feststellen, daß es mehr Spannungen zwischen uns gab als vor dem Urlaub.

9.
In psychiatrischer Behandlung

Nach unserem Urlaub auf Mallorca meinte ich, zu Hause wie eine Gefangene behandelt zu werden. Mum behielt mich ständig im Auge, und wann immer ich vorschlug, daß es am besten für mich wäre, allein zu leben, erwiderte Dad, daß ich unfähig wäre, für mich selbst zu sorgen, solange ich nicht Klarheit über mich selbst gefunden hätte.

Ich erlebte weiterhin Zeiten, in denen ich eine totale Abneigung gegen mich selbst hegte, dann wieder war ich so sehr auf mich bezogen, daß ich nicht einmal zu jemand anderem sprechen konnte. Ungefähr eine Woche nachdem wir aus Mallorca zurückgekehrt waren, waren meine Eltern äußerst besorgt wegen mir. Dad erklärte mir am Abend, ich solle bei Mum schlafen, während er sich in mein Bett legen würde. Ich weigerte mich, aber er bestand darauf.

Als Mum eingeschlafen war, schlich ich mich leise aus dem Bett und ging ins Bad. Nachdem ich die Tür verschlossen und das Licht eingeschaltet hatte, starrte ich mich im Spiegel an. Ich konnte den Anblick nicht länger ertragen. Ich nahme eine von Dads Rasierklingen und zerschnitt mir das schreckliche Gesicht, das ich so sehr haßte. Das Blut quoll aus dem feinen Schnitten, die ich mir beibrachte, doch ich kehrte zurück und legte mich wieder neben Mum ins Bett.

Am nächsten Morgen erwachte ich durch lautes Gebrüll und durch die Schläge, die Dad mir verpaßte. Er hatte ein Tablett mit Tee ins Zimmer gebracht, dann hatte er das blutbefleckte Kissen bemerkt und war völlig außer sich geraten. Mum, die ebenfalls noch geschlafen hatte, warf sich über mich, damit er aufhörte, weiter auf mich einzuprügeln.

»Du verdammte Hexe«, schrie Dad, »was hast du jetzt wieder gemacht?«

»Ed, geh und ruf den Doktor an«, rief Mum.

»Ich bringe sie um! Ja, das werde ich tun! Ich habe alles, was ich konnte, von diesem Mädchen ferngehalten.«

»Hör auf damit, Ed! Ruf Dr. Sangster an. Sag ihm, daß er nun etwas unternehmen muß.«

»Es sollte besser jemand anderes etwas unternehmen. Ich habe genug von diesem Unsinn. Das Mädchen braucht einen kräftigen Tritt in den Hintern, und ich sage dir eines – ich kann mich nicht länger zurückhalten. Sie kriegt eine Tracht Prügel. Schau dir ihr Gesicht an! Das ganze Blut in ihrem Gesicht!«

»Ed, hör auf herumzubrüllen und ruf den Doktor an.«

Noch immer voller Wut stürmte Dad aus dem Zimmer.

Ich wusch mich, zog mich an und setzte meine Perücke auf. Dann kam Dr. Sangster, aber mit meinem zerschnittenen Gesicht und meiner von der Sonne verbrannten Brust sah ich noch immer fürchterlich aus. Als er mich mit meinen Eltern zusammen sah, mußte die offensichtliche Spannung, die zwischen uns bestand, ihm einen Schrecken versetzt haben.

»Ich glaube«, sagte er, »daß es am besten für alle ist, wenn ich Nicola zurück ins Krankenhaus bringe, damit Sie sich ein wenig erholen. Nun, Nicola, möchtest du, daß deine Mutter dich bringt, oder fährst du mit mir?«

Ich dachte daran, daß es nichts gab, wohin ich mit meiner Mutter fahren würde, also sagte ich freundlich: »Ich komme mit Ihnen, Herr Doktor.«

Ich packte meinen Bademantel in die kleine Tasche, die meine Eltern mir für meine Ballettsachen gekauft hatten, und dann fuhr ich fröhlich mit dem Arzt in seinem offenen Sportcoupé weg. Zumindest hatte ich es auf diese Art geschafft, von zu Hause wegzukommen.

Im Krankenhaus gab man mir eine Salbe für meine schlimm verbrannte Brust und für die Schnitte in meinem Gesicht, die allerdings nicht so tief waren, daß sie genäht werden mußten. Dann wurde ich in einen Seitentrakt gebracht und mußte mein Nachthemd anziehen. Weil sie wohl glaubten, daß sie auf mich achtgeben mußten, ließen sie mir nur meinen Morgenmantel und ein Paar Hausschuhe – die Kleidung, die ich getragen hatte, wurde mir abgenommen. Weil ich so etwas vermutet hatte, hatte ich vorsichtshalber das Kleingeld aus meinem Mantel herausgenommen und in meinen Morgenrock gesteckt.

Nachdem ich mich ins Bett gelegt hatte, kam Dr. Sangster und hielt mir einen langen Vortrag darüber, wie ich mich im Krankenhaus zu verhalten habe. Danach wurde ich in Ruhe gelassen.

Ich werde hier nicht blieben, dachte ich. Es ist alles in Ordnung mit mir. Ich bin nicht krank, und deshalb werde ich weglaufen.

Als alles ruhig zu sein schien, stand ich auf, zog meinen Morgenmantel über und ging geradewegs aus dem Krankenhaus. Ich begab mich zur nächsten Telefonzelle und rief ein Taxi. Als es vor der Telefonzelle hielt, sagte ich zu dem Fahrer: »Ich will zu einer Pyjama-Party!«

Das Taxi fuhr mich zum Haus meines Freundes, Peter

Kotting. Ich vertraute ihm, denn anders als all die anderen Männer hatte er nie versucht, mich zu einer körperlichen Beziehung zu drängen.

Peters Eltern waren ausgegangen, als ich ankam, und Peter saß mit ein paar Freunden in der Küche und trank etwas. Sie alle fanden es zum Lachen, daß ich in meinem Morgenmantel auftauchte. Niemand von ihnen glaubte, daß ich eigentlich im Krankenhaus sein sollte. Also zeigte ich ihnen das Plastikschild an meinem Handgelenk.

»Ich glaube, es ist besser, wenn ich deine Eltern anrufe«, sagte Peter.

Ich ergriff ein Küchenmesser und stach damit nach ihm. »Peter, wage es nicht, meine Eltern anzurufen«, zischte ich. »Wage es nicht, irgend jemandem zu erzählen, daß ich hier bin!«

Dann rannte ich die Treppe hinauf ins Bad und verriegelte die Tür. Ein wenig später kam ein Polizist und überredete mich, die Tür zu öffnen und das Messer aus der Hand zu geben. Schließlich tat ich es und wurde zurück ins Krankenhaus gebracht.

Dr. Sangster wartete auf mich und hielt mir eine Standpauke. »Nun schau, junge Dame. Wenn ich an den Fäden ziehe, dann tanzt du wie eine Marionette. Ich werde nicht zulassen, daß du so etwas noch einmal machst, also werde ich dir Disziplin beibringen. Ich habe dir deinen Morgenmantel und deine Hausschuhe weggenommen, und ich habe die Krankenhausaufsicht alarmiert. Glaub also nicht, daß du noch einmal eine Gelegenheit bekommst, auszurücken. Von nun an tust du, was ich dir sage.«

Zehn Tage blieb Nicola im Krankenhaus. Dann wurde ihr gestattet, nach Hause zu gehen, damit sie mit ihrer Familie zu ersten Gruppentherapiestunden in der psychiatrischen Klinik gehen konnte.

Niemand sah dieser Sitzung freudig entgegen.

Die Vorstellung, daß Eltern und Kinder gemeinsam befragt wurden, gefiel Ed überhaupt nicht. Wie er die Dinge sah, war Demokratie in der Regierung eine Sache – aber in der Familie bedeutete das nichts als eine Menge unpraktischen Unsinns. Kinder konnten ihre Meinung sagen, aber wenn er mit ihnen nicht übereinstimmte, war die Angelegenheit damit beendet. Es war die Pflicht eines Vaters, zu bestimmen und die Entscheidungen zu treffen.

Pam hatte ihre eigenen Gründe, daß es ihr widerstrebte, all die Dinge vor den Kindern zu besprechen. Sie war ohnehin am Ende ihrer Kraft und hatte die Überzeugung gewonnen, daß Nicolas Verhalten ihre Schuld war. Freunde hatten sie oft gefragt: »Was hast du mit Nicola anders gemacht als mit deinen anderen beiden Kindern?« Sie hatte sich das auch oft gefragt. Hatte Nicola als Baby einen Gehirnschaden erlitten, weil Pam gestolpert und das Neugeborene mit dem Kopf auf die Treppen des Krankenhauses geschlagen war? Pam durchdachte alles und kam zu dem Schluß, daß Nicola krank geworden war, weil sie einmal eine Affäre gehabt hatte. Irgendwie mußte Nicola herausgefunden haben, was passiert war, und danach hatte sie einen schweren psychischen Schaden davongetragen.

Johnnie wollte nicht die Mühe auf sich nehmen, sich einen Tag von der Schule freizumachen, um die psychiatrische Klinik zu besuchen. Da Nicola immer weniger Interesse an ihm und dem Rest der Familie gezeigt hatte, neigte auch er dazu, sie nicht mehr als seine Schwester zu betrachten. Inzwischen war er der Überzeugung, daß sie ihm nichts mehr bedeutete. Er haßte es, wenn sie an den Wochenenden oder während der Ferien, die er zu Hause verbrachte, in sein Zimmer kam – fett und mit ihrem kahlgeschorenen Kopf und diesem verrückten Ausdruck in den Augen. Sie hatte so viel gehabt und hatte alles fortgeworfen.

Sally hatte auch genug von ihrer Schwester. Zum ersten Mal hatte sie sich richtig verliebt und glaubte, daß sie daher die Hilfe ihrer Eltern brauchte, aber die hatten nicht mehr die Kraft, sich mit den Problemen ihrer jüngsten Tochter zu beschäftigen. Sie waren vollkommen von Nicola in Anspruch genommen, die wieder einmal die ganze Aufmerksamkeit auf sich zog.

Die Gruppentherapie stellte sich als noch schrecklicher heraus, als sie befürchtet hatten.

Am Anfang der Sitzung wurde ihnen gesagt, Ziel der Therapie sei es, die Kommunikation in der Familie wiederherzustellen, so sie nicht mehr funktioniert, daher dürften sie nichts, was sie sagen wollten, zurückhalten. Jedes Problem und jeder persönliche Groll sollten also vor der ganzen Familie besprochen werden.

Nicola sagte: »Ich kann die Dinge, die ich sagen will, nicht vor meiner Familie ansprechen.«

»Das spielt keine Rolle«, erwiderte der eine der beiden anwesenden Psychiater. »Du mußt lernen, über diese Dinge zu sprechen, und bis du es lernst, mußt du sie für dich behalten.«

Diese Antwort ließ jeden sofort in Schweigen versinken. Nicola, die sich dadurch zurückgewiesen fühlte, beschloß, sich nicht weiter zu beteiligen.

Pam hingegen versuchte doch, eine Frage zu stellen:

»Nicola hat mir gesagt, daß sie innerhalb eines Monats dreimal ihre Periode hatte. Halten Sie das für bedeutsam?«

Der Psychiater lehnte sich über den Tisch, als würde er etwas von grundlegender Bedeutung von sich geben. »Halten Sie das für bedeutsam?« fragte er mit seiner sonoren Stimme.

Pam und Ed schauten sich erstaunt an.

Schließlich begannen sie dann doch zu reden, und die Sitzung glitt fast in ein Hickhack ab, bei dem alle die Gelegenheit erhielten, ihren Ärger und ihrer Enttäuschung Luft zu machen. Jeder in der Familie bekam sein Fett weg, nur Nicola nicht.

Weil Pam glaubte, daß die Sitzung zu nichts führte, sie aber verzweifelt hoffte, daß irgend etwas herauskam, das ihrer Tochter half, beschloß sie, offen und ehrlich zu sein. Sehr erregt begann sie von der Affäre zu sprechen, die sie gehabt hatte, als Nicola elf Jahre alt gewesen war. Ed geriet in Wut über seine Frau und versuchte, sie zu unterbrechen. Nicola heuchelte Kummer und Entsetzen.

»O mein armer Dad«, stöhnte sie.

Ed wollte nichts von dem vorgetäuschten Mitgefühl seiner Tochter wissen. »Deine Mutter ist töricht, daß sie so etwas sagt«, fuhr er Nicola barsch an. »Aber ich sage dir etwas: Ich bin auch nicht mein ganzes Leben lang ein Unschuldslamm gewesen, aber ich werde dir nicht sagen, was ich getan oder nicht getan habe.«

Als die Sitzung zu Ende war, hatten sich die Spannungen innerhalb der Familie Owen erheblich verstärkt.

Weil sie nun überzeugt war, einen Grund zu haben, verbarg Nicola ihren Haß auf ihre Mutter gar nicht mehr. Pam begann in der ständigen Angst zu leben, daß ihre

Tochter nicht nur etwas Schreckliches anstellte, sondern daß sie so wütend werden konnte, daß sie gewalttätig würde.

Eines Nachmittags war ich in meinem Zimmer, wo ich eigentlich ein paar meiner Sachen bügeln sollte. Doch als Mum hereinkam, fand sie mich auf dem Bett liegend.

»Ich gehe hinunter zu ein paar Geschäften«, sagte sie. »Ich möchte, daß du mit mir kommst.«

»Nein«, erwiderte ich. »Ich muß meine Sachen bügeln.«

»Nein, das wirst du nicht tun. Ich muß einkaufen gehen, und ich werde dich nicht allein zurücklassen.«

»Das wirst du aber wohl müssen, denn ich werde nicht mit dir gehen.«

Mum stand dann einfach wortlos da, und ich geriet so in Rage, da sie offenbar nicht nachgeben wollte, daß ich aufsprang, das Bügeleisen packte und meine Mutter regelrecht durch das ganze Haus jagte. Nur das Eingreifen von Mrs. Green hinderte mich daran, Mum ernstlich zu verletzen.

Der Zorn, den ich ihr gegenüber empfand, verstärkte meine Entschlossenheit, das Haus zu verlassen, doch Dad wollte davon nichts hören. Er hätte nicht einmal zugestimmt, daß ich mir ein winziges Apartment nahm oder zumindest während der Woche bei Verwandten blieb, wenn ich die Arts Education School besuchte. Als die Schule begann, mußte ich also jeden Tag mit dem Zug nach London und zurück fahren.

Schon am ersten Tag wußte ich, daß ich Schwierigkeiten bekommen würde. Ich trug noch immer meine Perücke, hatte ziemliches Übergewicht und fühlte mich überhaupt nicht wohl in meiner Haut. Es gab an der

Schule eine Menge begabter Leute, und alles war völlig neu für mich. Ich hatte das Gefühl, ganz und gar den Boden unter den Füßen verloren zu haben, und mochte es nicht einmal, mich mit den anderen Studenten zusammenzutun.

Am Ende der ersten Woche entschied ich, nicht mehr an die Schule zurückzukehren. Am Montag der zweiten Woche tat ich, als würde ich wegfahren, und versteckte mich dann in Sallys Kleiderschrank. Ich kam erst heraus, als auch die anderen das Haus verlassen hatten. Mum und Dad hatten mittlerweile keine Geduld mehr mit mir, und ich wußte, daß es nur noch eines kleinen Anstoßes bedurfte, dann würden sie sagen, daß ich das Haus verlassen durfte. Am Nachmittag schaltete ich das Bügeleisen an und stellte es auf das Bügelbrett, damit es den Bezug verbrannte. Danach schüttete ich Speiseöl über mein Bett. Und als Sally aus der Schule kam, erzählte ich ihr sofort, was ich getan hatte, und begab mich dann zu einer Freundin.

Es war ein schrecklicher Schock für Mum und Dad, als sie hörten, daß ich nicht beabsichtigte, auf die Arts Education School zurückzukehren. Ihre kleine Nicola würde keine große Tänzerin werden. Ihr Traum zerbrach, und Mum konnte sich nicht so leicht damit abfinden. Als junges Mädchen hatte sie auf eine Art School gehen wollen, aber statt dessen war sie Sekretärin geworden. Irgendwie war es, als wäre die Tür zu einem weitaus künstlerischen Leben zum zweiten Mal für sie zugeschlagen worden. Aber ich ließ mich nicht einschüchtern. »Ich will nur eines«, sagte ich. »Ich will von zu Hause weg.«

Ein paar Tage später fand unsere zweite Sitzung in der psychiatrischen Klinik statt. Ich erklärte dem Psychiater, daß es mir so lange nicht besser gehen würde, bis ich nicht zu Hause ausgezogen war. Ich wünschte sehnlichst, unabhängig zu werden, aber Dad würde mich nicht gehen lassen.

Eine der beiden Psychiater sagte: »Ich stimme dir zu, Nicola. Es wäre für dich am besten, wenn du von zu Hause weggehst. Du mußt von diesen Spannungen loskommen.«

Dann wandte er sich an Dad und fragte: »Was halten Sie davon, Mr. Owen?«

»Natürlich kann sie gehen«, erwiderte mein Vater überraschenderweise. »Wenn sie es nicht tut, bin ich mir sicher, daß ich sie irgendwann einmal umbringen werde.«

Ich war völlig verblüfft. Doch wenigstens durfte ich endlich gehen.

Bevor ich jedoch ging, mußte ich noch eine letzte boshafte Sache machen. Sally war in jüngster Zeit ziemlich unfreundlich zu mir gewesen. Wir waren nicht mehr die guten Freundinnen, die wir einst gewesen waren. Ich war immer eifersüchtig auf sie gewesen, denn sie hatte nie Probleme, Freunde zu finden, wo ich doch unfähig war, eine richtige Beziehung zu einem Jungen aufzubauen. Nun war sie total in einen Jungen namens Roy verliebt, was mich ziemlich wütend machte. Törichterweise hatte sie mir erzählt, daß sie die Anti-Baby-Pille nahm, die sie in einem Loch in einem Buch versteckt hatte. Sally war erst fünfzehn, und natürlich wußten meine Eltern nicht, was sie tat. Ich wußte, daß Dad außer sich geraten würde, wenn er davon Wind bekam. Ich hatte allerdings nicht die Absicht, es ihm direkt zu erzählen. Also verriet ich es Mrs. Green, unserer Haushaltshilfe, die jeden Tag kam. Mir war klar, daß sie es für ihre Pflicht hielt, es meinen Eltern zu erzählen.

In London kam ich zuerst bei Tante Mo unter, drei Wochen später hatte ich ein Zimmer in einer Mietwohnung, die in Tottenham lag, von wo es ein langer Weg nach Hause war. Mum und Dad halfen mir beim Einzug; sie kauften mir eine wunderschöne Daunendecke, einen Bezug und dazu passende Kissen sowie ein paar Kochtöpfe und andere Dinge, die man zum Kochen brauchte.

Ich fand einen Job als Interviewerin für eine Arbeitsvermittlung und war zuerst so erfolgreich, daß ich bei einem Schulungskurs mit einer Flasche Champagner ausgezeichnet wurde, weil ich diejenige war, die das größte Leistungspotential gezeigt hatte. Ich war sehr überrascht, denn ich besaß wirklich nicht viel Selbstvertrauen. Ich hatte nicht einmal angenommen, daß irgend jemand mich überhaupt zur Kenntnis genommen hatte.

Es war sehr schön, jede Woche einen Scheck zu erhalten, und doch verspürte ich noch immer den unbeherrschbaren Zwang zu essen, daher gab ich, nachdem ich die Miete bezahlt hatte, alles, was ich verdiente, für Lebensmittel aus. Jeden Abend kehrte ich in die Wohnung zurück und sah zu, wie Sandra, mit der ich die Wohnung teilte, mit ein paar Jungen ausging. Eines Abends eröffnete mir Sandra, daß sie einen Job in einem Pub bekommen habe und daß ich auch dort arbeiten könne. So wurden wir Bardamen in einem schäbigen Pub, aber es war, abgesehen von meiner Arbeit, die einzige Form von sozialen Kontakten, die ich hatte.

Per Telefon blieb ich mit Mum und Dad in Verbindung. Sie erzählten mir ihre Neuigkeiten, und ich tischte ihnen jede Menge Lügen auf, wie glücklich ich wäre, zu wie vielen Partys ich ginge und wie viele junge Männer mich unbedingt heiraten wollten.

Nachdem Nicola, ihr Problemkind, gerade das Haus verlassen hatte, war es nur allzu verständlich, daß Ed und Pam überempfindlich reagierten und nicht so verständnisvoll wie sonst, als sie von Mrs. Green erfuhren, daß Sally die Pille nahm.

Ed rief sofort die Eltern von Roy an. Sallys achtzehnjährigen Freund. »Ihr Sohn verkehrt mit meiner minderjährigen Tochter«, erklärte er. »Was gedenken Sie dagegen zu unternehmen?«

»Aber Mr. Owen, Sie waren doch auch einmal jung!«

Das war keine Antwort, die Ed besänftigen konnte. »Wie würden Sie reagieren, wenn es Ihre Tochter wäre?« fragte er verärgert.

»Da stimme ich Ihnen zu. Mir würde das auch nicht gefallen. Aber was soll ich dagegen unternehmen?«

Ed verbot Sally, ihren Freund wiederzusehen.

Aber da sie ein entschlossenes, selbständiges junges Mädchen war, das sich total verliebt hatte, kümmerte Sally sich nicht um das Verbot. Als Ed eines Tages geschäftlich unterwegs war, erklärte sie ihrer Mutter: »Wenn ihr mir nicht erlaubt, Roy zu sehen, dann gehe ich weg. Roy wird mir ein Klavier kaufen, und wir werden ein Auto haben und zusammen leben.«

Das Ultimatum ihrer fünfzehnjährigen Tochter erschreckte Pam, und sie sagte: »Ich glaube, am besten rede ich einmal mit Roy und dir. Du kannst ihn nicht mit nach Hause bringen, denn ich bin nicht gegen das, was dein Vater gesagt hat. Also werde ich euch in Sidcup treffen, wo wir in Ruhe über alles sprechen können.«

Das Treffen wurde eine einzige Katastophe. Sally und Roy zeigten sich völlig unnachgiebig, und Pam konnte sie nicht zur Vernunft bringen. Sie war so wütend und aufgebracht, daß sie die Polizei anrief, nachdem sie nach Hause zurückgekehrt war.

»Seien Sie vorsichtig, Mrs. Owen«, erklärte der Polizist. »Ihre Tochter könnte vielleicht weglaufen. Das passiert sehr häufig.« Irgend etwas im Tonfall des Polizisten ließ Pam annehmen, daß er von Nicola wußte und den Verdacht hegte, daß es ihre häusliche Umgebung und die Eltern waren, die die Probleme mit den heranwachsenden Töchtern heraufbeschworen. Wütend erwiderte Pam: »Aber der Junge ist über achtzehn und hat eine Affäre mit meiner Tochter, die noch minderjährig ist. Sie müssen doch in der Lage sein, etwas dagegen zu tun.«

»Wir können nicht einmal zu dem Jungen gehen und mit ihm reden«, entgegnete der Polizist, »denn er könnte uns wegen Belästigung anzeigen.«

»Nun, mein Mann und ich könnten ihn vor Gericht bringen.«

»Das würde ich Ihnen nicht raten, Madam. Sie machen sich keine Vorstellung, wie schrecklich es für ein junges Mädchen und ihre Eltern sein kann, wenn alles vor Gericht offen zur Sprache gebracht wird.«

Das machte Pam noch wütender. Sie wurde so wütend auf Sally, daß sie ihnen jetzt auch noch Sorgen bereitete, wo sie doch genug andere Sorgen hatten. Als ihre Tochter zurückkehrte, fing Pam einen riesigen Krach mit ihr an.

Am nächsten Abend kam Ed zurück, und Pam erzählte ihm, was vorgefallen war.

»Also gut«, sagte Ed und begab sich zur Treppe. »Sally!« rief er hinauf.

»Ja«, erwiderte sie.

»Pack deine Sachen! Wenn Roy dich heiraten will, dann gibt es keinen Grund für ihn, bis zum Februar zu warten, wenn du sechzehn wirst. Er kann dich haben und die Verantwortung für dich übernehmen.«

Sally kam mit gepackten Taschen die Treppe herunter. Sie glaubte, daß sie von Roy mit offenen Armen empfangen werden würde.

Ed fuhr sie zu Roys Haus und stellte ihre Sachen auf der Türschwelle ab.

Roys Vater kam heraus. »Was soll das Ganze, Mr. Owen?« wollte er wissen.

»Die Sache ist ganz einfach. Sie haben gesagt, daß Sie, was Ihren Sohn betrifft, nichts unternehmen können. Also soll Ihr Sohn die Verantwortung übernehmen. Ich bin nicht gewillt, meine Tochter in meinem Hause wohnen zu lassen, solange sie nicht aufhört, sich mit ihrem Sohn zu treffen. Also habe ich Sie hierhergebracht. Jetzt haben Sie sozusagen eine zukünftige Schwiegertochter!«

Der Vater des Jungen wußte zuerst nicht, was er darauf entgegnen sollte, aber schließlich willigte er ein, daß Sally auf dem Sofa übernachtete. »Aber du kannst nur diese eine Nacht hierbleiben«, erklärte er Sally.

Am nächsten Morgen fuhren Sally und Roy zu Nicola nach Tottenham, um sie zu fragen, ob sie bei ihr bleiben könnten.

»Ich werde ja kaum damit fertig, mich um mich selbst zu kümmern«, sagte Nicola. »Ich kann mich sicherlich nicht auch noch um euch beide kümmern.«

An diesem Abend ging ein heftiger Regen nieder, als Ed plötzlich ein Pochen an der Vordertür hörte.

Sally stand da. »Dad! Du hast für mich die Verantwortung«, erklärte sie im Brustton der Überzeugung. »Ich bin doch erst fünfzehn.«

»Sally!« erwiderte er. »Solange du mit Roy verkehrst, kann er den Ärger mit dir haben.« Und mit diesen Worten setzte er sie in seinen Wagen und brachte sie zurück zu Roys Haus.

Roys Vater kam heraus und drohte mit der Faust. Aber Ed kehrte unverzüglich nach Hause zurück, wo Pam weinend in einem Lehnstuhl hockte.

Am nächsten Morgen war Pam noch sehr aufgebracht. Sie bereitete das Futter für Lizzie, den Dalmatiner, der in den Garten gelaufen war. Die Hündin kam auch nicht zurück, als Pam sie rief. Pam ging nach draußen und fand Lizzie, unfähig sich zu regen, auf der Terrasse.

Pam rief sofort Paul Ashburner an, einen Nachbarn, der im Ort mit einem Partner eine Tierarztpraxis unterhielt. Er war ein gutaussehender, bärtiger Mann, Ende Dreißig. Er kam auch unverzüglich.

»Ich fürchte, es liegt an ihrem Nervensystem«, sagte er. Nachdem er Lizzie eine Spritze gegeben hatte, wurde die Hündin in die Küche getragen. »Geben wir ihr ein paar Stunden«, sagte Mr. Ashburner dann. »Wenn die Spritze Wirkung zeigt, hat sie vielleicht eine Chance.«

Pam streichelte Lizzie eine Weile, und als zwei Stunden verstrichen waren, kehrte Paul Ashburner zurück. Mittlerweile waren auch Pams Eltern gekommen. Sie und Pam beobachteten unter Tränen, wie Ed und Paul die Hündin aus dem Korb hoben und sie auf ihre Füße stellten. Der wunderschöne Dalmatiner, der seit vierzehn Jahren ein treuer Gefährte der Familie gewesen war, stand reglos wie eine Statue aus Marmor da.

»Gibt es nichts mehr, was wir tun können?« fragte Ed.

»Ich fürchte nein.«

»Bedeutet das nun das Ende für Lizzie?«

Paul nickte langsam.

Ed legte die Hündin zurück in den Korb und wiegte sie in seinen Armen, während Paul eine Spritze aus seiner Tasche nahm.

Pam lief schluchzend ins Wohnzimmer. Es kam ihr vor, als würde ihr alles, was sie liebte, genommen.

Während Ed der Hündin tröstend zusprach, gab Paul Ashburner ihr die letzte Injektion.

In einen roten Morgenmantel gewickelt, den Nicola als Kind getragen hatte, wurde Lizzie von Ed und Pams Vater am Ende des Gartens zwischen zwei Rosenstöcken begraben.

Pams Mutter rief derweil Roys Vater an und sagte: »Es gibt im Moment sehr viel Unglück in diesem Haus. Meine Tochter ist völlig verwirrt, Nicola hat das Haus verlassen, der Hund ist gerade gestorben, und zu allem Überfluß ist da noch der Ärger mit Sally. Gibt es nichts, das Sie tun könnten?«

»In Ordnung«, erwiderte er. »Ich werde ein ernstes Wort mit Roy reden.«

Früh am Abend kamen Sally und Roy. Beide waren in Tränen aufgelöst.

»Wir sind einverstanden«, schluchzte Sally, »daß wir uns nicht mehr sehen werden.«

Pam streckte ihrer Tochter die Arme entgegen, und beide weinten und umarmten einander.

Selbst Ed zeigte sich gerührt, und als Roy aus eigenem Entschluß davontrottete, rief er ihm nach: »Auf Wiedersehen, Roy, und vielen Dank.«

Nachdem Pams Eltern gegangen waren und Sally sich schlafen gelegt hatte, saßen Ed und Pam schweigend beieinander. Die Ereignisse des Tages hatten sie ziemlich aufgewühlt, und beide waren der Überzeugung, daß sie aus Gründen, die sie nicht verstehen konnten, als Eltern völlig versagt hätten.

In London war ich alles andere als glücklich. Ich konnte mich über eine längere Zeit hin auf nichts konzentrieren, und schon bald begann mich meine Arbeit zu langweilen.

Ich begann die Akten falsch anzulegen und erklärte den Leuten, ich hätte Arbeit für sie gefunden, auch wenn das gar nicht der Fall war. Offensichtlich hatte es mich wieder erwischt, und wieder war es so, als wollte ich mich vorsätzlich in Schwierigkeiten bringen.

Anfang November wurde ich zum Geschäftsführer bestellt. Er sagte mir: »Ich kann dich entweder rausschmeißen, oder aber du kündigst selbst. Auf jeden Fall mußt du gehen.«

»Und wo liegt der Unterschied?«

»Wenn wir dich rausschmeißen, geben wir dir kein gutes Zeugnis, aber dafür das Geld für einen Monat. Wenn du kündigst, bekommst du kein Geld, aber wir stellen dir ein gutes Zeugnis aus.«

»Wenn das so ist«, sagte ich, »dann feuern Sie mich.«

Ich ging und verpraßte das Geld, das ich für den Monat bekam, nur für Lebensmittel, die ich in zwei Tagen gegessen hatte. Dann blieb mir nur noch meine Arbeit in dem Pub als einzige Einkommensquelle. Zum Glück fand ich bald einen anderen Job. Aber leider war es das schlechteste, was ich hätte tun können. Denn ich wurde angestellt, um in einer Agentur für Models die Buchungen vorzunehmen und die Termine zu koordinieren. Jeden Tag hatte ich mit wunderschönen Mädchen zu tun, die wirklich Stil besaßen. Sie sahen genauso aus, wie ich früher. Aber ich hatte mittlerweile sehr viel Übergewicht, bevorzugte weite, schwarze Kleidung und trug noch immer meine Perücke.

Als ich den Job antrat, begann ich gleichzeitig auch recht viel zu trinken. Jedesmal, wenn ich eine Tasse Kaffee trank, gab ich einen Schuß Sherry hinzu. Ich verhielt mich auch den Mädchen gegenüber sehr grob, so daß mich keine von ihnen mochte. Nach sechs Wochen wurde ich gefeuert.

Es war kurz vor Weihnachten, und Sandra war für ein paar Tage weggefahren. Ich vertilgte all ihre Lebensmittel, und dann, weil ich wußte, daß ich mich nicht länger beherrschen konnte, rief ich zu Hause an. Als Mum an den Apparat kam, sagte ich: »Kannst du kommen und mich abholen, Mum? Bitte, komm und hole mich. Ich will hier nicht länger sein.«

»Ich komme«, entgegnete Mum, »aber wir können nicht mehr so miteinander umgehen wie vorher. Du wirst arbeiten gehen müssen. Wir können nicht zulassen, daß du den ganzen Tag im Bett liegst. Es ist so deprimierend.«

Mum und Dad kamen, um mich abzuholen. Sie beglichen alle meine Schulden, luden meine Sachen ins Auto und fuhren mich nach Hause. Das einzige, was mir bei meiner Heimkehr gefiel, war der Empfang von Emma, dem fünf Wochen alten Collie, den Mum gerade erworben hatte, um die arme Lizzie zu vergessen.

Nach drei Monaten der Unabhängigkeit war ich wieder an meinem Ausgangspunkt angekommen. Ich hatte keine Arbeit, keine Wohnung, keine Zukunftsaussichten und lebte wieder zu Hause bei Mum und Dad.

10.
Zerstörung

Ich schämte mich sehr. Es gab auch nichts, worauf ich stolz sein konnte. Meine Eltern hatten sehr hohe Ideale, aber statt in ihren Augen großartig und perfekt zu sein, war ich einfach schrecklich und eine einzige Plage. Meine Eltern gehörten auch nicht zu den Leuten, die sagten: »Es spielt keine Rolle. Du kannst tun, was immer du willst.« Ich spürte, daß meine Eltern wollten, daß ich immer die Beste war, und ich war eine Versagerin.

Außerdem hatte ich mich körperlich auf drastische Weise verändert. Nicht nur, daß ich mein Haar geschoren hatte und sehr aufgedunsen war. Meine Augen waren so sonderbar, als wären sie wirklich aus Glas. Die Leute fanden es unheimlich, mich anzuschauen. Es war, als wäre kein Gefühl in mir, kein Leben. Mein Lebenswille war erloschen, doch das kümmerte mich nicht.

Ich wollte lediglich den ganzen Tag schlafen, meine Eltern bestanden jedoch darauf, daß ich eine andere Arbeit finden sollte. Ich konnte dem Druck, den sie auf mich ausübten, nicht widerstehen, daher streunte ich durch die Straßen und wünschte mir nur, im Bett zu liegen.

Ich konnte mit meinen Eltern auch nicht mehr reden. Jedesmal wenn sie sagten, ich solle mir einen Job suchen, solle mein Zimmer aufräumen, solle weniger essen und weniger im Bett liegen und mich überhaupt zusammenreißen, dann rastete irgendwas bei mir aus, und ich brüllte sie an, mich in Ruhe zu lassen. Es gab unzählige dieser Szenen. Eines Tages gegen Ende Januar geriet ich völlig außer mir, ich zertrümmerte mein Zimmer und rannte, nur in Morgenmantel und Hausschuhen, in den Wald davon.

Die Lage hatte sich zu Hause dermaßen verschlechtert, daß Mum die psychiatrische Klinik anrief und um sofortige Hilfe bat. Der früheste Termin aber, den man ihr nannte, war in zwei Wochen; das war viel zu spät.

Drei Tage, nachdem meine Mutter die Klinik angerufen hatte, geriet ich heftig mit meinem Vater aneinander, der von mir verlangte, endlich einen sinnvollen Beitrag zum Familienleben zu leisten. Am Tag darauf haute ich im strömenden Regen nach Brighton ab.

Da ich kein Geld hatte, fuhr ich ohne Ticket mit dem Zug nach Brighton. Als ich dort ankam, erwischte mich die Bahnpolizei, doch als ich ihnen einen falschen Namen und eine falsche Adresse genannt hatte, ließen sie mich wieder laufen. Danach ging ich zu derselben schäbigen Pension, in der ich schon gewesen war, als ich vor sieben Monaten von zu Hause weggelaufen war.

Derselbe Italiener saß noch immer an der Rezeption. »Bist du nicht schon einmal hier gewesen?« fragte er.

Mir war es dermaßen peinlich, soviel zugenommen zu haben, daß ich sagte: »Nein, ich war noch nie hier. Sie müssen mich für meine Schwester Kelly halten, die im letzten Sommer hier gewohnt hat.«

»Ihr seid euch sehr ähnlich«, entgegnete der Italiener. »Deine Schwester sieht wirklich gut aus. Was macht sie so?«

Es bereitete mir eine sonderbare Freude, die fette, häßliche Schwester zu sein und zu hören, wie gutaussehend ich einmal gewesen war. Ich bemerkte auch, daß der Italiener diesmal nicht den leisesten Versuch machte, mit mir anzubändeln.

Ich bekam dasselbe Zimmer wie letztes Mal; ich hatte allerdings keine Ahnung, wie ich die Rechnung bezahlen sollte. Am Nachmittag spazierte ich in der Gegend herum und kehrte völlig durchnäßt in die Pension zurück. Am Abend ging ich hinunter, um zu essen, und bestellte mir eine Flasche Wein.

Während ich aß, kamen zwei abgerissen aussehende Männer mittleren Alters an meinen Tisch. Sie erzählten, daß sie mit Schmuck handelten, und fragten mich, ob sie mir nicht die Sehenswürdigkeiten der Stadt zeigen dürften. Da ich nichts Besseres zu tun hatte, ging ich mit Ihnen, und das Ganze artete in einer einzigen Sauftour aus. In jeder Kneipe bestellten sie Champagner, und ich wurde immer betrunkener. Irgendwann schenkten sie mir einen Diamantring. Ich sagte, ich wolle den Ring nicht, aber sie erklärten, daß er nur eines ihrer Muster sei und sie nichts koste.

Als wir in der mittlerweile siebten Kneipe waren, schwankte ich nur noch, und meine beiden Begleiter stützten mich, damit ich nicht stürzte. Der Wirt trat zu uns und brüllte uns an: »Raus aus meinem Lokal. Wir wollen hier keine Huren wie dich sehen.«

Selbst mit meinem benebelten Kopf begriff ich noch, was der Mann gesagt hatte. Warum sagte er so etwas? Ich war keine Hure. Ich war sogar noch Jungfrau. Was das Sexuelle betraf, hatte ich mich bisher tadellos verhalten. Warum also glaubte er, ich wäre eine Hure?

Ich brach in Tränen aus und stürzte blindlings aus dem Pub. Ich lief unentwegt, bis ich auf der Türschwelle zu einem Laden zusammenbrach. Ich kauerte mich in eine

Ecke und schluchzte. Plötzlich spürte ich eine Berührung an der Schulter. Ein junger Mann, der Mitte Zwanzig sein mochte, stand da und fragte mich, ob er mir helfen könne.

Wir redeten eine Weile. Ich erzählte ihm einiges von dem, was passiert war, und daß ich von zu Hause weggelaufen war. Er sagte, er wäre ein Student, der aus Südafrika gekommen war, um in Brighton zu studieren.

»Hier ist es naß und kalt«, sagte er. »Warum gehen wir nicht zu mir und trinken einen Kaffee. Bei mir ist es wenigstens warm, und wir können weiter in netter Atmosphäre unsere Lebensgeschichte erzählen.«

Er brachte mir eine solche Freundlichkeit entgegen, daß ich mit ihm ging. Doch statt eines Kaffees gab er mir immer mehr Wein. Dann verführte er mich. Ich erinnere mich, wie er mir die Kleider auszog. Ich erinnere mich, wie er mir meine Knie bis zur Brust hochdrückte und wie er mir meine Jungfräulichkeit nahm. Die ganze Zeit weinte ich. Ich verabscheute, was er tat. Ich verabscheute die Art und Weise, wie er an mir herumfingerte. Ich verabscheute diesen häßlichen, widerlichen Mann. Am meisten aber verabscheute ich mich selbst. Ich haßte mich.

Ich wußte, daß ich alles verloren hatte. Ich war erst siebzehn Jahre alt, aber mein Aussehen, meine gute Figur, mein schönes Haar, meine Karriere als Tänzerin, meine Entschlußkraft, meine Begeisterung für das Leben – all das gab es nicht mehr. Nun verlor ich auf die schäbigste, entwürdigenste Weise auch noch das letzte, was mir geblieben war – meine Unschuld.

Am nächsten Morgen stand ich auf und trottete in ein öffentliches Bad. In dem zersprungenen Spiegel starrte ich mein rotes, fleckiges Gesicht an, und mir wurde übel, als ich mich daran erinnerte, was passiert war. Dad hatte stets soviele schöne Worte darüber verloren, was für eine ganz besondere Sache es sei, sich zu lieben. Ich hatte mich immer großen Phantasien hingegeben, wie ich mich in einen stattlichen Mann verliebte, der mich auf Knien anbetete und den ich heiratete – unberührt und in einem weißen Kleid. Nun war alles anders gekommen. Anstatt nach dem ersten Mal glücklich zu leben, wollte ich gar nicht mehr leben.

Auf meinem Weg aus dem Bad wurde ich angestarrt, als gehörte ich zum Abschaum schlechthin. Ich machte mich auf den Weg zurück zur Pension. Ich fühlte mich völlig taub. Ich nahm ein Bad und lag nur da. Was ich nicht verstehen konnte, war, warum ich entschlossen war, mich selbst zu zerstören. Ich war so allein. Ich konnte meine Gefühle niemandem erklären, insbesondere nicht Dad. Ich konnte sie ja nicht einmal mir selbst begreiflich machen.

Dann stand ich dem Problem gegenüber, wie ich meine Rechnung bezahlen sollte. Stundenlang irrte ich durch die Straßen. Als ich glaubte, daß meine Schwester allein zu Hause sei, rief ich von einer Telefonzelle aus an. Nachdem Sally sich erkundigt hatte, ob ich in Ordnung sei, schlug sie vor, daß sie Nanny anrief, die in Hastings wohnte, um sie zu fragen, ob sie kommen und mich abholen würde. Erst viel später habe ich erfahren, daß Mum zu Hause gewesen war, daß sie an einem anderen Apparat das Gespräch mithörte und Sally Zettel mit kurzen Botschaften reichte, die meine Schwester dann an mich weitergab.

Nan und Großvater rasten nach Brighton, sie bezahlten meine Rechnung und brachten mich zu ihrem Haus, wo ich wieder ein Bad nahm. Ich konnte ihnen nicht sagen, was passiert war, und daher hatten sie auch keine Ahnung, warum ich so unglücklich war. Die arme Nan und Großvater wußten gar nicht, was sie zu mir sagen sollten.

»Was soll ich bloß tun?« schluchzte ich.

»Du bist einfach nur ein großes Mädchen, Nicola«, antwortete Großvater, der glaubte, mein Übergewicht mache mir Kummer. »Du hast eben schwere Knochen.«

»Nein, habe ich nicht.«

Nachdem sie mir eine warme Mahlzeit gemacht hatten, brachte Großvater mich zum Bahnhof und kaufte mir eine Fahrkarte nach Hause. Das einzige, was Mum zu mir sagte, als sie die Tür öffnete, war: »Hallo, Nick. Haben dir deine Ferien gefallen?« Ich lächelte, nickte dann und ging geradewegs in mein Zimmer.

Am Freitagabend holten meine Eltern Johnnie aus dem Internat, damit er das Wochenende zu Hause verbrachte. Sie hatten versprochen, mit ihm ins Kino zu gehen, also war klar, daß Sally und ich allein daheim bleiben würden.

Nachdem meine Eltern mit Johnnie weggefahren waren, fragte ich Sally, ob sie mit mir zu einer Trinkhalle gehen würde, um eine Flasche Sherry zu kaufen. Als wir durch den Wald liefen, erzählte ich ihr, was mir passiert war. Ich hatte das Gefühl, ich mußte mit jemandem darüber reden, daß mir meine Unschuld geraubt worden war. Weil ich nicht wußte, wie ich es ihr am besten erzählte und wie sie darauf reagieren würde, kicherte ich die ganze Zeit. Es war, als versuchte ich so zu tun, als kümmerte mich das alles nicht.

»Du lügst schon wieder«, sagte Sally.

»Nein, das tue ich nicht. Es gibt überhaupt keinen Grund zu lügen.«

»Du brauchst keinen Grund zum lügen. Du lügst unentwegt, und ich glaube dir kein Wort.«

»Wann habe ich dich jemals belogen?«

»Du lügst ständig – daß du kein Essen stiehlst, daß du nicht trinkst, daß du vergewaltigt worden bist. Alles Lügen. Und was war damit, daß du mir erzählt hast, du hättest Krebs und würdest sterben? Du hast mich zum Weinen gebracht und mir dann gesagt, alles wäre nur ein Spaß.«

»Aber jetzt lüge ich nicht«, verteidigte ich mich schwach. Ich wußte, es hatte keinen Sinn. Eine unüberwindliche Barriere lag zwischen uns.

Wir kehrten nach Hause zurück, spielten ein wenig Musik und tranken ein Glas Sherry. Dann ging ich ins Bett. Ich wollte nur schlafen, nichts als schlafen. Ich hatte das Gefühl, als hätte ich nichts mehr, für das sich zu leben lohnte. Was war aus meiner Fähigkeit zu tanzen geworden, was aus der Achtung meiner Eltern, aus ihrer Liebe? Wo waren meine Freundinnen, meine Freunde, meine Schwester? Ich war allein. Ich war verrückt, ich war völlig aus dem Gleichgewicht geraten, ich war krank, und ich konnte mit all dem nicht mehr fertig werden.

Am nächsten Morgen stürmte Dad in mein Zimmer und sagte: »Steh auf, Nicola. Es ist schon Viertel nach sieben, und der Tag ist fast vorbei.« Ich öffnete die Augen, rührte mich aber nicht. »Los, raus aus den Federn, Nicola«, fuhr er fort. »Wir nehmen dich mit nach London. Wir bringen Sally zur Royal Academy und setzen Johnnie bei Skate City ab. Komm schon, Nicola!«

»Ich komme nicht mit. Ich bleibe hier.«

»Nein, das wirst du nicht. Mum will dir ein neues Kleid kaufen, und wir werden in das kleine französische

Café an der Marylebone High Street gehen. Also steh auf.«

»Ich will nicht mitgehen, Dad. Ich bin zu müde.«

»Sei nicht albern. Es wird dir großartig gehen, wenn wir erst einmal in London sind.«

»Schau, Dad, ich möchte wirklich nicht mitgehen. Laßt mich einfach hier, ja?«

»Du kommst mit uns«, erklärte Dad entschieden.

»Ich will aber nicht. Laßt mich gefälligst in Ruhe!« brüllte ich.

Mein Tonfall und meine Weigerung, mich vom Fleck zu bewegen, erzürnten Dad, und er verlor die Geduld. »Verdammt, Nicola! Ich werde dich nicht allein in diesem Haus zurücklassen, damit du all das auffrißt, was wir für das Wochenende eingekauft haben.«

»Ich werde euren verdammten Fraß nicht anrühren«, erwiderte ich lautstark. »Ich will nur in Ruhe gelassen werden. Ich bin müde, Dad. Verstehst du das nicht? Ich komme nicht mit.«

»In Ordnung, du kommst also nicht mit. Aber ich lasse dich hier nicht allein im Haus. Du wirst zu Nannie Owen nach Sidcup gehen. Der Spaziergang dorthin wird dir guttun. Und außerdem will ich deinen Hausschlüssel.« Dann ging er zur Kommode und löste den Schlüssel von meinem Schlüsselbund. »Und nun steh auf. Wir fahren in einer halben Stunde, und ich will, daß du dann aus dem Haus bist.«

Ich wollte nicht zu Nannie Owen gehen. Es war ein kalter Februartag. Ich wollte nur in meinem warmen Zimmer bleiben. »Warum kannst du mich nicht allein hierlassen?« schrie ich Dad nach, als er das Zimmer verließ.

Er wandte sich um und schrie: »Du bist einfach ein nutzloses Geschöpf, Nicola. Warum reißt du dich nicht zusammen und fängst an, etwas zu unserer Familie beizutragen? Und nun zum letzten Mal: Steh endlich auf!«

Er schlug die Tür zu, und ich begann zu weinen. Aber dann zog ich mich an. Als ich aus dem Zimmer trat, eilte Sally auf mich zu. Ohne ein Wort zu sagen, drückte sie mir etwas in die Hand. Es war ihr Hausschlüssel.

Wir gingen alle zur selben Zeit. Johnnie hatte sein Skateboard dabei und wollte endlich wegfahren. Mum und Dad stiegen in den Wagen, und Sally winkte mir leise zum Abschied. Als sie abfuhren, trottete ich die Straße hinunter. Es hatte angefangen zu nieseln.

Sobald der Wagen außer Sichtweite war, kehrte ich hastig nach Hause zurück. In dem Moment, als ich den Schlüssel ins Schloß steckte, spürte ich einen regelrechten Adrenalinstoß, ein Gefühl der Freude darüber, etwas zu tun, das sich meine Eltern nicht in ihren kühnsten Träumen hätten ausmalen können.

Ich begab mich geradewegs in die Küche. Wie Dad vorhergesagt hatte, machte ich mich gleich über die Lebensmittel in der Speisekammer her. Ich aß einen großen Früchtekuchen mit einer Dose Vanillesoße, eine Salatschüssel voll Haferflocken, verschiedene andere Kuchen sowie ein Dutzend Scheiben Toast mit Marmelade. Ich konnte es selbst nicht glauben, daß ich solche Mengen essen konnte. Als ich endlich alles gegessen hatte, sah mein Bauch wie ein aufgeblasener Ballon aus.

Dann ging ich ins Eßzimmer hinüber, öffnete die Bar meines Vaters und machte damit weiter, daß ich eine halbe Flasche Whiskey hinunterkippte, als wäre es Bier. Danach trank ich den Sherry, den ich am Abend vorher mit Sally gekauft hatte.

Als ich die Treppe hinaufstieg, lachte ich unentwegt. Für dich gibt es keine Hoffnung mehr, dachte ich. Du bist verrückt, du bist böse. Du bist krank, und ich kümmere mich nicht um dich. Ich kämpfe nicht mehr um dich.

In Sallys Zimmer legte ich eine Platte auf ihren teuren Plattenspieler, dann drehte ich die Lautstärke auf und schwankte betrunken umher – eine abstoßende, fette Frau, die herumtanzte und die sich vorstellte, das Mädchen zu sein, das sie einst gewesen war. Als ich mich plötzlich im Spiegel entdeckte, hielt ich inne, stellte die Schallplatte ab und ging ins Bad.

Ich starrte aus dem Fenster. Es war ein grauer, freudloser Tag im Februar. Der Regen prasselte drohend gegen die Fensterscheiben, und mit einem heiseren Flüstern wehte der kalte Wind durch die Koniferen. Der trostlos daliegende Garten wurde von einer riesigen Trauerweide beherrscht, die starr und einsam mitten auf dem durchweichten Rasen stand. Die Ödnis der Szenerie wurde nur von dem Immergrün abgemildert, das um den Garten herumwuchs. Ich konnte mich an den Tag erinnern, als sie gepflanzt worden waren. Es schien so lange her zu sein. Nicht so weit von mir entfernt, standen die Rosensträucher leblos und kalt. Vor ein paar Monaten noch waren sie ein Meer voller Farben gewesen.

Ich wandte mich ab und ging zum großen Spiegel an der Wand meines Zimmers hinüber. Ich kannte das Mädchen, das mich da anstarrte, nicht mehr. Ich spürte, wie sich meine Kehle verkrampfte, aber ich konnte nicht schreien …

11.
In Haft

...ein beißender Geruch war da und das laute, heftige Knistern der Flammen. Als ich die Treppe hinaufschaute, drang schwarzer Rauch unheilvoll die Treppe herunter.

Das alles mußte ein schrecklicher Alptraum sein. Gleich würde ich aufwachen, und alles wäre so, wie es gewesen war.

Plötzlich fiel mir auf, daß es unaufhörlich an der Tür klingelte. Ganz automatisch stand ich auf und öffnete die Haustür. Dann hörte ich den fernen Klang der Sirenen, die rasch näher kamen.

Irgend jemand trug mich aus dem Haus. Dichter wogender Rauch breitete sich überall aus. Emma sprang aus meinen Armen und lief zu einer kleinen Menschenmenge, die vor dem brennenden Haus stand.

Eine Nachbarin packte mich so fest, daß ihre Fingernägel sich in meine Hand gruben. »Du hast es getan, nicht wahr?« zischte sie. »Du hast das Haus in Brand gesteckt.«

Sie zerrte mich mit sich zu ihrem Haus, reichte mir einen Brandy und befahl mir, mich auf ein Bett zu legen. Ich wollte mich selbst dazu bringen, möglichst weit weg aus dieser Welt zu sein. Wenn du dich nur gut genug konzentrierst, sagte ich mir selbst, dann bist du gar nicht mehr hier.

Aber es klappte nicht. Ich konnte noch immer den Lärm hören und die schweren Motoren, die die Straße heraufkamen.

Die Nachbarin führte einen Feuerwehrmann in das Zimmer, in dem ich lag. »Hast du das getan?« fragte er.

»Ja, ich war es«, antwortete ich.

Es war ein sehr düsterer Morgen für Ed und Pam gewesen. Ihre Bemühungen, die vergangenen Freuden eines Familienausflugs nach West End wiederaufleben zu lassen, waren gründlich fehlgeschlagen. Also waren sie erleichtert, als es endlich an der Zeit war, Sally von der Royal Academy abzuholen.

Pam wartete im Auto, während Ed die Stufen zu der großen Eingangstür hinaufging. Ein paar Minuten später kehrte er mit Sally zurück. Sie waren schon auf der Treppe, als eine Frau aus dem Gebäude stürmte.

»Mr. Owen«, rief sie.

Ed wandte sich hastig um und sagte: »Ja, das bin ich.«

»Da ist ein dringendes Telefongespräch für Sie.«

Voller Besorgnis, daß ihn eine schlechte Nachricht erwarten würde, lief er die Stufen wieder hinauf und folgte der Frau in deren Büro. Die Frau deutete auf einen Telefonhörer, der auf einem alten, polierten Tisch lag.

»Ed Owen am Apparat«, sagte er.

»Ed, hier ist Gerald.«

Sein Freund und Nachbar arbeitete bei der Londoner Feuerwehr. Als er Geralds Stimme hörte, wußte Ed, daß sich seine schlimmsten Befürchtungen bewahrheiten würden. »Ja«, entgegnete er besorgt.

»Es gab ein Feuer in deinem Haus.«

Das konnte nur einen Grund haben. »Ist Nicola in Ordnung?« fragte Ed voller Angst.

»Ja, ihr geht es gut, auch euer Hund ist wohlauf«, erwiderte Gerald und nannte Ed den Namen und die Adresse der Nachbarin, die beide bei sich aufgenommen hatte.

»Bist du sicher, daß Nicola nicht doch irgendwie verletzt ist?«

»Ich bin mir absolut sicher. Ihr geht es ganz gut, Ed.«

»Und was ist mit dem Feuer, Gerald?«

»Nun, es war nicht so schlimm.«

Ed spürte, daß diese Worte nicht überzeugend wirkten. »Wirklich nicht so schlimm?« forschte er nach.

Gerald zögerte, bevor er mit leiser Stimme sagte: »Nein, Ed. Ich fürchte, es sieht ziemlich schlimm aus.«

»Ich bin in ungefähr fünfzig Minuten da«, sagte Ed. »Und vielen Dank, Gerald.«

Ed stürmte aus dem Büro und hastete die Treppen zum Auto hinunter. »Sie hat unser Haus in Brand gesteckt«, erklärte er Pam. »Aber ihr und Emma geht es gut.«

Pam kauerte sich in ihrem Sitz zusammen und stöhnte vor Verzweiflung auf.

Sally brach in Tränen aus, sie schluchzte und rief: »O diese Hexe! Was hat sie mit unserem schönen Haus gemacht? Ich werde ihr das nie verzeihen, niemals.« Als Ed losfuhr, verfiel sie in ein leises, unterdrücktes Schluchzen. Sie hatten Skate City beinahe erreicht, als sie ihr Schweigen brach, indem sie mit schriller Stimme schrie: »Ich habe ihr den Schlüssel gegeben. Bitte verzeiht mir.«

Vor Angst und Kummer schon völlig durcheinander war Ed drauf und dran, wutentbrannt zu antworten, aber Pam warf ihm einen Blick zu und sagte: »Nicht, Ed. Selbst wenn sie ihr nicht den Schlüssel gegeben hätte, wäre Nicola irgendwie zurück ins Haus gekommen.«

Ganz aufgeregt erwartete Johnnie, daß seine Eltern kamen. Er wollte ihnen unbedingt die Medaille zeigen, die er sich nach dem harten Training verdient hatte. Er lief zum Auto und begann fröhlich: »Schau, Dad, ich habe ...«

»Steig ein, mein Sohn«, sagte Ed. »Wir haben jetzt keine Zeit. Nicola hat unser Haus angesteckt.«

Verwirrt und aufgebracht setzte sich Johnnie neben seine Schwester in den Fond. Wie früher mit dem Tanzen hatte sie es wieder geschafft, seine Leistung zu übertreffen, aber diesmal auf die schrecklichste Art und Weise. Seine Eltern konnten sich natürlich nicht für seine kleine rote Medaille interessieren, wenn seine ältere Schwester offensichtlich ihr Haus zerstört hatte.

Als sie in die Camden Road bogen, sahen sie sofort den Feuerwehrwagen, der wie ein Wachposten vor ihrem Haus stand. Zuerst aber hielt Ed vor dem Haus der Nachbarn, die sich um Nicola gekümmert hatten. Pam wollte zunächst ihre Tochter sehen, und ohne die Straße hinauf zu ihrem Haus zu blicken, stieg sie hastig aus dem Auto.

Mit seinen zwei jüngeren Kindern fuhr Ed langsam zu ihrem Haus. Als sie neben dem Feuerwehrwagen bremsten, schaute Ed zu den erschöpften, rußgeschwärzten Feuerwehrleuten hinüber, die an ihrem Wagen herumstanden wie Soldaten, die nach der Schlacht auf weitere Instruktionen warteten.

Erst als er aus seinem Wagen gestiegen war, wagte er einen Blick auf das Haus zu werfen. Sofort verspürte er ein Gefühl der Erleichterung. Die Vorderfront des Hauses schien nicht in Mitleidenschaft gezogen worden zu sein, jedenfalls waren keine Schäden zu erkennen. Nur die Fenster waren schwarz gefärbt, wie bei einem teuren Coupé oder bei einem ausländischen Diplomatenwagen.

»Mr. Owen?«

Ed wandte sich um und schaute einen ernst dreinblickenden Feuerwehrmann an. »Ja, das bin ich«, antwortete er.

»Ich begleite Sie zu Ihrem Haus.«

»Vielen Dank.«

Die beiden Männer überquerten den Rasen und betraten das Haus. Unbemerkt folgten ihnen Johnnie und Sally dichtauf.

Im Innern war überall der durchdringende, stechende Geruch gelöschten Feuers zu spüren, der noch für Monate bleiben sollte, auch als die Renovierungen und Malerarbeiten längst abgeschlossen waren. Die Teppiche hatten sich voll Wasser gesaugt, und bei jedem Schritt gab es ein platschendes Geräusch. Ed schaute den Treppenaufgang hinauf. Alles dort war schwarz, als hätte irgendein Verrückter alles mit flüssigem Teer bestrichen.

»Das Feuer begann in dem Schlafzimmer über der Küche«, sagte der Feuerehrmann so nüchtern, als würde er den Wetterbericht vorlesen. »Ich bin unterrichtet worden, daß dieses Zimmer ihrer ältesten Tochter gehört.«

Bar jeden Gefühls konnte Ed nur langsam nicken.

Der Feuerwehrmann öffnete die Küchentür. Der Raum hatte keine Decke mehr, es gab auch kein Schlafzimmer mehr darüber. Ein Loch gähnte im Dach, und durch die vom Feuer beschädigten Dachbalken konnte Ed den grauen Himmel sehen. Ganz oben hing sonderbar schief der Tank für kaltes Wasser, aus dem aus einem schadhaften Rohr Wasser auf den schwarzen, völlig verkohlten Küchenboden tropfte.

»Ich werde Ihnen auch noch den oberen Bereich des Hauses zeigen, aber passen Sie auf. Einige Stufen sind verbrannt.«

Stumm folgte Ed dem Einsatzleiter die Treppe hinauf. In Nicolas Zimmer gab es keine Schränke mehr, nur noch verkohltes Mauerwerk. Ein paar schwarze Querbalken waren noch zu sehen.

»Ich muß Sie fragen, ob Sie auf dem Dachboden irgendwelche Chemikalien aufbewahrt haben.«

»Nein«, murmelte Ed. »Warum fragen Sie?«

»Weil das Feuer mit außergewöhnlich großer Hitze brannte. Das ist für einen Brand in einem Wohnhaus recht ungewöhnlich. Es bildeten sich so schnell Gase, daß wir das Dach über dem nächsten Schlafraum aufbrechen mußten, damit die Gase entwichen und das Haus nicht explodierte. Eine Minute später, und Sie hätten alles verloren.«

»Ich verstehe nicht ganz, Officer.«

»Das Feuer war so stark, als wäre es von Benzin oder irgendwelchen Chemikalien genährt worden. Es griff rasch um sich und breitete sich fast im gesamten Dachboden aus, und es erfaßte die gesamte Dachpappe. Das geschmolzene Bitumen und der Rauch versengten und schwärzten den Rest des Hauses, den die Flammen nicht erreichten.«

Ed nickte. Es war schwer für ihn, das aufzunehmen und zu verstehen, was ihm gesagt wurde. Was er um sich herum erblickte, sagte ihm auch so alles. Er stand in den rußgeschwärzten Trümmern vor etwas, das vor ein paar Stunden noch sein Haus gewesen war, für das er und seine Frau so lange geschuftet hatten.

»Wir mußten die brennenden Gegenstände aus dem Dachboden in den Garten werfen, um sie da zu löschen«, setzte der Einsatzleiter seinen Bericht fort. »Komischerweise gibt es dort oben eine schwere Holzkiste, die alles unbeschädigt überstanden hat.«

Während Ed die übrigen Schäden gezeigt wurden, sahen Sally und Johnnie sich auf eigene Faust um und betrachteten die Zerstörung. Sally hielt den Atem an, als sie sich auf Zehenspitzen dem Abgrund näherte, der einmal das Zimmer ihrer Schwester gewesen war. Dann kehrte sie zu ihrem Zimmer zurück. Alles war vom Rauch geschwärzt worden. Sie zog die oberste Schublade eines schwarzen Gebildes auf, das einmal ihre weiße Kommode gewesen war, und entdeckte, daß ihre Unterwäsche, die am Morgen noch sauber gewesen war und nach Lavendel gerochen hatte, nun aussah und roch wie schwarze, ölige Stoffetzen. Als sie die unterste Schicht Wäsche anhob, stellte sie überrascht fest, daß selbst der Boden der Schublade wie alles im Raum völlig verkohlt war.

»Komm und schau dir mein Zimmer an, Sally.« Johnnie, der einen zutiefst verwirrten Eindruck machte, stand an der Tür.

Sally folgte ihm in sein Zimmer, das am Morgen noch mit Modellflugzeugen geschmückt gewesen war – Bomber aus dem zweiten Weltkrieg, modernen Jets und Verkehrsflugzeugen. Die Drähte, an denen die Modelle in unterschiedlichen Höhen und Ecken gehangen hatten, waren noch da, aber anstatt Flugzeugen hingen dort jetzt unförmige, schwarze, geschmolzene Plastikklumpen.

»Es tut mir so leid, Johnnie«, sagte Sally und legte ihren Arm um seine Schulter.

Den Tränen nahe sagte Johnnie mehr zu sich selbst als zu seiner Schwester: »Alles, was ich gemacht habe, hat Nicola mir immer kaputtgemacht.«

»Aber schau, Johnnie, dein Fisch lebt noch!« rief Sally aufgeregt und deutete auf das Aquarium, wo unter einer dicken Schicht Ruß der Tropenfisch umherschwamm.

Aber Johnnie war untröstlich. Er stürzte aus dem Zimmer und suchte in der Toilette im Erdgeschoß Zuflucht, die anders als der Rest des Hauses erstaunlich sauber war. Nachdem er die Tür verschlossen hatte, setzte er sich und begann zu schluchzen.

Sally lief die Treppe hinunter und gesellte sich zu ihrem Vater. Der Einsatzleiter der Feuerwehr war mittlerweile gegangen. Ed stand allein im Wohnzimmer und starrte auf die Trümmer.

Ganz unerwartet klingelte plötzlich das Telefon. Inmitten all des Durcheinanders funktionierte es wenigstens noch. Paul Ashburner rief an, um mitzuteilen, daß Pam mit Nicola in einem Krankenwagen zum Krankenhaus gefahren war. Seine Frau habe außerdem ein Zimmer für Ed und Pam zurechtgemacht. Gerald und Vicky Keyes, andere Nachbarn, würden sich um Sally und Johnnie kümmern. Überwältigt von der Hilfe, die seine Nachbarn zusammentrommelten, konnte Ed nur sein »Vielen Dank« schluchzen.

Als Ed dann Sally Bescheid gegeben hatte, wer sich um sie kümmern würde, fragte er sie, ob sie wüßte, wo Johnnie geblieben war.

»Ich glaube, er ist hier unten auf der Toilette«, entgegnete sie. »Aber vielleicht ist er auch in deinem Arbeitszimmer und sieht nach seinen Schulbüchern.«

Bevor er nach seinem Sohn suchte, rief Ed rasch seine und Pams Eltern an, um ihnen zu sagen, was passiert war. »Macht euch keine Sorgen«, erzählte er ihnen. »Ich werde euch auf dem laufenden halten.«

Als Ed auf die Wohnzimmertür zustrebte, fragte Sally ihn: »Darf ich telefonieren, Dad?«

Ganz in Gedanken entgegnete Ed: »Ja, aber beeil dich. Mr. Keyes ist unterwegs, um dich und Johnnie abzuholen.«

Dann war Sally allein. Sie nahm den Hörer ab und konnte es kaum erwarten, ihrem neuen Freund die Neuigkeit zu erzählen. Aber als er an den Apparat kam, tat sie alles, um möglichst kühl zu erscheinen und nicht zu aufgeregt zu klingen: »Meine Schwester hat unser ganzes Haus angesteckt. Ich wohne jetzt bei den Keyes.«

Nach einer kurzen Pause des Schweigens erwiderte der Junge kurz angebunden: »Ich will damit nichts zu tun haben. Deine Schwester muß verrückt sein. Rechne nicht mehr mit mir. Ich will diesen Ärger nicht!« Und dann legte er auf.

In der Ferne hörte man den metallischen Klang von Schritten, die auf dem Korridor widerhallten, dann trat Stille ein. In der Nähe sprach ein Mann beruhigend auf ein weinendes Kind ein. Ganz nahe hörte ich ein leises Dröhnen, das vermutlich von der Heizung kam. Obwohl ich mich noch ziemlich benebelt fühlte, wußte ich wegen des unverkennbaren Geruchs von starkem Desinfektionsmittel, daß ich in einem Bett im Krankenhaus lag.

Ich öffnete meine Augen und sah mich in dem kahlen, weißen Raum um. Zu meinem Entsetzen saß ein junger Polizist unauffällig in einer Ecke. Er starrte mich an. Ich bemerkte plötzlich, daß das Nachthemd, das ich trug, viel zu klein war, so daß die Bänder es nicht zusammenhielten und mein Rücken entblößt war.

»Was tun Sie hier?« fragte ich den Polizisten.

»Du hast ein Beruhigungsmittel bekommen und bist ins Krankenhaus gebracht worden, weil du unter Schock standest«, erwiderte der Mann schroff. »Du wirst bald in Gewahrsam genommen werden und wirst eine Erklärung abgeben müssen.« Dann beugte er sich vor. Er konnte sich nicht länger beherrschen und fragte: »Warum hast du das getan?«

Ich starrte ihn dumpf an. Ich konnte ihm nichts entgegnen, daher schüttelte ich nur langsam den Kopf. Ich spürte nichts – keinen Schock, keine Reue, keine Schuld.

Die Tür wurde geöffnet, und Mum kam mit einer Schwester herein. Ich bemerkte mit einem Seitenblick, wie ausgelaugt und traurig sie war, aber ich wollte nicht mit ihr sprechen, also wandte ich mich ab.

»O Nicola«, sagte sie mit klagender Stimme, »was hast du nun wieder angestellt? Was können wir nur tun, um dir zu helfen?«

Es enttäuschte mich, daß sie nicht wütend war. Warum geriet sie nicht außer Fassung? Warum schrie sie nicht? Warum schlug sie mich nicht oder fluchte und brach regelrecht zusammen? Warum war sie so widerwärtig mitfühlend freundlich?

Weder mußte ich auf ihre Frage antworten, noch hatte sie die Zeit, noch etwas anderes zu sagen, denn draußen im Korridor konnte man hören, wie Dad mit erhobener Stimme die ganze Ärzteschaft wüst beschimpfte. »Und noch eines, Doktor«, schrie er. »Vor einer Woche hat meine Frau die psychiatrische Klinik angerufen, um einen Termin festzumachen. Sie war voller Sorge um Nicola und mit ihrem Latein am Ende. Man versuchte sie abzuwimmeln, und dann machte man höchst widerwillig einen Termin für nächste Woche, obwohl meine Frau immer wieder erklärte, daß es sich um einen Notfall handelte. Nun ist es zu spät, nicht wahr? Nun hat Nicola das Haus in Brand gesteckt. Ja, das genau ist passiert. Ich habe mit einer Menge Leute von ihnen zu tun gehabt. Kommen Sie mir nicht mit irgendwelchen Psychiatern und anderen Experten für ... wie immer Sie das nennen wollen. O ja, Geisteskrankheit! Sie glauben doch, daß es eine Geisteskrankheit ist, nicht wahr?«

Dad stürmte ins Krankenzimmer. Sein Gesicht war rot vor Zorn. Er wies auf mich und rief: »Du verdammte, schreckliche, kleine Hexe! Dieses Mal hast du es wirklich geschafft. Du hast unser Heim zerstört – Sallys Heim, Johnnies Heim, Mums Heim und auch meines. Ja, das hast du getan. Du willst alles zerstören, nicht wahr? Nun, ich sage dir eines: Alles, was du zerstört hast, das bist du selbst.«

»O bitte nicht, Ed!« flehte Mum und legte ihre Hand auf seinen Arm.

Dad schob ihren Arm beiseite und brüllte: »Komm schon, Pam. Laß uns gehen!« Und mit diesen Worten eilte er aus dem Zimmer. Mum warf mir noch einen kurzen Blick zu. Ihre Augen waren voller Tränen. Dann lief sie hinter Dad her, dessen dröhnende Schritte ich draußen im Gang hören konnte.

Abgrundtiefer Haß hatte Dads Gesicht verzerrt; er hatte ausgesehen, als wollte er mich umbringen. Zum erstenmal begann ich mich wirklich zu fürchten. Ich wußte nicht, was mit mir geschehen würde. Obwohl der Polizist in der Ecke saß, hatte ich bis jetzt nicht daran geglaubt, daß ich vielleicht eingesperrt werden könnte. Ich hatte angenommen, daß Dad auftauchte, um alles in Ordnung zu bringen und mich mit nach Hause zu nehmen.

Ein paar Momente später traten Nanny und Großvater ins Zimmer. Beide sahen mitgenommen aus und hatten geweint. Nanny eilte zu meinem Bett, und als sie mich umarmte und küßte, schluchzte sie: »Warum hast du das getan, Nicola?«

»Ich weiß es nicht, Nanny. Ich wollte einfach nur sterben.«

»Du mußt dir keine Sorgen machen, Nicola«, sagte sie

sanft. »Was immer auch geschieht, dein Großvater und ich werden alles tun, was wir können, damit du wieder gesund wirst.«

Dann konnte sie nichts mehr sagen, weil eine Polizistin hereinkam und sagte: »Es tut mir leid, aber Sie müssen jetzt leider gehen. Wir bringen diese junge Dame nun auf die Polizeiwache.«

Kaum hatten meine Großeltern das Zimmer verlassen, da forderte die Polizistin mich auf, mein Nachthemd abzulegen und statt dessen wieder meinen Pullover und die Turnschuhe anzuziehen.

Ich warf einen Blick auf den jungen Polizisten, der noch immer in der Ecke saß und sagte: »Meinen Sie, ich soll mich hier auf der Stelle umziehen?«

»Natürlich«, erwiderte die Polizistin kurz angebunden.

Ich blickte wieder zu dem Polizisten hinüber, und er drehte den Kopf und schaute zur Wand. Weil ich wußte, wie widerwärtig mein fetter Körper aussah, wenn ich nackt war, zog ich hastig das Nachthemd aus. Während ich mit meinen kraftlosen Armen meine riesigen Brüste und meinen aufgeschwemmten Bauch bedeckte, versuchte ich gleichzeitig, mir den Pullover über den Kopf zu zerren. Ich stellte mich so ungeschickt an, daß die Polizistin mir helfen mußte. Ich war so durcheinander, daß sie mir sogar die Schnürsenkel an meinen Turnschuhen binden mußte.

Während sie sich über meine Schuhe beugte, sagte sie: »Wie bist du dazu gekommen?« Doch sie ließ mir keine Zeit zu antworten und fuhr fort: »Das Haus deiner Eltern ist verwüstet. Der Schaden muß in die Tausende gehen. Was, zum Teufel, ist da in dich gefahren? Warum hast du das getan?«

Ich starrte auf meine Schuhe und sagte nichts.

Von zwei Polizisten begleitet, wurde ich aus dem Krankenhaus zu einem wartenden Streifenwagen gebracht und dann noch Bexleyheath zur Polizeistation gefahren.

Dort führte eine Polizistin mich in ein kleines Büro. Hinter einem schweren Schreibtisch, der mit halbleeren Kaffeetassen und vollen Aschenbechern übersät war, saß ein großer Kriminalbeamter mittleren Alters. Er hatte sein Jackett abgelegt und die Ärmel seines blauen Hemdes hochgekrempelt. Die obersten zwei Knöpfe waren offen, und seine schwarze Krawatte hing lose herab. Unter seinen Armen sah man dunkle Schweißflecke.

Neben dem Beamten saß ein Polizist in Uniform, dessen Aufgabe es offensichtlich war, unser Gespräch in einem großen Notizblock mitzuschreiben.

Ich wurde aufgefordert, mich zu setzen. Dann fragte die Polizistin, die mich aus dem Krankenhaus geholt hatte, ob ich eine Tasse Kaffee wünschte. Dankbar nickte ich.

Dann begann das Verhör. Der Kriminalbeamte hatte eine weiche, freundliche Stimme und ein freundliches Gesicht mit durchdringenden grünen Augen. Wenn er nicht rauchte, spielten seine vom Nikotin gelb gefärbten Finger unaufhörlich mit einem Bleistift herum. Er jagte mir überhaupt keine Angst ein, und ich versuchte ihm alles zu sagen, was er von mir wissen wollte.

Die ganze Zeit fror ich ziemlich, weil ich nur meinen schwarzen, weiten Pullover trug. Also war ich froh, als die Polizistin mir endlich den Kaffee brachte. Ich hielt die Tasse ganz fest in beiden Händen, um sie zu wärmen. Als ich an dem unerwartet bitteren Kaffee nippte, starrte ich die kahlen, gelben Wände des Raumes und das einzige Fenster an. In einer Ecke unter der Decke entdeckte ich einen großen Flecken modernder Feuchtigkeit. Das ganze Zimmer stank modrig – eine widerliche Mischung von altem Schweiß und Zigarettenrauch. Ich spürte, daß ein Asthmaanfall nahte. So etwas passierte immer dann, wenn ich unter schwerem Streß stand.

Als es mir vorkam, als hätte er mir stundenlang Fragen gestellt, sagte der Beamte voller Nachsicht: »Nun, Nicola, wir haben einige Einzelheiten von dem erfahren, was heute passiert ist. Du willst oder vielleicht kannst du uns nicht sagen, warum du das Haus deiner Eltern in Brand gesteckt hast. Also möchte ich ein paar andere Dinge über deine Vergangenheit herausfinden. Vielleicht gelingt es uns, auf diese Weise zu entdecken, was geschehen ist, daß du zu solch einer Tat kommst. Du siehst, Nicola, wir wollen die beste Lösung für dich finden. Das Gericht wird vielleicht eine psychiatrische Behandlung empfehlen, die dir helfen kann, aber zuerst mußt du uns helfen. Verstehst du, Nicola?«

Ich nickte, und er stellte weiter Fragen. Gelegentlich unterbrach der junge Polizist uns, der eifrig alles notierte, und sagte: »Kannst du das wiederholen?« Dann wieder kritzelte er hastig etwas auf ein anderes Blatt Papier, um seinen kaputten Kugelschreiber wieder zum Schreiben zu bringen.

Schließlich war dieses über alle Maßen lange Verhör beendet. »Heute ist Samstag«, erklärte der Kriminalbeamte. »Du kannst erst am Montagmorgen dem Richter vorgeführt werden, also wirst du zwei Nächte in Polizeigewahrsam verbringen.«

Die Polizistin führte mich in eine kleine, längliche Zelle. Der Boden bestand aus grauem Beton, und die weißgefliesten Wände waren mit Graffiti übersät. Sehr weit oben befand sich ein kleines, vergittertes Fenster, durch das ich immerhin erkennen konnte, daß es draußen dunkel war. An einer Seite der Zelle stand eine Holzbank, in die eine weiße Toilette eingelassen war. Daneben lag eine Rolle weißes Toilettenpapier. Außerdem gab es eine ordentlich gefaltete braune Decke. Wie soll ich hier schlafen können? dachte ich. Das ist kein richtiges Bett. Warum kommen Mum und Dad nicht und holen mich hier raus?

Unter der Bank entdeckte ich ein Drahtgitter, das mit Staub bedeckt war. Es war wahrscheinlich die Heizung, aber sie schien nicht zu funktionieren, denn es war bitterkalt in der Zelle.

»Zieh dich aus«, sagte die Polizistin.

Gehorsam tat ich, was sie von mir verlangte.

»Beug dich nach vorn«, sagte sie dann und streifte sich einen Gummihandschuh über die rechte Hand. »Ich muß nachsehen, ob du nicht irgendwelche Drogen versteckt hast.«

Nachdem sie alles untersucht hatte, hörte ich wie betäubt zu, als sie sagte: »Du bist als selbstmordgefährdet eingestuft worden, Nicola. Daher wird ein Polizist die ganze Nacht vor deiner Zelle Wache stehen. Aber damit du gut schläfst, kommt gleich ein Arzt und gibt dir ein paar Schlaftabletten.«

Ich setzte mich völlig leer und verzweifelt auf die harte, hölzerne Bank und versuchte mich aufzuwärmen, indem ich mich in die Decke hüllte. In der Ferne hörte ich, daß Leute in die Polizeistation kamen und wieder gingen. Ich nahm das alles wahr, und doch kam es mir unwirklich vor. Ich war einsam und voller Angst. Warum hatte man mich in diese schreckliche Zelle gesperrt? Ich konnte nicht einmal irgend jemanden anrufen, um zu erfahren, was eigentlich vor sich ging.

Warum sind Mum und Dad nicht hier? dachte ich völlig verzweifelt. Warum kommen sie nicht und bringen alles in Ordnung? Warum haben sie mich hier alleingelassen? Warum haben sie mir nicht ein besseres Bett verschafft?

Als ich langsam einschief, dachte ich an das Mädchen zurück, das ich einmal gewesen war. Was war mit diesem Mädchen geschehen? Es war alles so lange her. Wo bist du nun, Nicola? Wohin bist du gegangen?

12.
Gefängnis

An diesem Samstagabend blieben Ed und Pam bei ihren Nachbarn, den Ashburners. Sie waren von den traumatischen Ereignissen tief erschüttert worden und konnten daher von dem hervorragenden Essen, das für sie bereitet worden war, nur sehr wenig probieren. Da sie versuchten, weder über Nicola noch über das Feuer zu reden, verlief das Gespräch recht steif und einsilbig. Für beide war es eine Erlösung, als sie sich endlich entschuldigen und ins Bett gehen konnten.

Pam hatte das Haus noch gar nicht gesehen, aber sie mußte einfach den schrecklichen Ereignissen entfliehen und schlief schnell ein. Ed aber konnte keine Ruhe finden. Zornige Gedanken und Erinnerungen rasten ihm durch den Kopf. Als er versuchte, sein Schluchzen zu unterdrücken, begann plötzlich sein ganzer Körper zu zittern.

Von einem Moment auf den anderen war Pam wieder wach. »Was ist los mit dir?« fragte sie ungehalten.

»O meine arme Nicola!« rief Ed. »Es ist so schrecklich! Was sollen wir nur tun, Pam? Arme Nicola! Sie wird ins Gefängnis kommen. Unsere Tochter wird ins Gefängnis kommen!«

In diesem Augenblick hatte Pam das Gefühl, sie brauchte einen Ehemann, der sich als stark erwies, statt dessen lag er neben ihr und heulte wie ein Kind. »O du Schwächling!« rief sie. »Schlaf endlich!«

Schließlich schaffte er es, sein kummervolles Schluchzen zu unterdrücken, aber er zitterte weiter und lag die ganze Nacht wach.

Am Morgen weckte mich eine Polizistin, die mir eine Tasse Tee und ein Schinkensandwich brachte. Ich machte mich heißhungrig darüber her.

Später wurde ich aus meiner Zelle geführt, damit man mir die Fingerabdrücke abnehmen und mich fotografieren konnte. Eine Kamera wurde auf einen Dreifuß gesetzt, und ich wurde angehaltan, den Polizisten und niemanden sonst anzuschauen. Dann mußte ich mich zur Seite drehen, damit man zwei andere Fotos schießen konnte. Während diese Fotos gemacht wurden, fiel mir ironischerweise ein, daß es eine Zeit gegeben hatte, wo ich mich vor einer Kamera in Pose warf, weil Leute mich als Modell dafür bezahlten.

Nachdem ich in meine Zelle zurückgebracht worden war, erfuhr ich, daß ich zu einem anderen Polizeirevier überstellt werden sollte, wo es Einrichtungen für Frauen gab.

Aber dort bekam ich lediglich eine Zelle, die beinahe genauso aussah, allerdings noch dunkler war. Ich wurde eingeschlossen, und dann lag ich auf der Bank und hüllte mich in die Decke ein. Stunde um Stunde verbrachte ich so. Es gab nichts, nur das Warten. Ich war gewöhnt daran, irgendwelche Dinge zu tun, wenn ich mich beschäftigen wollte, aber in der Zelle gab es nichts, was ich tun konnte. Das Licht war furchtbar schwach, also schlief ich viel.

Am Sonntagmorgen gingen Ed und Pam zum örtlichen Polizeirevier, um ihre Aussage zu machen. Sie brachten dort mehrere Stunden zu, ohne zu wissen, daß Nicola sich in einer Zelle unter ihnen befand. So weit sie informiert waren, hatte man ihre Tochter vom Krankenhaus direkt ins Halloway-Gefängnis gebracht. Bevor sie das Revier wieder verließen, bat sie der diensthabende Polizist, ihnen einige Kleider für Nicola zu geben. Das war allerdings nicht so einfach. Alle ihre Sachen waren durch das Feuer vernichtet worden. Als Ed und Pam zu ihren Nachbarn zurückgekehrt waren, um etwas zu essen, sagte Mrs. Ashburner zum Glück, daß sie ein paar Kleider gefunden hatte, die Nicola passen würden. Nach dem Essen brachten Pam und Ed die Sachen zum Revier, danach fuhren sie zu ihrem Haus.

Ed bemerkte, wie Pam erblaßte. Schwarze, verkohlte Überreste des Hauses lagen auf der Terrasse verstreut sowie auf den Rosenbeeten, die zur Rasenfläche führten. Auf halbem Weg zwischen dem kleinen Wasserfall und dem Teich lag völlig verschmutzt und zertrampelt das blaue und orangefarbene Zelt der Familie. Aus dem schwarzen, feuchten Schmutz ragten ein paar glänzende, metallene Gegenstände hervor. Zögernd nahmen sie die Metalldinge in die Hand. Es waren einige wenige der hundertdreißig Medaillen, die Nicola auf irgendwelchen Tanzwettbewerben gewonnen hatte.

Das Licht begann schon zu schwinden, als sie das Haus betraten. Als sie sich umsahen und all die entsetzlichen Dinge in sich aufnahmen, wandte sich Pam an Ed und sagte leise: »Was machen wir nun?«

»Zuerst«, sagte Ed zuversichtlich, »lassen wir diese nassen Teppiche reinigen. Tony Dean macht so etwas. Ich werde ihn anrufen.«

»Aber es gibt keinen Strom, Eddie«, widersprach Pam. »Wir brauchen Licht hier drinnen. Ich denke, ich werde Mrs. Green anrufen und hören, ob sie eine Campinglampe hat.«

Sie tätigten also ihre Telefonate. Tony Dean versprach nicht nur, sich um die Teppiche zu kümmern, er fand auch einen Elektriker und einen Bauunternehmer, die beide mit der Arbeit beginnen konnten und die am nächsten Morgen um acht vorbeikommen würden. Binnen einer Stunde tauchte die rechtschaffene Mrs. Green mit ihrem Mann und einer großen Campinglampe auf.

Das war der Beginn einer großen Welle der Hilfsbereitschaft, die die Owens sowohl von ihren Freunden wie auch von den Freunden ihrer Kinder erfuhren. Freiwillige Helfer entfernten die Tapeten, säuberten die vom Rauch geschwärzten Decken, brachten etwas zu essen, oder sie suchten in dem Schutt nach Überresten von Möbeln oder sonstigen Wertgegenständen, um der Versicherung zu beweisen, daß diese Dinge sich während des Feuers wirklich im Haus befunden hatten.

Nach meiner einsamen Nacht in der Zelle bekam ich eine Tasse Kaffee und ein Sandwich mit Ei, das ich, weil ich es so gewöhnt war, gierig verschlang.

Eine Polizistin brachte mir dann ein Paket mit Kleidern und forderte mich auf, die Sachen anzuziehen, damit ich dem Gericht vorgeführt werden konnte.

Als ich das Paket öffnete, erkannte ich nichts von den Kleidern und der Unterwäsche wieder, also fragte ich die Wärterin: »Wo kommen diese Sachen her?«

»Deine Mutter hat sie gestern vorbeigebracht.«

»Warum hat sie mich nicht besucht?«

»Sie hat die Kleider bei ihrer Polizeiwache abgegeben, und du warst hier«, erwiderte die Polizistin. »Außerdem darfst du keinen Besuch empfangen.«

Ich glaubte der Polizistin nicht. Ich wußte, aus irgendwelchen Gründen hatte meine Mutter beschlossen, mich nicht zu sehen.

Als ich angezogen war, wurde ich aus der Zelle zu zwei anderen Frauen geführt. Sie sahen sehr grobschlächtig aus, mit ungewaschenen Haaren und ziemlich zerknitterten Kleidern. Sie bedachten mich mit keinem Blick, aber sie wirkten genauso erschöpft, wie auch ich wirken mußte.

Wir drei wurden in einen grünen Transporter mit vergitterten Fenstern geführt. In seinem Innern war es kalt, und es roch muffig. Zigarettenkippen lagen auf dem Boden, und die Schaumstoffsitze waren aufgeschlitzt.

Schweigend saßen wir da, während der Wagen anfuhr. Es war mehr als seltsam, durch eine Gegend zu fahren, in der ich so lange gelebt hatte, und zu wissen, daß ich nicht mehr die Freiheit besaß, durch diese Straßen zu gehen. Die einst so schöne, talentierte Tänzerin saß nun eingesperrt in einem Polizeitransporter, der sie zum Gerichtsgebäude brachte.

Der Wagen näherte sich dem Gericht von der Rückseite und bremste vor zwei großen Metalltoren, die sich langsam öffneten. Wir schienen in eine große Garage gefahren zu sein. Die Türen schlossen sich wieder. Dann wurden wir drei aus dem Transporter in das Gebäude geleitet, wo wir unter dem Gerichtssaal jede eine Zelle zugewiesen bekamen.

Die Wärterin, die mich einsperrte, war sehr freundlich und brachte mir eine Tasse Kaffee. Obwohl sie ein Glasauge hatte, sah sie sehr gut aus mit ihrem glänzenden, gelbbraunen Haar und ihrer schlanken Figur. Ich fühlte mich gleich viel besser, als ich wußte, daß sie da war.

Ich saß allein auf einer langen Holzbank in der geräumigen Zelle und starrte auf die mit schweren Bolzen verriegelte Tür. Es war kalt, trostlos und einfach niederschmetternd hier. Frühere Insassen hatten irgendwelche unfeinen Botschaften an die rauhen Wände gekritzelt. Von einer der Glühbirnen drang ständig ein Summen, weil der Glühfaden kurz davor war zu reißen. Ansonsten konnte ich kaum etwas wahrnehmen. Manchmal hörte ich lediglich seltsames Gelächter aus dem Büro, das unten am Gang lag.

Plötzlich rasselten die Schlüssel. Die Tür wurde geöffnet, und ich wurde aus der Zelle die Treppe hinaufgeführt, um Mary zu treffen, eine verständnisvolle Kriminalbeamtin, die meinen Fall behandelte. Zusammen warteten wir vor dem Gerichtssaal.

Als mein Fall besprochen werden sollte, wurde ich in den Saal geleitet. Mir wurde gesagt, daß ich zu einer genau abgegrenzten Stelle gehen sollte. Erhöht saßen vor mir drei Richter mittleren Alters. Ich schaute mich im Gerichtssaal um und entdeckte an einer Seite Mum und Dad, die aufrecht und starr wie leblose Statuen dasaßen.

Ich wurde der Brandstiftung angeklagt und für schuldig befunden. Als ich nach meinem Wohnsitz gefragt wurde, antwortete ich: »Keinen festen Wohnsitz«, denn ich nahm an, daß Mum und Dad mich verstoßen hatten.

Dann stand Dad auf und begab sich zum Zeugenstand, wo er erklärte, daß ich bei ihm und Mum immer ein Zuhause haben würde. Aber ich nahm gar nicht richtig wahr, was er sagte. Ich konnte ihn nicht einmal anschauen.

Mir wurde erklärt, daß ich noch eine Woche in Gewahrsam bleiben würde, so daß weitere Beweise und Aussagen zusammengetragen werden konnten. Außerdem sollte ein Bericht erstellt werden. Das alles spielte für mich keine Rolle. Es kümmerte mich nicht, daß ich zurück ins Gefängnis ging. Ich schien alles Gefühl verloren zu haben. Ich fühlte mich in meinem Innern nur noch völlig taub.

Ich wurde zurück in die Zelle gebracht. Dann kam der Augenblck, den ich so gefürchtet hatte: meine Eltern wollten mich besuchen. Ich kann mich an die Begegnung nicht mehr richtig erinnern. Ich weiß nur noch, daß mein Vater mich an sich drückte und meine Mutter die ganze Zeit weinte. Dann verschwanden sie wieder, und ich blieb allein in der Zelle.

Entsetzt und verwirrt verließen Ed und Pam langsamen Schrittes das Gerichtsgebäude. Als sie beinahe die Eingangstür erreicht hatten, näherte sich ihnen eine junge Polizistin, stellte sich ihnen vor und erklärte, daß sie mit Nicolas Fall betraut sei. »Haben Sie einen Anwalt, Mr. Owen?« fragte sie.

»Nicht für eine solche Angelegenheit«, erwiderte Ed.

»Ich hoffe, Sie verstehen, daß es nicht meine Aufgabe ist, Ihnen einen Ratschlag zu geben«, sagte die Frau, die offensichtlich ein wenig besorgt war. »Aber ich würde Ihnen vorschlagen, einmal mit jemandem von der Kanzlei Smythe und Notcutt zu sprechen. Deren Büro liegt ein Stück die Straße hinunter auf der linken Seite. Sie würden Ihnen sicherlich bei dieser Sache weiterhelfen können.«

Ed dankte der Polizistin. Sie setzten deren Rat sofort in die Tat um und begaben sich zu der Kanzlei. Dort erklärten sie Mr. Smythe, was geschehen war. Der Anwalt war ein liebenswürdiger Mann in mittleren Jahren, der Ed durch seine rasche Auffassungsgabe und seine Entschiedenheit beeindruckte.

Nachdem sie die Fakten vorgebracht hatten, sagte Mr. Smythe: »Ich würde vorschlagen, daß wir es bei diesem ersten Termin kurz machen, denn dann bleibt mir Zeit genug, zum Gericht zu gehen und mit Nicola selbst zu sprechen.« Dann verabredeten sie sich für den nächsten Tag, und Mr. Smythe machte sich sogleich auf, seine neue Klientin im Gerichtsgebäude in Augenschein zu nehmen.

Ed und Pam kehrten in das Durcheinander in ihrem Haus zurück. Wenige Minuten später tauchten zwei Kriminalbeamte auf.

»Wir haben einen Bericht von der Feuerwehr«, wandte sich der eine Beamte an Ed, »der besagt, daß möglicherweise Benzin oder entflammbare Chemikalien benutzt worden sein könnten, um das Feuer zu entfachen, zumindest könnten sie das Feuer angeheizt haben. Der Bericht sagt außerdem, daß das Feuer schnell um sich griff und eine extreme Hitze entwickelte.«

»Es waren keine Chemikalien oder Benzin im Haus, Officer«, entgegnete Ed. »Aber es gab sechs oder sieben Kartons mit Papieren auf dem Dachboden, genau über Nicolas Zimmer, wo das Feuer ja ausgebrochen ist.« Ed zeigte ihnen alles. Man konnte sich auch leicht vorstellen, wie ein Stapel Papier sich entzündete und eine Feuersäule zum geteerten Dach hinaufschoß. Mit einer Trittleiter stiegen die beiden Beamten auf den Dachboden hinauf, um sich umzuschauen. Nachdem sie wieder gegangen waren, tauchte die Frage, ob Benzin oder Chemikalien im Haus waren, nicht mehr auf.

In meiner Zelle wurde ich dann von Mr. Smythe besucht, einem Anwalt, mit dem meine Eltern bereits Kontakt aufgenommen hatten. Zuerst stellte er mir viele Fragen, schließlich erklärte er, daß ich für eine Woche ins Holloway-Gefängnis gehen würde, aber danach bestünde die Möglichkeit, daß ich gegen Kaution auf freien Fuß gesetzt werden würde.

»Obwohl du noch keine Achtzehn bist, Nicola«, sagte er, »werde ich in deinem Namen um Rechtshilfe ersuchen. Es ist beinahe sicher, daß du deinen achtzehnten Geburtstag hinter dir haben wirst, bevor dein Fall vor Gericht kommt.«

Nachdem der Anwalt wieder gegangen war, kam die Wärterin mit dem Glasauge in die Zelle und fragte mich, ob bei mir alles in Ordnung sei. Ich versicherte ihr, daß es mir gutginge.

»Das ist schön«, sagte sie erfreut. »Es wird noch eine Weile dauern, bis der Gefängnistransporter wiederkommt, um dich mitzunehmen.«

Trotz der dramatischen, aufregenden Situation hatte ich die meiste Zeit damit verbracht, zu warten, daß etwas passierte. Alles nahm sehr viel Zeit in Anspruch, aber das machte mir bald nichts mehr aus. Schließlich konnte ich auch nichts anderes tun als warten.

Vier Stunden hockte ich da, bis ich wieder aus der Zelle geholt und mit einem anderen Mädchen in den Transporter geführt wurde. Nur ein Fahrer war da und eine grimmig aussehende Wärterin, die vermutlich aus Holloway mitgekommen war. Auf dem Weg zum Gefängnis hielten wir an verschiedenen Gerichtsgebäuden an, um weitere Gefangene mitzunehmen. Komischerweise waren wir Häftlinge alle gleichermaßen schmutzig; vermutlich hatten auch die anderen genau wie ich keine Möglichkeit gehabt, sich zu waschen. Obwohl niemand ein Wort sagte, gab es eine unausgesprochene Freundlichkeit zwischen uns. Wir alle hatten zumindest eine gewisse Vorstellung davon, was vor uns lag.

Plötzlich bog der Transporter von der vielbefahrenen Hauptstraße ab und fuhr ein kurzes Stück bis zu zwei gräßlich aussehenden Toren, die in eine Mauer aus roten Ziegelsteinen eingelassen waren. Oben auf der Mauer befand sich Stacheldraht. Sogleich teilten sich die Tore in der Mitte. Zurückgezogen wurden die Tore von zwei Männern mit ausdruckslosen Gesichtern. Der Transporter hielt vor zwei weiteren Toren, bis die ersten Tore wieder verschlossen waren.

Nachdem wir auch das zweite Tor passiert hatten, kroch der Wagen an einer großen, modernen Skulptur vorbei. Zuerst sah die Skulptur wie ein Mann aus, aber in ihrer Mitte befand sich ein großes Loch, außerdem war sie nicht bis ins Detail ausgearbeitet. Sie hatte kein Gesicht, keine Finger, keine Gliedmaßen – es war einfach nur ein grauer, lebloser Granitklotz vor einem Labyrinth aus roten Ziegelsteinen.

Der Wagen bremste, und die Wärterin sprang von ihrem Sitz und wartete ungeduldig darauf, daß der Fahrer die Seitentür öffnete. Ich war die erste, die ausstieg. Durch die lange, ungemütliche Fahrt in dem stinkenden Transporter war mir ein wenig übel, daher atmete ich dankbar die kühle Luft ein.

Das Gefängnisgebäude schien aus rechteckigen, groben Steinblöcken zu bestehen, zwischen denen eine Vielzahl von engen, länglichen Fenstern zu sehen war. Meine Augen schärften sich ganz offenbar; es war, als würde ich durch ein riesiges Glas schauen. Ich wurde schier überwältigt von diesen trostlosen, länglichen Fenstern, die aus der Mauer in den Himmel staken. Es war später Nachmittag, und graue, unfreundliche Wolken zogen am Himmel entlang, als wollten sie die schwache Februarsonne aussperren. In diesem Zwielicht sah das Gefängnis unwirklich aus, aber nicht weniger häßlich.

Die anderen Gefangenen gesellten sich zu mir; ihre Gesichter wirkten ernst und angespannt. Doch nicht einmal ihre Augen verrieten die Verzweiflung, die wir alle am Ende dieser Reise spürten. Unsere verletzten Gefühle hatten wir draußen an den Toren zurückgelassen, um hier zu überleben. Jetzt mußten wir nur noch den Befehlen gehorchen.

Jede beobachtete aufmerksam, wie die Wärterin die schwere Tür mit einem großen Schlüssel aufsperrte, den sie aus einem unförmigen Schlüsselbund an ihrem Gürtel auswählte.

Als wir eingetreten waren, wurde die Tür wieder verriegelt. Durch einen Gang mit einem kahlen Betonboden und eine steile Treppenflucht hinauf folgten wir der Aufseherin. Sie war eine kräftige Frau und schwankte bei jedem Schritt hin und her, so daß ihr Schlüsselbund jedesmal gegen ihre Hüfte schlug und ein Geräusch machte, das uns bald nur allzu vertraut werden sollte.

Am Ende der Treppe bogen wir nach links und gelangten vor eine weitere verschlossene Tür, in die ein kleines Fenster aus Panzerglas eingelassen war. Die Tür wurde geöffnet, und ein Stimmengewirr drang in die Stille. In dem Raum, den wir betraten, waren etliche Frauen in der blauen Anstaltskluft. Weil ich vom Treppensteigen ganz außer Atem war, bahnte ich mir meinen Weg zu einem leeren Stuhl.

Einige von den Frauen redeten unaufhörlich, während andere mit leerem Blick vor sich hin starrten. Eine magere, blasse Frau mit blonden Haaren saß auf einem Tisch, ihre Füße auf einem Stuhl, während sie ihren großen, geschwollenen Bauch mit verstümmelten Händen hin und her wiegte. Sie sprach mit einem Mädchen, das drei Tische entfernt saß, über eine frühere Abtreibung.

Mit aufgerissenen Augen hörte das Mädchen zu und kaute dabei, als habe sie einen Kaugummi im Mund.

Eine dunkelhaarige Frau saß auf einem Heizkörper und stierte durch das vergitterte Fenster in den leeren Hof. Sie hatte tiefe Schatten unter den Augen und biß sich nervös auf ihre aufgesprungenen Lippen. Sie hielt ihren Morgenmantel mit beiden Händen an sich gedrückt. Ihr ganzer Körper bebte. Wie um dieses Zittern zu verbergen, schaukelte sie hin und her. Sie bemerkte offenbar nicht, daß ihre Schulter dabei jedesmal gegen das Fenster stieß.

Schließlich wurde mein Name aufgerufen, und ich wurde aus dem Wartesaal in einen ähnlichen Raum auf die andere Seite gebracht. Zwei ältliche Aufseherinnen schleusten mich mit einer Routine durch das Aufnahmeverfahren, die nur aus vielen Jahren Erfahrung stammen konnte. Ich zog mich vollständig aus, und dann bekam ich die blaue Kluft, die ich dankbar überstreifte. Danach wurde ich aufgefordert, mein Haar zusammenzubinden, und zwei kalte Hände untersuchten an bestimmten Stellen meinen Kopf nach Läusen oder Flöhen. In einen blauen Beutel wurden ein Stück Seife, ein durchsichtiges Fläschchen Shampoo, ein weißes Stück Stoff, das wohl ein Waschlappen sein sollte, und eine Zahnbürste gelegt. Zusammen mit meiner Nummer bekam ich den Beutel in die Hand gedrückt. Von diesem Moment an war ich offiziell nur noch eine Nummer. Aus Nicola Owen war DO2572 c/o Her Majesty's Prison geworden.

Neununddreißig Frauen wurden an diesem Tag aufgenommen, was eine lange Zeit in Anspruch nahm. Irgendwann bekamen wir auch etwas zu essen: zwei Scheiben Weißbrot, ein Stückchen Margarine, ein kaltes, hartes Ei mit häßlichen braunen Flecken und rosa-

Das Musterkind im Alter von sechs Wochen mit den Eltern.

Bei einem Kostümwettbewerb. Schon als kleines Kind stellte ich mich gern zur Schau.

Mit meinen jüngeren Geschwistern Johnnie und Sally. Ich bin sieben.

Mit 13 war ich die Hexe aus »Hänsel und Gretel«. Ich spielte die Rolle so überzeugend, daß einige Kinder im Publikum Angst bekamen.

Mit 14 Jahren: wie eine Primaballerina.

Ein halbes Jahr nach meinem Beinbruch gewann ich diese Pokale.

Dieses Foto machte ein Friseur aus unserem Ort. Ich war Modell für seinen Salon.

Mit Johnnie bei einem Urlaub in Dorset. Ich werde langsam dicker.

Sally und ich bei einem Tagesausflug in Hastings. Zu dieser Zeit war ich schon in psychotherapeutischer Behandlung.

Die Schüler einer Jungenschule in unserem Ort sollten ein Mädchengesicht zeichnen. Ich war das Modell und der Lehrer machte dieses Foto.

Sommerferien auf Mallorca: Kurz bevor wir losfuhren, hatte ich mir die Haare abrasiert. Ich trage eine Perücke.

In diesem Mallorca-Urlaub holte ich mir absichtlich einen schweren Sonnenbrand, der hier von dem Top verdeckt wird.

In replying to this letter, please write on the envelope:—

Number R23572 Name OWEN N

H.M. Prison,
Parkhurst Road,
Holloway,
LONDON, N.7.

Dear Mum + Dad,

I'm sorry that I am not writing this letter, and I've kindly asked a friend to write it for me as I have had an accident. I will endeavour to explain how it came about.

On Saturday after Dads visit I was very upset. I got the impression that you would like to have me out of the way. Looking back I realize it is not so but the depression was building up inside me. On Saturday night about quarter to six I picked up my oil of olay bottle and smashed it against the window and with the broken glass cut my wrist. I was taken to Doctors surgery where the Doctor told me I would have to go to Hospital. When

No. 243 30563 7-10-63 XMS

Ein Brief aus dem Gefängnis Holloway an meine Eltern. Da ich mir kurz zuvor das Handgelenk aufgeschnitten hatte, mußte jemand anderes für mich schreiben.

Dieses Foto von meinem renovierten Zimmer zeigte mir meine Mutter während meiner Zeit in der Einzelzelle. Ich durfte es nicht behalten, weil Fotos giftige Chemikalien enthalten und man fürchtete, ich könne versuchen, es zu essen.

Camden Road 36: Bei dem Brand mußte das Dach an einigen Stellen eingeschlagen werden, um eine Explosion zu verhindern.

Mit Mum und Dad zehn Monate nach meiner Entlassung aus Holloway.

Ein Traum wird wahr: Die Familie Owen am 7. Dezember 1991, dem Tag meiner Hochzeit mit Guy.

rotes, geschmolzenes Eis, das sich bereits in das Brot gesaugt hatte. In einem weißen Plastikbecher war Tee, der aus einer riesigen Metallkanne stammte, die eher wie ein Wasserkessel aussah. Diejenigen, die Zucker wollten, bekamen ein Löffelchen aus einem weißen Plastikbehälter. Später sollte ich herausfinden, daß Zucker als Luxus galt und für Gefangene auf einen Löffel pro Tag rationiert war.

Der Raum war sehr warm, und die Atmosphäre wirkte mehr als gedrückt. Ich hatte schreckliche Kopfschmerzen und wollte nur schlafen. Die Ereignisse der vorhergehenden Tage hatten mich tief erschüttert.

Dann endlich hatte jede die Aufnahmeprozedur durchlaufen. Danach folgte eine kurze medizinische Untersuchung. Der Arzt fragte kurz, ob ich schwanger sei, die Pille nehme oder kürzlich eine Abtreibung gehabt hatte. Ich mußte mich auf eine Waage stellen, mein Herz wurde abgehorcht, und dann mußte ich mich auf einen Tisch legen und meine Beine spreizen, damit ich auf Geschlechtskrankheiten hin untersucht werden konnte. Als der Arzt meine Akte vervollständigte, las ich oben auf dem ersten Blatt eine kleine Notiz: »Selbstmordgefährdet. Psychiater empfehlenswert.«

In Anwesenheit einer Aufseherin wurde mir danach ein Fünf-Minuten-Bad gestattet. Das Wasser war nicht warm, die Seife schäumte nicht, und das Handtuch war winzig klein. An diese entwürdigenden Dinge gewöhnte ich mich schnell. Es war mir nicht peinlich. Es scherte mich gar nicht, was mit mir passierte.

Um halb neun am Abend wurde ich mit einem Packen Bettwäsche ausgerüstet und einen Gang hinunter zu einem Raum geführt, den ich mit sieben anderen Mädchen teilen sollte. Sofort begannen wir, unsere Betten zu machen. In jeder Ecke des Raumes gab es ein Etagenbett. In der Mitte des Raumes standen zwei Tische mit jeweils vier Stühlen. An einer Wand hingen ein kleines Waschbecken und ein Plastikspiegel. Auf der anderen Seite befand sich die Toilette.

Zwei Mädchen fingen an, Briefe zu schreiben, während die anderen fünf sich mit einem winzigen Rest Tabak und Toilettenpapier eine Zigarette drehten. Als sie damit fertig waren, riefen sie durch die Luke in der Tür nach der Aufseherin, um Feuer zu bekommen.

Ich kletterte langsam in mein Bett hinauf, hüllte mich in die rauhe Bettdecke ein und dachte: Nicola, schau nicht zurück. Vergiß deine Vergangenheit, es ist alles vorbei. Ich versuchte verzweifelt, Ruhe zu bewahren, aber Panik breitete sich in mir aus, und ich begann zu zittern. Meine zusammengekniffenen Augen brannten, und der Kloß in meinem Hals erstickte mich beinahe, als ich versuchte, nicht zu weinen. Völlig erschöpft konnte ich mich nicht länger zusammenreißen. Die Tränen quollen hervor und rollten über meine Wangen. Was für eine schreckliche Sache! Was für ein schrecklicher Mensch ich geworden war! Wie sehr wünschte ich mir, wieder die alte Nicola zu sein. Ich fühlte mich so allein und sehnte mich so sehr nach meinen Eltern. Ich wollte nach Hause gehen und mich in ihre Liebe hüllen.

An diesem Abend blieb Ed bei den Ashburners, während Pam beschloß, in ihrem ausgebrannten Haus zu übernachten. Trotz des entsetzlichen Zustandes des Hauses wollte sie nirgendwo anders sein. Sie zog sich nicht aus, sondern legte sich nur auf das Sofa in der vom Feuer geschwärzten Halle. Vor ein paar Tagen war dies noch ihr wunderbares Heim gewesen.

13.
Auf Kaution frei

Das laute, ununterbrochene Klingeln der Glocke riß mich abrupt in die traurige Wirklichkeit zurück. Der furchtbare Klang schien durch mich hindurchzufahren, während ich auf dem Rücken lag und an die graue Decke starrte. Es war halb acht und bereits hell draußen. Obwohl der Himmel von Wolken verhangen war, brachte die Sonne es fertig, hereinzuscheinen und durch das Fenster einen hellen Fleck auf die gegenüberliegende Wand zu werfen.

So abrupt wie es begonnen hatte, hörte das Klingeln auf. Von den anderen Betten konnte ich widerwilliges Gemurmel und ein paar tiefe Stöhnlaute hören. Die meisten Mädchen rollten sich herum und schliefen einfach weiter. Niemand machte Anstalten aufzustehen. Es gab nichts, für das man hätte aufstehen sollen.

Ein paar Minuten nach acht pochte jemand gegen die Tür. Die Luke wurde geöffnet und heruntergelassen. Eine Frau mit blassem, ungeschminktem Gesicht spähte herein und rief: »He, aufstehen! Steht auf! In fünf Minuten gibt es Frühstück.«

Ich schob meine Bettdecke zurück und kletterte aus meiner Koje. Als ich mich gerade angezogen hatte, hörte ich einen Schlüssel im Schloß, dann schwang die Tür auf.

»Frühstück im Eßzimmer.«

Ich trat durch die Tür und folgte den Mädchen, die aus

den anderen Zellen kamen, in einen großen Raum, in dem etliche Reihen Tische und Stühle standen. Ich nahm ein weißes Plastiktablett, auf dem zwei Scheiben Brot lagen, ein Stück Margarine, eine sonderbar aussehende Wurst und Messer und Gabel. In der anderen Hand hielt ich eine blaue Plastikschüssel mit lauwarmem, wäßrigem Porridge.

Irgendwo fand ich einen freien Platz. Die ganze Zeit, während ich aß, drängten Frauen und Mädchen in den Raum, bis alle Tische gut besetzt waren. Nachdem wir noch einen Becher Tee bekommen hatten, wurden wir zurück in unsere Zellen geleitet. Das ganze Frühstück dauerte nicht mehr als fünfzehn Minuten.

In der nächsten halben Stunde fegten und wischten wir unter den strengen Augen einer Wärterin den Boden unserer Zelle. Dann wurden wir wieder eingeschlossen. Ich fühlte mich sehr gedrückt und kletterte in mein Bett hinauf. Ich schloß meine Augen, aber ich vermochte weder die Schreie der Mädchen an den Fenstern noch die Geräusche der Schritte auf dem Gang zurückzudrängen.

Ein paar Stunden später wurde ich einem der Gefängnisdirektoren vorgeführt. Er fragte mich, ob ich irgend etwas benötigte, und erklärte mir, daß meine Eltern über meinen Aufenthaltsort unterrichtet worden seien. Danach fragte er, ob ich einen Anwalt habe und Rechtshilfe beantragen wolle. Bei beiden Fragen nickte ich, danach wurde ich zum Mittagessen in die Zelle zurückgebracht.

Wir aßen ein gelbes Curry mit klebrigem Reis, dazu einen trockenen Pudding mit einer klumpigen Vanillesoße. Obschon es alles andere als appetitlich aussah, schmeckte das Essen ganz gut. Aber es lag mir schwer im Magen und machte mich sehr müde.

Am Nachmittag befahl man uns, das Bettzeug zusammenzufalten. Wir wurden der Reihe nach in einem anderen Flügel des Gefängnisses untergebracht, der geeigneter für uns zu sein schien. Ich bekam Block C1 zugewiesen, wo Häftlinge mit psychischen Problemen einsaßen. In Holloway hieß der Block nur »Funny Farm«. Der Schlafsaal hatte rosarote und weiße Wände, dazu passend waren die Decken der fünf Betten gleichfalls rosarot. Jede von uns bekam einen Kleiderschrank und einen kleinen abschließbaren Spind.

Nachdem ich mein Bett gemacht hatte, setzte ich mich auf die Matratze und schaute meine vier Mithäftlinge an, die an dem Tisch saßen.

Eine große, blonde Frau, die Mitte Dreißig sein mochte, sah zwar noch recht passabel aus, aber sie machte einen müden, heruntergekommenen Eindruck. Ich war erstaunt, als ich erfuhr, daß sie wegen Alkoholproblemen im Gefängnis gewesen war. Sie war die ganze Zeit sehr nervös und drehte sich ständig Zigaretten, so daß ihre Finger vom Nikotin ganz gelb waren.

Eine andere, dunkelhaarige Frau schnalzte immer mit der Zunge, wenn sie etwas sagte. Sie hatte einen Sauberkeitsfimmel. Fast unentwegt wusch sie sich ihre Hände oder ihre Kleidung.

Die dritte Frau schien sehr alt zu sein; sie war wegen Landstreicherei im Gefängnis. Ich mußte leider feststellen, daß sie jede Nacht ins Bett machte. Am Morgen war der Gestank von Urin schier überwältigend. Sie war überaus schmutzig und wusch sich nie.

Die vierte Frau wurde Lolly genannt. Von hinten sah sie wie ein junges Mädchen aus. Sie war sehr klein, trug ihr Haar zu einem Schwänzchen zusammengebunden und hatte lange weiße Strümpfe an. Aber wenn sie sich umwandte, hatte sie das Gesicht einer alten Frau. Ihre Haut war voller Runzeln, und sie hatte keinen Zahn mehr. Ihr Anblick war ein Schock, aber Lolly war recht freundlich. Sie wollte nur von allen geliebt werden, und daher forderte sie ständig unsere Aufmerksamkeit.

Und dann gab es noch mich.

An diesem Abend halfen Freunde Pam und Ed, das Eßzimmer zu säubern. Aus dem Bücherschrank nahm Pam eine Farbfotografie, auf der Nicola eines ihrer Tanzkostüme trug. Einen Moment starrte Pam das Bild an, dann brach sie in Tränen aus. Niemand konnte sie trösten. Sie weinte unaufhörlich. Selbst als der Arzt eine halbe Stunde später auftauchte, weinte Pam noch immer.

»Ich kann es einfach nicht glauben, daß meine Tochter mit all diesen schrecklichen Menschen in Holloway ist«, schluchzte sie.

»All diese Frauen, Mrs. Owen«, erwiderte der Doktor sanft, »sind die Mum oder die Tochter von irgend jemandem.«

»Ich weiß, und es tut mir auch so leid«, sagte sie und fügte ganz unerwartet hinzu: »Aber ich will doch nur meinen Hund sehen.«

Emma wurde von den Nachbarn geholt, die sich um ihn gekümmert hatten, und Pam bekam Valium verschrieben.

Das Beruhigungsmittel half ihr wirklich und nahm ihr die Angst vor dem, was vor ihr liegen mochte. Wenigstens oberflächlich wirkte Pam ruhig und gefaßt, während Ed immer nervöser wurde. Für ihre Beziehung war es ein Glück, daß sie einander ergänzten. Wenn es dem einen schlecht ging, schien der andere immer in der Lage zu sein zu helfen.

Am nächsten Tag gingen sie zu ihrem Anwalt Mr. Smythe.

»Wir brauchen einige medizinische Gutachten«, erklärte er ihnen, »wenn unser Gesuch auf Kaution Erfolg haben soll.«

»Nun, Dr. Goble, der Psychiater, und auch Dr. Sangster haben Nicola oft gesehen«, sagte Pam.

»Ich bin sicher, daß beide ausgezeichnete Ärzte sind«, erwiderte Mr. Smythe, »aber wir brauchen die Meinung eines Arztes, der beim Gericht gut bekannt ist. Ich kenne einen Dr. Morley; er ist ein guter Mann und in solchen Dingen bewandert. Ich denke, es könnte sehr hilfreich sein, in dieser Situation seine Meinung einzuholen.«

Ed und Pam stimmten diesem Vorschlag zu.

»Wären Sie dann so nett«, sagte Mr. Smythe, »Nicola bei ihrem nächsten Besuch zu sagen, daß Dr. Morley sie aufsuchen wird.«

»Ich werde sie morgen besuchen«, sagte Pam.

Tatsächlich besuchte Pam Nicola jeden Morgen in Holloway. Es war eine schreckliche Prüfung für sie. Bevor sie ging, nahm sie ihr Valium, um sicherzugehen, daß sie nicht vor ihrer Tochter zusammenbrechen würde. Die Erfahrungen im Gefängnis gingen ihr so nah, daß sie jedesmal in Tränen ausbrach, wenn sie Nicola verlassen hatte.

Als sie eines Tages nach Holloway fuhr, wurde Pam auf der Straße zum Blackwall Tunnel von einem Polizisten auf einem Motorrad angehalten.

»Nun, was glauben Sie, haben Sie angestellt, Madam?« fragte der Polizist. »Waren Sie mit Ihren Gedanken so weit weg, daß Sie mit überhöhter Geschwindigkeit fuhren und einen Polizisten überholen wollten?«

»Es tut mir leid«, erwiderte Pam, »aber ich habe nicht gesehen, daß Sie ein Polizist sind.«

»Und wo wollen Sie so eilig hin?«

»Ich will meine Tochter im Holloway-Gefängnis besuchen.«

»Natürlich«, entgegnete der Polizist spöttisch. »Aber klar, nach Holloway. Ihre Tochter ist dort, sagen Sie?«

»Ja«, antwortete Pam und blickte auf ihre Uhr.

»Und warum, wenn ich fragen darf, ist Ihre Tochter in Holloway?«

»Sie hat unser Haus in Brand gesteckt.«

Der Polizist zuckte zusammen. »Sie wissen, daß ich das nachprüfen kann?« fragte er, ohne auch nur einen Hauch von Spott in der Stimme.

»Ja, tun Sie das bitte. Unsere Adresse ist 36 Camden Road, Bexley, und der Name lautet Owen. Meine Tochter heißt Nicola Owen.«

Gewissenhaft schrieb er alles auf, dann schaute er wieder Pam an und sagte: »In Ordnung, ich werde das überprüfen, aber das ist keine Entschuldigung, gegen die Geschwindigkeitsbegrenzung zu verstoßen. Sie sind fünfundfünfzig Meilen gefahren, als Sie mich überholt haben. Wissen Sie, wieviel man hier auf dieser Straße fahren darf?«

»Nein, tut mir leid, das weiß ich nicht.«

Der Polizist wollte es ihr erst sagen, dann aber meinte er: »Fahren Sie weiter und achten Sie auf die Geschwindigkeitsbegrenzung, oder Sie werden niemals dort ankommen, wohin Sie auch immer wollen.«

Erleichtert dankte Pam dem Polizisten und glaubte, damit wäre die Sache ausgestanden. Ein paar Wochen später erhielt sie eine Vorladung wegen Geschwindigkeitsüberschreitung.

Später am Tag, als Ed mit zwei Freunden draußen Schutt beiseite schob, kamen zwei Arbeiter mit einer schweren Holzkiste aus dem Haus.

»Das war oben auf dem Dachboden, Ed«, sagte einer von ihnen. »Es ist vom Feuer ein wenig schwarz geworden, aber das Holzding hat als einziges das Feuer überstanden. Was ist das eigentlich?«

Vorsichtig öffnete Ed die Holzkiste. Obenauf lag Nicolas Hexenkostüm. Er hob es behutsam in die Höhe, und dann nahm er auch die anderen Kostüme heraus. Alle waren unversehrt.

»Wie kann das sein?« fragte sich Ed. »Warum sind das die einzigen Sachen im ganzen Haus, die nichts vom Feuer abbekommen haben?«

Nachdem ich eine Woche in Holloway gewesen war, wurde ich zurück zum Gericht gebracht, wo mir mitgeteilt wurde, daß ich weitere sieben Tage in Gewahrsam bleiben würde, damit man einen anderen Psychiater hinzuziehen könnte. Sehr lange mußte ich dann auf den Gefangenentransporter zurück nach Holloway warten.

Während der zweiten Woche versuchte ich, soviel wie möglich zu schlafen, so daß die Zeit für mich schneller verginge. Da ich nur in Untersuchungshaft war, durfte ich Besucher empfangen. Mum brachte sehr oft jemanden mit, den ich kannte. Sie tat ihr Bestes, um mich aufzuheitern, aber ich wußte natürlich, daß sie nur mir zuliebe so freundlich gestimmt war. Deutlich konnte ich die Anzeichen einer schier unerträglichen Spannung an ihr erkennen.

Jeden Tag erzählte sie mir, daß die Bauarbeiter mit dem Haus vorankamen und daß es bald wieder bewohnbar sein würde. Dann sagte sie mir einmal, daß Dr. Morley, ein anerkannter Psychiater, ein Gespräch mit mir führen würde. Wenn sein Bericht darüber günstig ausfiele, könnte ich gegen Kaution entlassen werden.

Kurz nach ihrem Besuch kam der Doktor zu mir, ein charmanter, geduldiger Mann. Er fragte mich eine Menge über meine Kindheit, und ich versuchte alles, so gut ich konnte, zu beantworten.

Ich erzählte ihm, daß ich als Kind ständig eine gewisse Spannung spürte und ins Bett machte, bis ich acht Jahre alt war. Dann wollte der Doktor wissen, ob sich mit dem Beginn der Pubertät etwas geändert hätte. Ich erwiderte: Als ich vierzehn geworden war, setzten wie aus heiterem Himmel Phasen der Depression bei mir ein, die manchmal nur Minuten, manchmal aber auch Wochen währten. Zur selben Zeit begann auch meine Freßsucht, worauf ich dramatisch zunahm. Dr. Morley erklärte daraufhin, daß er glaube, eine psychiatrische Behandlung würde bei mir Erfolg zeigen; daher könnte ich gegen Kaution entlassen werden.

In der nächsten Woche erschien ich vor Gericht und wurde gegen die Kaution von fünfhundert Pfund, die meine Mutter zahlte, auf freien Fuß gesetzt. Natürlich war ich angehalten, die Bedingungen zu erfüllen, die Dr. Morley vorgeschlagen hatte: Ich mußte bei meinen Eltern wohnen, mußte mich zweimal am Tag bei der Polizei melden, und wenn ich nicht in Begleitung meiner Eltern war, hatte ich um sieben Uhr abends im Haus zu sein.

Keine dieser Bedingungen bereitete mir irgendwelche Sorgen. Ich war nur froh, nicht mehr ins Gefängnis zurückzumüssen. Ich fühlte mich so gut wie lange nicht mehr, als Mum mich nach Hause fuhr.

Doch unser Haus war nicht das Haus, das ich in Erinnerung hatte. Obwohl schon eine Menge in Ordnung gebracht worden war, gab es mein Zimmer nicht mehr. Es gab dort nur noch Mauern, die vom Qualm des Feuers geschwärzt worden waren. Das Badezimmer, das ich stets benutzt hatte, war völlig ausgebrannt. Jeder Raum war in Mitleidenschaft gezogen worden, so hatte man überall die Teppiche herausgerissen. Und überall waren Männer bei der Arbeit; sie legten neue Kabel, besserten Schäden aus, strichen Wände und tapezierten.

Während ich mich umschaute, spürte ich aber kein Entsetzen oder Gefühl der Reue. Ich fühlte überhaupt nichts. Ganz tief in meinem Innern machte ich mir mehr Sorgen über mich als über unser Haus, denn ich wußte, daß etwas mit mir nicht stimmte.

Im Haus schien eine fröhliche Stimmung zu herrschen. Mum hatte mittlerweile gelernt, mit den Bauleuten umzugehen. Alle hielten mit derselben Kameradschaft zusammen, die die Überlebenden einer großen Katastrophe empfinden. Ich bekam gar nicht den Eindruck, irgend etwas Falsches getan zu haben. Es schien lediglich so gewesen zu sein, als hätte ich eine übermäßig dramatische Geste vollführt.

Ein junger Klempner arbeitete im Haus. Ich schätze, weil ich lebenslustig und ziemlich frech war, faszinierte ich ihn. Da ich seit drei Jahren keinen Freund mehr gehabt hatte, forcierte ich eine Beziehung zwischen uns. Wir hatten viel Spaß miteinander und wollten daher auch zusammen ausgehen.

Aber das war unmöglich. Nicht nur, weil das Gericht mir die Auflage erteilt hatte, um sieben zu Hause zu sein, sondern auch, weil Mum mich mit Adleraugen beobachtete. Sie wartete nur darauf, daß ich etwas tat, das ihren Verdacht erregte. Mich machte das Ganze sehr reizbar.

Ungefähr zwei Wochen nachdem ich auf Kaution entlassen worden war, war Dad auf einer seiner Geschäftsreisen. Die Dinge begannen mir allmählich auf die Nerven zu gehen, und ich hatte das Gefühl, ich könnte es in dem Haus keine Minute länger aushalten.

»Ich mache noch einen kleinen Spaziergang«, sagte ich zu Mum.

»Du mußt dich aber beeilen, Nicola«, erwiderte sie. »Du mußt ja um sieben zurück sein, und es ist schon Viertel nach sechs.«

Nicola kehrte weder um sieben noch um acht Uhr zurück. Weil sie nicht wußte, was passiert war, war Pam fast verrückt vor Angst. Sie hatte bemerkt, daß es Nicola noch nicht besser ging. Die zwei Wochen, die ihre Tochter wieder zu Hause verbracht hatte, waren anstrengend und zugleich voller Schrecken gewesen. Die eine Hälfte des Hauses war immer noch beschädigt und unbefestigt. Tagsüber wimmelte es von Bauarbeitern und Freunden, doch wenn sie gegangen waren, blieb Pam oft allein mit ihren zwei Töchtern zurück. Johnnie war im Internat und Ed beinahe ständig auf Geschäftsreisen. Daher fiel die größte Verantwortung, sich um Nicola zu kümmern, auf sie. Pam war so voller Sorge, daß sie manchmal mitten in der Nacht in Nicolas Zimmer schlich, um nachzuschauen, ob sie noch da war.

Viel moralische Hilfe erhielt Pam von Sally, die sechzehn Jahre alt war und nun eigentlich für ihre Prüfungen lernen mußte. Aber Sally begann auch einen gewissen Groll gegen ihre ältere Schwester zu empfinden. Sie schätzte einen geregelten Tagesablauf, und ihr Tagesablauf wurde ständig von Nicola durcheinandergebracht. Ihre Eltern hielten sie für stark und verläßlich – »unsere gute alte Sally« –, aber sie selbst fühlte sich nicht immer so stark. Es gab viele Momente, in denen sie jemanden brauchte, der sie in den Arm nahm und sie fragte, wie es ihr ginge. Aber niemand schien sich die Zeit zu nehmen. Einst hatte sich die ganze Familie nur mit Nicolas Ballett beschäftigt, jetzt kümmerte man sich nur im Nicolas Probleme.

Pam und Sally waren übereingekommen, Ed nichts von Nicolas Fehltritten zu erzählen. Wenn er auf Geschäftsreise war, konnte er ohnehin nichts tun; es würde ihn nur wütend machen. Als Ed am Abend um neun anrief, sagten sie ihm deshalb auch nicht, daß Nicola nicht nach Hause gekommen war.

»Ich möchte noch kurz mit Nicola sprechen«, sagte Ed zu Pam.

»Sie schläft schon tief und fest; ich glaube, es wäre nicht gut, sie aufzuwecken. Findest du nicht auch?«

»Ja, Pam, weck sie nicht auf. Ich werde morgen abend mit ihr reden.«

Um zehn Uhr rief Pam das Polizeirevier an, um herauszufinden, ob man dort irgend etwas über Nicola wußte, die natürlich gegen die Auflagen des Gerichts verstoßen hatte, indem sie nicht nach Hause gekommen war. Die Polizei wußte jedoch nichts. Auch um elf Uhr und gegen Mitternacht, als Pam wieder anrief, waren keine Meldungen über Nicola eingegangen.

Die ganze Nacht saß Pam auf dem Sofa neben dem Telefon und wartete, daß es klingelte.

Kurz nach zehn Uhr am nächsten Morgen kam ein Polizist. »Mrs. Owen?« fragte er.

»Ja«, erwiderte Pam ängstlich.

»Ihre Tochter Nicola ist wegen Ladendiebstahls verhaftet worden.«

Pam war sowohl verwirrt wie auch erleichtert. »Nun, das sieht Nicola überhaupt nicht ähnlich«, erwiderte sie.

»Würden Sie mit mir auf die Polizeistation kommen?«

»Aber natürlich.«

Als Pam die Wache betrat, wurde sie von einem Inspektor begrüßt, der mit Nicolas Fall vertraut war.

»Stimmt es, daß Nicola wegen Diebstahls verhaftet worden ist?« fragte Pam ihn.

»Hat er Ihnen das gesagt?« Der Inspektor wies auf den Polizisten.

»Ja, aber es stimmt nicht, oder?«

»Nein, es stimmt nicht. Der junge Constable mußte zwei Häuser mit zwei völlig verschiedenen Fällen aufsuchen. Offenbar hat er einiges verwechselt.«

»Aber Nicola ist hier, nicht wahr? Geht es ihr gut?«

»Ihr geht es blendend. Sie tauchte heute am frühen Morgen auf, um sich zu melden. Kurz, nachdem sie gegangen ist, begriff der diensthabende Sergeant, daß sie das Mädchen war, das man vermißte. Also schickte er zwei Polizisten hinter dem Mädchen her. Nicola wurde zurückgebracht und verhaftet, weil sie gegen eine Bestimmung des Gerichts verstoßen hat.«

Der Inspektor begleitete Nicola vor Gericht. Nachdem die Anklage vorgelesen worden war, wurde Pam in den Zeugenstand gebeten.

»Mrs. Owen, was war Ihrer Meinung nach der Grund, daß Nicola letzte Nacht nicht nach Hause gekommen ist?« fragte der vorsitzende Richter sie freundlich.

»Ich glaube, daß die Einschränkungen vielleicht ein wenig zu streng waren. Ihr wurde nur gestattet, mit mir und meinem Mann wegzugehen, aber was kann ein siebzehnjähriges Mädchen schon mit ihren Eltern anfangen? Sie darf nicht einmal mit ihrer Schwester Sally ausgehen.«

»Würden Sie Sally für geeignet halten, für Nicola die Verantwortung zu übernehmen, wenn die beiden zusammen ausgehen und erst spät in der Nacht zurückkehren?«

Pam dachte einen Moment darüber nach, dann sagte sie: »Nein, es tut mir leid. Sally ist erst sechzehn. Ich glaube, es wäre nicht fair, ihr die Verantwortung für ihre Schwester aufzubürden.«

Die drei Richter zogen sich für eine Weile zurück. Als sie zurückkehrten, verkündete der Vorsitzende: »Als Zugeständnis an Nicola verändern wir die bei der Kaution erlassenen Bestimmungen dahingehend, daß es ihr gestattet ist, am Freitagabend bis neun Uhr auszugehen.«

Pam war dafür sehr dankbar. Sie hatte das Gefühl, daß Nicola unter den gegebenen Umständen sehr großzügig behandelt worden war.

Ihre letzte Eskapade schien Nicola weder zu berühren noch zu bereuen. Das Ganze verstärkte nur noch die starke Belastung, unter der ihre Eltern litten. Trotz der Beruhigungsmittel, die sie täglich einnahm, fühlte Pam sich depressiv und erschöpft. Und Ed, der lange Zeit geschäftlich umhergereist war, spürte eine immer größere Anspannung. Er sah so krank aus, daß Pam über ihn mit ihrem Arzt sprach, der daraufhin auch Ed ein leichtes Sedativum verschrieb. Aber Ed weigerte sich, das Beruhigungsmittel zu nehmen. Er haßte alle möglichen Tabletten und nahm lediglich ein Aspirin, wenn er besonders heftige Schmerzen hatte.

Eine Woche, nachdem sie über Nacht fortgeblieben war, fand Nicola die Tabletten ihres Vaters, während er wieder auf einer Geschäftsreise war. Sie öffnete das Fläschchen und schluckte die Pillen einzeln hinunter.

Ich erinnere mich, daß Mum mir immer wieder ins Gesicht schlug und mir sagte, daß ich aufwachen solle. Aber ich wollte nur weiterschlafen. Dann weiß ich noch, daß mir der Magen ausgepumpt wurde. Ein scheußlicher Schlauch wurde mir in den Hals geschoben, so daß ich würgen mußte. Dann verlor ich das Bewußtsein.

Ich erwachte in einem Bett im Krankenhaus. Ich fühlte überhaupt nichts, nur eine völlige Leere. Ich spürte keine Angst und hatte keinerlei Sorgen, und diese völlige Leere gefiel mir.

Dr. Sangster besuchte mich ein paarmal. Einmal kam er mit einem Gynäkologen, der mir eine Behandlung mit Hormontabletten verschrieb. Ich begann mich allmählich besser zu fühlen, und nach einer Woche im Krankenhaus war ich der Meinung, daß es an der Zeit sei, nach Hause zurückzukehren.

Aber Mum und Ed waren in einer schrecklichen Verfassung. Sie sagten: »Wir können die Anstrengung, dich zu Hause zu haben, nicht mehr ertragen. Wir wissen nie, was du als nächstes anstellen wirst. Deshalb kannst du noch nicht nach Hause zurückkommen.«

Man erklärte mir, daß ich in eine Nervenklinik überwiesen werden würde. Dort würde ich auch Dr. Goble wiedertreffen, denselben Psychiater, den ich schon in den letzten Jahren wiederholt aufgesucht hatte.

Oh, ist das aufregend! dachte ich, denn ich war noch nie in einer Nervenklinik gewesen.

Es war ein sehr schönes Krankenhaus in einer wundervollen Umgebung, und doch haftete dem Ort etwas schrecklich Deprimierendes an. Ich haßte das Krankenhaus auf den ersten Blick. Sofort nach meiner Ankunft erfuhr ich, daß ich keine Besuche bekommen durfte. Mir war es auch nicht gestattet, Briefe zu schreiben oder auszugehen. Ich konnte lediglich den ganzen Tag aus dem Fenster starren, wenn ich auf der Station saß, die überfüllt war mit Leuten, die entweder senil waren oder geisteskrank.

Trotz all der verrückten Dinge, die ich angestellt hatte, sagte ich mir nach wie vor, daß ich nicht wahnsinnig war. Es war eigentlich alles mit mir in Ordnung. Ich mochte ein schlechter Mensch sein, aber ich war nicht geisteskrank.

Als Dr. Goble zu mir kam, sagte er, daß er die Tabletten, die mir verschrieben worden waren, abgesetzt hatte, weil sie die Wirkung der starken Sedativa beeinträchtigen würden, die er mir verabreichen wollte. Diese neue Behandlung zeitigte eine furchtbare Wirkung auf mich. Sobald ich meine erste Injektion erhalten hatte, begann ich mein körperliches Gleichgewicht zu verlieren. Alles bereitete mir dann große Mühe. Ich weinte und weinte den ganzen Tag.

Nach zwei Tagen sagte ich zu Dr. Goble: »Ich möchte hier nicht länger bleiben. Lieber gehe ich ins Gefängnis zurück.«

»Ich gebe dir recht«, erwiderte er. »Doch der einzige Ort, wo es dir besser gehen wird, ist dein Zuhause.«

Meine Eltern willigten ein, daß ich wieder nach Hause zurückkehren dürfte. Einmal in der Woche brachten sie mich zur Klinik, damit ich meine starke Injektion bekam.

Durch diese Behandlung fühlte ich mich weiterhin ziemlich elend. Ich schien keine Kontrolle mehr über meinen Körper zu haben. Ich konnte mir nicht einmal mehr die Zähne putzen. Ich fühlte mich überaus nervös. Ich schlurfte hin und her, als wäre ich eine Schlafwandlerin. Ich war nicht mehr in der Lage, still zu sitzen.

Wenn ich es versuchte, verspürte ich den Zwang, aufzustehen. Sobald ich aufgestanden war, wollte ich mich wieder hinlegen. Ich hielt ständig meinen Mund geöffnet und besabberte mich häufig. Ich litt unter ständigen Zukkungen, und manchmal krampfte sich mein Kiefer so fest zusammen, daß ich ins Krankenhaus gebracht werden mußte, wo ich eine Spritze erhielt, damit ich mich wieder entspannte.

Als ich mich über die Behandlung beschwerte, entgegnete Dr. Goble nur: »Nun, damit mußt du noch vier Wochen leben.«

Vielleicht weil ich die Bewegungen meiner Hand nicht mehr kontrollieren und daher nicht essen konnte, nahm ich ein wenig ab. Nach ungefähr sechs Wochen, als die wöchentliche Injektion abgesetzt worden war und ich statt dessen täglich Tabletten einnahm, fühlte ich mich weniger nervös. Aber dann setzte die tiefe Verzweiflung ein. Ich wußte nicht, was ich tun sollte oder was mit mir geschah. Ich wußte nur eines: Ich wollte schlafen, immer nur schlafen.

14.
Einzelhaft

Zu meinem achtzehnten Geburtstag am 22. Juni kaufte Mum mit ein neues blaues Kleid. Mit ein paar Freunden wurde ich zu einem festlichen Abendessen in ein teures Lokal ausgeführt. Es war eine nette Feier, und doch konnte ich sie nicht wirklich genießen. Die Tabletten, die ich einnahm, hatten mich in einen Zombie verwandelt.

Meine Eltern waren so besorgt, daß sie Dr. Goble aufsuchten und ihn baten, die Dosis zu verringern. Er stimmte zu, und sofort zeigte sich eine Verbesserung meines Zustands. Ich war wieder fähig, die Bewegungen meines Körpers zu koordinieren, dafür aber verspürte ich wieder lange Phasen der Angst und Verzweiflung.

Eine Woche nach meinem Geburtstag trat ich im altehrwürdigen Old Bailey vor das Gericht, um der Brandstiftung angeklagt und schuldig befunden zu werden. Ich trug mein hübsches blaues Kleid und sah recht schlank und passabel aus. Der Richter hörte sich den Bericht der Polizei an sowie die Gutachten der Psychiater, die sehr umständlich und alles andere als schmeichelhaft klangen.

Dr. Morley sagte aus, daß ich an einer »Persönlichkeitszerrüttung von beträchtlichem Ausmaß verbunden mit hysterischen Zügen« leiden würde, aber er kam zu dem Schluß, daß ich vielleicht »auf eine längere psychiatrische Behandlung ansprechen würde« und daß »die häusliche Umgebung sich heilsam auf ihre geistige Gesundheit auswirken würde«.

Mein komischer, alter Psychiater Dr. Goble erklärte mehr oder minder das gleiche. Ziemlich gönnerhaft nannte er mich »ein zutiefst verstörtes Mädchen, das ständige medizinische und psychiatrische Hilfe benötige und gegebenenfalls auch in einer Klinik untergebracht werden müsse«.

Da keiner der Psychiater viel von mir zu halten schien, konnte ich mir gar nicht vorstellen, warum Dr. Goble mich unbedingt als seine Patientin weiter therapieren wollte.

Nachdem die ganze Phrasendrescherei endlich zu Ende war, erteilte der Richter mir eine scharfe Rüge. Er erklärte, daß ich ein schweres Verbrechen begangen habe und daß ich leicht jemanden hätte umbringen können. »Nicola Owen«, schloß er dann seinen Vortrag, »ich bin zu der Überzeugung gelangt, daß Sie emotional aus dem Gleichgewicht geraten waren, als Sie die Brandstiftung begingen, und daß Sie einer psychiatrischen Behandlung bedürfen. Also werde ich in Ihrem Fall besonders verfahren. Ich verurteile Sie zu zwei Jahren Haft auf Bewährung unter der Bedingung, daß Sie als Tagespatient eine psychiatrische Klinik aufsuchen.«

Mr. Giacomo und Mr. Smythe, meine Rechtsanwälte, waren mit dem Urteil offenbar sehr zufrieden. Jeder schien jedem zu gratulieren. Als ich das Gericht verließ, war das ganze Spektakel vorbei, doch ich wußte, daß niemand herausgefunden hatte, was mit mir nicht in Ordnung war. Ich hegte auch nicht den Glauben, ein Psychiater oder ein Bewährungshelfer würde mir die schrecklichen Gefühle nehmen können, die mich plagten. Es war alles sehr verwirrend. Sie hatten lediglich an äußeren Symptomen herumgepfuscht. Sie dachten, eine gute Lösung gefunden zu haben, aber in Wahrheit war es überhaupt keine Lösung.

Vor dem Old Bailey wartete eine kleine Armee von Pressefotografen. Als wir zu Hause ankamen, riefen ständig Journalisten an oder klopften gegen die Tür und fragten, ob ich ein Interview geben oder mich fotografieren lassen würde. Am nächsten Tag sorgte mein Fall für Schlagzeilen: »Die Tragödie des Mädchens, das aß und aß«, »Tänzerin, die Feuer legte, freigesprochen«, »Das Mädchen, das nicht aufhören konnte zu essen« und »Junge Brandstifterin vom Gericht freigesprochen«.

Nichts von alldem vermochte mir zu helfen. Nach der Gerichtsverhandlung wußte ich nicht, was ich mit meinem Leben anfangen sollte.

Freunde sagten: »Warum versuchst du nicht wieder zu tanzen?«

Doch dieser Vorschlag war einfach lächerlich. Ich hatte noch immer Übergewicht und aß weiterhin Unmengen. In den nächsten zwei Wochen nahm ich über sieben Kilo zu.

Mum sagte: »Du wirst dir eine Arbeit suchen müssen.«

Doch ich dachte nur: Wie soll ich mir eine Arbeit suchen, wenn ich immer noch Tabletten nehme und meinen Körper nicht richtig kontrollieren kann?

Dad erklärte mir: »Du mußt dich zusammenreißen, Nicola, und anfangen, deinen Lebensunterhalt selbst zu verdienen.«

Ich vermochte es nicht, mit diesen störenden Ratschlägen fertig zu werden. Als ich meine Bewährungshelferin aufsuchte, sagte ich zu ihr: »Ich muß zu Hause ausziehen. Ich halte diesen Druck nicht mehr aus.«

Aber die Frau verstand mich überhaupt nicht. »Lassen Sie sich auf die Wohnungszuteilungsliste der Gemeinde setzen«, riet sie mir. Aber was für eine Hilfe war so ein Ratschlag?

Jedesmal wenn ich Dr. Goble sah, gab er mir bloß ein Beruhigungsmittel, um mich für eine weitere Woche ruhigzustellen.

Ich spürte, daß etwas in mir völlig unterdrückt wurde, und ich wußte, sobald die Tabletten abgesetzt wurden, würde etwas passieren.

Ich beschloß, mein Elternhaus zu verlassen, und blieb bei meinen Großeltern in Hastings, aber ich schien unfähig zu sein, an einem Ort zu wohnen. Nach einer Woche kehrte ich nach Hause zurück. Dann sagte mir Mum, am Montag hätte ich ein Vorstellungsgespräch bei einem Juwelier in Orpington. Ich fuhr zurück nach Hastings, um übers Wochenende bei Nan zu bleiben. Am Montag kam ich wie verabredet zur Orpington Station, wo ich Mum und Sally traf.

Es war ein trüber, grauer Tag. Im Fond des Wagens zog ich mir das weite Kleid über, das Mum mir gekauft hatte, während sie mich zu dem Vorstellungstermin fuhr.

Ich weiß nicht, wie ich diesen weiten Weg zur Arbeit bewältigen soll, dachte ich. Es ist lächerlich. Ich will diese Arbeit nicht. Aber ich habe mich entschieden, es zu versuchen, nur um meinen Eltern und dem Psychiater zu gefallen, nur um ihnen zu beweisen, daß ich mir wirklich alle Mühe gebe, wieder gesund zu werden.

Während ich dieses qualvolle Vorstellungsgespräch hinter mich brachte, wartete Mum draußen. Als ich dann wieder zu ihr in den Wagen stieg, fragte sie: »Nun, wie bist du zurechtgekommen?«

»Ich weiß nicht«, erwiderte ich. »Sie werden mich ihre Entscheidung wissen lassen.«

Dieses Gespräch durchzustehen hatte eine enorme Anstrengung erfordert, und ich dachte, ich bin nicht glücklich darüber und fühle mich nicht wohl. Wie kann man von mir erwarten, daß ich dort arbeite, wenn ich mich nicht wohl fühle?

Auf dem Weg nach Hause sagte Mum plötzlich: »Warum schaust du nicht kurz in die Boutique rein und kaufst dir ein neues Kleid?«

Also ging ich in die Boutique, aber ich fühlte mich dadurch nicht wohler. Ich probierte zwar die weiten Kleider an, die meine Unförmigkeit verbargen, aber eigentlich wollte ich mir nur solche Kleider kaufen, wie ich sie getragen hatte, als ich noch schlank gewesen war.

Im strömenden Regen lief ich nach Hause. An diesem Nachmittag sollte ich meine Bewährungshelferin treffen, doch ich rief sie an und erklärte ihr: »Ich schaffe es heute nicht, können wir uns morgen sehen?«

»In Ordnung«, erwiderte sie, und wir vereinbarten einen neuen Termin.

Ich fühlte mich wirklich sehr schlecht. Ich dachte nicht an Selbstmord, aber ich dachte an irgendeine Geste, um zu sagen: »He, schaut her, ihr macht weiter, als wäre nichts passiert. Mit mir stimmt jedoch etwas nicht. Und niemand will mir zuhören, niemand will sehen, daß ich immer noch fett bin. Ich esse Unmengen, ich bin immer noch sehr depressiv, und ich bin immer noch auf all diese Sedativa angewiesen. Vier Wochen sind seit meiner Gerichtsverhandlung vergangen, und nichts ist geschehen. Nichts wird geschehen. Wie könnt ihr davon sprechen, daß ich arbeiten und in ein normales Leben zurückkehren werde? Niemand hört mir zu, und niemand bemerkt etwas.« Dann kam mir ein anderer Gedanke: Als ich das Haus angesteckt hatte, da hatten die Leute wenigstens eine Zeitlang versucht, herauszufinden, was mit mir nicht stimmte.

Ein Zimmermann arbeitete in der oberen Etage, Sally war in ihrem Zimmer, Dad war wieder auf Geschäftsreise, Mum saß im Arbeitszimmer an der Schreibmaschine, und Johnnie, der in den Schulferien zu Hause war, spielte mit einem Freund in der Halle Schach.

Ich ging in die Halle und fragte ihn: »Weißt du, wo Streichhölzer sind?«

»Dort drüben steht ein Feuerzeug.«

Ich nahm das Feuerzeug und ging die Treppe hinauf ins Gästezimmer, in dem ich schlief, bis mein eigenes Zimmer wieder hergerichtet war. Dann setzte ich den Vorhang in Brand, ließ das Feuerzeug fallen und rannte aus dem Haus.

Während sie über ihrem Schachspiel saßen, hörten Johnnie und sein Freund, wie die Vordertür zufiel. Dann stürzte der Zimmermann herein und fragte: »Wo ist deine Mutter?«

»Was ist denn?«

»Nicola hat wieder etwas in Brand gesteckt.«

Die beiden Jungen stürmten die Treppe hinauf, aber alles, was sie fanden, war ein verbrannter Vorhang, Brandspuren auf dem Teppich und an der Tapete. Johnnie zuckte mit den Achseln. Das alles schien nicht besonders bedeutsam zu sein. Nicola hatte schon so viele Dinge angestellt, daß er nicht mehr wirklich darauf reagieren konnte.

Mittlerweile hatte der Zimmermann Pam gefunden und erzählte ihr, daß er Rauch bemerkt hatte, der unter der Tür des Gästezimmers hervorgedrungen war. Er war ins Zimmer gelaufen und hatte das Feuer mit einem Eimer Wasser aus dem Badezimmer gelöscht.

Nachdem sie sich den Schaden besehen hatte, sprach Pam mit Sally und Johnnie, um danach ins Arbeitszimmer zurückkehren. Wo soll das alles hinführen? dachte sie. Ihr war klar, wenn der Zimmermann nicht da gewesen wäre, hätte Nicola ein Feuer gelegt, das ihre zwei anderen Kinder möglicherweise verletzt oder getötet hätte. Da sie im Büro arbeitete, hätte sie das Feuer mit Sicherheit nicht bemerkt, und ein Feuer kann sich sehr schnell ausbreiten. »Das wird immer unsinniger«, sagte sie laut vor sich in. Dann nahm sie den Telefonhörer und wählte eine Nummer. Als sich am anderen Ende der Leitung jemand meldete, sagte sie: »Ist da die Polizei?« Dann berichtete sie, was Nicola getan hatte.

Nicola wurde im Hause eines Nachbarn aufgegriffen und zur Polizeiwache gebracht. Dort wurde ihr vorgeworfen, Brandstiftung begangen, das Leben anderer gefährdet und beabsichtigt zu haben, ihre Mutter zu töten.

Als Pam auf dem Polizeirevier eintraf, wurde Nicola schon verhört.

Pam wußte nicht, was sie zu ihrer Tochter sagen sollte. Sie konnte nur fragen: »Nicola, warum hast du es schon wieder getan?«

Nicola schaute sie völlig leer an, und Pam begann sich schrecklich zu fühlen. Es gab keine Möglichkeit, ihrer Tochter zu helfen. Sie wußte nicht, was Nicola denken mochte. In dem einen Augenblick haßte Pam ihre Tochter, für das, was sie ihr angetan hatte, dafür, daß Nicola sie immer wieder in Angst und Schrecken versetzte, wenn sie sie geschlagen, Messer nach ihr geworfen und ihr obszöne Dinge zugerufen hatte. Aber im nächsten Moment konnte Nicola sagen: »Nimm mich in den Arm, Mum.« Obschon sie ihre Mutter oftmals zu hassen schien, war Pam gelegentlich die einzige Person, die Nicola sehen und um sich haben wollte.

Nachdem die Formalitäten erledigt waren, wurde Nicola auf direktem Wege ins Holloway-Gefängnis gebracht.

An diesem Abend kniete Pam vor ihrem Bett und betete voller Qual: »Herr im Himmel, bitte laß meine Tochter Nicola ein normales Leben führen können, und ich werde Dich nie wieder um irgend etwas bitten.«

Als ich zurück ins Holloway-Gefängnis gebracht wurde, glaubte ich, daß ich den Rest meines Lebens in einer Anstalt verbringen würde. Dieser Gedanke war eine Erleichterung für mich. Niemand würde von einem Menschen ein normales Verhalten erwarten, der in einer Anstalt eingesperrt war. Der Druck, ein normales Leben zu führen, der auf mir lastete, würde dann gnädigerweise von mir genommen werden, und nichts würde mich an meine Vergangenheit erinnern. Niemand würde wissen, daß ich etwas anderes war als ein fettes, häßliches, geisteskrankes Mädchen.

Wieder wurde ich in C1, dem Block für die psychisch Kranken, untergebracht. Es waren nur neue Leute da, von denen einige mich zu Tode erschreckten. Nachts legte ich zerknülltes Toilettenpapier um mein Bett, so daß ich hörte, wenn jemand um mein Bett herumschlich.

Für uns sah jeder Tag gleich aus. Wir wurden um halb acht geweckt, und um acht Uhr gab es Frühstück. Auch das Essen unterschied sich nicht, abgesehen davon, daß wir vielleicht ein Spiegelei bekamen statt einer Wurst. Danach wurden wir wieder eingeschlossen, damit wir unsere Zelle säuberten. An den Wochentagen gingen wir dann um zehn Uhr zur Beschäftigungstherapie. Das Mittagessen wurde um halb zwölf ausgegeben. Zwischen zwei und halb vier mußten wir wieder zur Beschäftigungstherapie. Dann wurde der Tee gebracht, und wir wurden wieder in die Zellen gesperrt, bis um halb sechs etwas auf dem Programm stand, das sich »geselliges Beisammensein« nannte. Für gewöhnlich nahm ich dann ein Bad, oder ich sah fern. Um sieben Uhr mußten wir zurück in die Zellen, wo wir auch unser Abendessen bekamen: ein Stück Kuchen, eine Quarkrolle oder als besondere Delikatesse ein Stück heißen Brotpudding. Unsere Medikamente wurden um halb neun ausgeteilt, danach gingen wir schlafen. Ich genoß diesen monotonen, festgelegten Tagesablauf. Auf diese Weise schaffte ich es eher, meine Tage zu bewältigen.

Ich mochte es auch, daß wir soviele sehr sättigende Mahlzeiten bekamen, obwohl ich ständig davon sprach, eine Diät zu machen. Eine Zeitlang aß ich auch nicht mehr soviel, nachdem ich auf der Waage gestanden und entdeckt hatte, daß ich fast siebzig Kilo wog, was fünfzehn Kilo zu viel waren. Aber ich hielt mich nicht lange an meine Diät. Was gab es sonst schon zu tun als zu essen, und wen kümmerte es, wie ich aussah?

Bald begannen mich verschiedene Spezialisten aufzusuchen, die herausfinden sollten, was mit mir nicht stimmte. Der Gefängnisarzt sagte mir, daß die Tabletten, die Dr. Goble mir verschrieben hatte, extrem stark waren und vielleicht einige unangenehme Nebenwirkungen hatten; sie konnten mein gesamtes Nervensystem belastet haben. Mir war bewußt, daß ich monatelang von der Realität völlig abgekoppelt gewesen war. Aber noch immer mußte ich ruhiggestellt werden, daher probierten die Ärzte andere Medikamente an mir aus. Ich wußte aber, wenn meine schlechten Gefühle zurückkehrten, dann würde ich zusammenbrechen. Ich konnte mir allerdings nicht vorstellen, wie drastisch die Rückkehr der Realität mein Leben beeinflussen würde.

Als Nicola so schnell nach ihrer Gerichtsverhandlung ins Gefängnis zurückkam, zeigten sich bei Ed und Pam Verbitterung gepaart mit Zorn und Verwirrung. Die Besuche bei Nicola wurden immer anstrengender für sie. Beide spürten, wie sie den Kontakt zu ihrer Tochter verloren. Nicola distanzierte sich immer weiter von ihnen, auch wenn sie gar nicht über den Grund dafür sprachen, aber es bestand eine augenfällige Spannung zwischen ihnen. Nicola war stets erfreut, ihre Eltern zu sehen, doch es gab Dinge, über die sie eigentlich reden sollten, aber keiner von ihnen fand dafür Worte.

Sowohl Ed als auch Pam waren davon überzeugt, daß Nicola ernsthaft erkrankt war. Ihrer Meinung nach hatte die psychiatrische Behandlung, die ihre Tochter bisher erfahren hatte, völlig versagt, daher glaubten sie nicht mehr an diesen Weg der Heilung. Aber sie wußten keine andere Möglichkeit, und deshalb konnten sie Nicola auch nichts Positives in dieser Richtung erzählen. Weil sie keine Ahnung hatten, wohin sie sich wenden sollten, kamen sie sich vor, als wären sie in die Hölle geraten. Ihre Freunde waren wiederum sehr hilfsbereit und mitfühlend, aber die Owens brauchten Experten, mit denen sie sprechen und die ihnen Rat und Hilfe geben konnten.

Mr. Smythe, ihr Rechtsanwalt, erwies sich als große Hilfe. Er reagierte auf Nicolas Verhaftung sofort und besprach mit Ed mögliche Strategien vor Gericht. Mr. Smythe beauftragte auch Dr. Morley, Nicola wieder im Gefängnis zu besuchen, so daß er und sein Partner Mr. Giacomo die Grundlagen für Nicolas Verteidigung entwickeln konnten. Einige Wochen jedoch konnte nichts unternommen werden. Es war Mitte August, und sowohl Mr. Smythe als auch Dr. Morley machten im Ausland Ferien.

Ed sprach mit dem Gefängnisarzt über Nicola. Der Arzt meinte, daß Nicola wahrscheinlich über einen sehr langen Zeitraum die Fürsorge einer Klinik brauchen würde, und er gab Ed die Adressen einiger Privatkliniken. Das klang alles sehr hoffnungsvoll, doch als Ed begann, mit den Ärzten dieser Kliniken zu telefonieren, erkannte er sehr schnell, wie schwierig es sein würde, einen geeigneten Platz für Nicola zu finden. Einige dieser Kliniken nahmen nur Tagespatienten auf, andere nur Leute aus einem bestimmten Einzugsgebiet, wieder andere kümmerten sich nur um Kinder und Jugendliche, und da Nicola mittlerweile über achtzehn Jahre alt war, galt sie als Erwachsene. Ohne die Möglichkeit, gegen Kaution freigelassen zu werden, würde Nicola wenigstens eine gewisse Zeitlang im Holloway-Gefängnis bleiben müssen.

Jeden Tag erhielt ich Besuch. Entweder kam Mum selbst, oder sie sorgte dafür, daß ein Freund der Familie oder ein Verwandter vorbeischaute. Diese Besuche waren immer etwas, worauf man sich freuen konnte. Sally allerdings konnte lange Zeit nicht kommen, denn während der Woche war sie in der Schule, und am Samstagmorgen ging sie zur Royal Academy of Mucic. Erst sechs Wochen, nachdem ich wieder in Holloway war, durfte sie mich an einem Samstagnachmittag besuchen, ein Termin, der für gewöhnlich den Besuchern der bereits verurteilten Häftlinge vorbehalten war.

Obwohl ich wußte, daß ich unansehnlich fett war, unternahm ich alle Anstrengungen, einigermaßen passabel auszusehen. Ich legte sogar ein wenig Make-up auf, wobei ich die Unterseite einer Ajax-Dose als Spiegel benutzte.

Im Besucherraum des Gefängnisses begrüßten wir uns so freundlich, wie wir es vermochten. Eine Zeitlang zog mein Vater sich auf einen hinteren Stuhl zurück; er hoffte wohl, daß Sally, die von Natur aus lebhaft und optimistisch war, meine Stimmung aufheitern würde. Aber während wir dasaßen, hielt sie meine Hand so fest, daß ich spüren konnte, wie sehr ihr ganzer Körper bebte.

Ich wußte, es würde für uns beide ein schwieriger Besuch werden. Beinahe, als wäre ich ein unbeteiligter Beobachter, vernahm ich den optimistischen Bericht meines Vaters. Mehrere Kliniken waren angeschrieben worden, um mir einen Platz zu suchen, allerdings waren noch keine Antworten eingetroffen. Wenn eine Klinik mich aufnehmen würde, würde sich mein Zustand beinahe augenblicklich verbessern; dafür würde die glänzende Behandlung schon sorgen. Nein, die letzten Gutachten der Experten hatten keinen Aufschluß darüber gegeben, was mit mir nicht stimmte, aber es würde nicht mehr lange dauern, bis jemand gefunden sei, der mir helfen konnte.

Mein armer Dad begriff nicht, daß ich die Verzweiflung in seinen Augen sehen und die geheuchelte Heiterkeit in seiner Stimme hören konnte. Er sah erschöpft aus. Tiefe Schatten lagen unter seinen Augen, und sein Gesicht wirkte aschfahl.

Die dreißig Minuten Besuchszeit waren wie im Fluge vergangen. Sally beugte sich über den Tisch, und wir umarmten uns. Als wir uns wieder trennten, sah ich, daß sie zwar lächelte, aber Tränen in ihren großen, blauen Augen standen.

Mein Vater machte einen Schritt nach vorn, und obwohl die Vorschriften jeden körperlichen Kontakt verboten, nahm er meinen Kopf und zog mich zu sich heran.

»Es wird nicht mehr lange dauern, mein Schatz«, erklärte er. »Nur noch ein paar Wochen – das verspreche ich dir. Wir haben alles im Griff.« Für einen kurzen, flüchtigen Moment blickte er mir in die Augen, dann küßte er mich auf die Stirn.

»Ich weiß, daß du und Mum alles tun, was ihr könnt«, sagte ich.

»Und wir werden Erfolg haben, Nicola«, erwiderte Dad voller Entschlossenheit. »Denk an meine Worte. Ich verspreche es dir.«

Er lächelte und sagte heiter auf Wiedersehen, aber natürlich verbarg er nur den Kummer und die Angst, die er empfand.

Ich wurde in einen kleinen Seitenraum geführt, wo ich durchsucht wurde, bevor ich in meine Zelle zurückkehrte. Ohne auf die drei anderen Gefangenen zu achten, mit denen ich meine Zelle teilte, setzte ich mich auf mein Bett und starrte aus dem vergitterten Fenster auf die endlose rote Ziegelsteinmauer. Aus fast jedem Fenster riefen Mädchen und Frauen irgendwelche Beschimpfungen, oder sie schrien hysterisch oder machten anderen Mädchen, die ihnen gefielen, schmutzige Angebote.

»Hast du was zum Drehen, Nicky?«

Ich schrak zusammen, als ich die leise, irisch klingende Stimme hörte, und drehte mich zu Maria um, die offenbar wußte, daß ich Besuch gehabt hatte. Wie gewöhnlich war ihr Haar schmutzig und glanzlos. An ihrem Kinn hatte sie zwei Muttermale, aus denen Haare sprossen. Die wenigen Zähne, die ihr noch geblieben waren, hatten sich von dem Tabak, den sie voller Gier rauchte, gelb gefärbt. Da ich ganz nahe bei ihr stand, spürte ich den üblen Geruch ihres ungewaschenen Körpers. Aber was mich erschreckte, waren ihre Augen: wunderschöne blaue, durchdringende Augen mit schwarzen Wimpern. Es war wirklich unheimlich, daß eine so häßliche Frau solch schöne Augen hatte.

»Maria, du weißt doch, daß ich nicht rauche. Ich habe es dir schon hundertmal gesagt. Bitte, laß mich in Ruhe!«

Ich bemühte mich, möglichst ruhig zu klingen, aber Maria machte mich ständig nervös. Ich hatte genug von ihrem gewalttätigen Charakter mitbekommen, um zu begreifen, daß sie sich überhaupt nicht unter Kontrolle hatte, und ich fürchtete ihre körperlichen Kräfte.

Sie bedachte mich mit einem langen, strengen Blick und schlurfte dann zu ihrem Bett hinüber. Eine ekelhafte Frau! Ich konnte das alles nicht mehr ertragen. Was für eine beschissene Welt. Ich fluchte vor mich hin. Was für beschissene, schreckliche Menschen! Völlig unnütze Ärzte! Was wußten sie schon? Nichts wußten sie!

Dieser Ort, diese Menschen, das alles zerrte an meinen Nerven.

Im nächsten Augenblick erstarrte mein Körper, und ein hoher, schriller Schrei gellte durch den Raum. Es war mein Schrei. Ich erblickte eine Hand, es war meine Hand, die ein Glas Feuchtigkeitscreme nahm und es mehrmals gegen das bruchsichere Fenster schlug. Tausend Glassplitter flogen umher, und warmes Blut floß langsam an meinem erhobenen Arm herab.

Eine Sirene erklang, und dann hallten schwere Schritte im Gang wider. Eine Stimme in meiner Nähe rief immer wieder: »Mein Gott! Heilige Mutter Gottes! Mein Gott! Heilige Mutter Gottes!« Es war Maria.

Ich hielt noch ein großes Stück Glas in meiner linken Hand, dann begann ich es mir in meine rechte Handfläche zu stoßen, trieb es jedesmal tiefer hinein. Vier große Frauen in blauer Kluft betraten die Zelle und bauten sich vor mir auf. Ich sprang auf mein Bett und fing an, nach ihnen zu schlagen, wobei ich die Glasscherbe noch in der Hand hielt. »Haut ab, ihr Scheißweiber!« schrie ich. »Laßt es mich zu Ende bringen!« Ich weinte so heftig, daß ich bald vor Tränen nicht mehr sah, was ich tat. In einem letzten verzweifelten Versuch, mich umzubringen, krampfte ich meine linke Hand zusammen und hielt mir die Glasscherben an die Kehle.

Vier Hände packten mich und warfen mich mit dem Gesicht nach unten auf das Bett. Jemand umklammerte meine Fußknöchel mit eisenhartem Griff. Unsanft wurde mein Gesicht in das Bettzeug gedrückt, so daß ich kaum atmen konnte. Ich schrie und schrie, da ich spürte, daß mir mein Kleid heruntergerissen und mein Slip bis zu den Knien gezogen wurde. Ich rang nach Atem, als ein heftiger Schmerz durch mich hindurchfuhr. Sofort danach machte sich ein Gefühl der Erschöpfung in mir breit.

»Das sollte sie für eine Weile beruhigen«, sagte eine Stimme.

Ich wurde herumgedreht und starrte in das Gesicht einer schwarzen Krankenschwester.

»Und nun, Nicola«, sagte sie mit ruhiger Stimme, »wollen wir uns deine Hand ansehen.«

An diesem Samstagabend hatten es sich Ed und Pam in ihren Lehnstühlen im Wohnzimmer bequem gemacht. Vorher hatten sie eine Stunde im Garten verbracht, wo sie das Laub von den Büschen und kleinen Bäumen zusammengefegt hatten. Diese Arbeit hatte wohltuend auf sie gewirkt; zumindest für eine Weile hatten sie nicht mehr an Nicola denken müssen. Aber nun, nachdem sie sich gewaschen und ihren Tee getrunken hatten, wollten sie darüber reden, was passiert war, vor allem interessierte sie Sallys Meinung über ihre Schwester.

Sally hätte dieses Thema lieber nicht angesprochen, nicht etwa, weil sie fürchtete, ihre Eltern damit aufzuregen, sondern weil sie selbst viel zu verwirrt war. Obwohl sie ihre Schwester liebte und sich die größten Sorgen um sie machte, konnte sie das Gefühl nicht unterdrücken, daß Nicola sich stets zum Ziel gesetzt hatte, alle Aufmerksamkeit auf sich zu ziehen. Obschon die Dinge bei ihr außer Kontrolle geraten waren, hatte Nicola zumindest bei ihren Eltern Erfolg gehabt; sie hatte alle Kräfte ihrer Eltern zu einer Zeit beansprucht, wo auch Sally Hilfe bei ihren Problemen gebraucht hätte.

Eine Zeitlang schaffte Sally es, ihren Eltern aus dem Wege zu gehen, da sie sich für die Diskothek am Abend zurechtmachte. Aber schließlich kam sie doch ins Wohnzimmer. In ihrem wallenden Kleid mit den hochhackigen Schuhen sah sie fabelhaft aus. Vater und Mutter lächelten ihre wunderschöne Tochter an. Sally stand in der Tür und wußte, daß ihr Freund jeden Moment kommen mußte.

Pam schaute sie offen an und fragte: »Nun, welchen Eindruck hat Nicola heute nachmittag auf dich gemacht?«

Sally antwortete, ohne lange nachzudenken: »Ich glaube, daß sie sehr gut versorgt wird. Natürlich hat sie noch Übergewicht, aber sie sah ganz gut aus.«

Dann hielt sie inne und hoffte, daß ihre Eltern es dabei belassen würden. Wenigstens hatte sie es geschafft, etwas Positives über Nicola zu sagen. Sally war in der Tat über Nicolas gesunde Gesichtsfarbe erstaunt gewesen.

Sie hatte erwartet, daß ihre Schwester grau und bleich aussah, da sie nicht mehr an die Sonne und an die frische Luft kam. Aber etwas anderes hatte sich verändert. Das Gespräch mit Nicola war anstrengend und seltsam gekünstelt gewesen. Sally konnte ihre Schwester nicht mehr erreichen. Nicola wirkte auf merkwürdige Weise entrückt und für sich allein, und sie schien keinen Kontakt zu anderen Menschen zu wünschen. Aber das wollte Sally ihren Eltern natürlich nicht sagen. Sie mußte ihnen versichern, daß alles in Ordnung war.

Also fuhr Sally, ohne zu zögern, fort: »Nicola hatte immer etwas von einer Schauspielerin. Ich glaube, das lag auch an ihrem Tanzen. Jedenfalls versteht sie sich so gut auf ihre Schauspielerei, daß ich oft nur schwer sagen kann, ob sie mir etwas vormacht oder nicht. Sie kam mir aber nicht so sehr verändert vor im Vergleich zu früher.«

Pam lächelte, und Ed nickte zufrieden. Dann klingelte es an der Tür, und Sallys Freund kam. Mit einem freundlichen »Bis später!« verschwand sie, allerdings nicht ohne daß Ed ihr »Komm nicht so spät, Sally!« nachgerufen hatte.

Ed schenkte seiner Frau einen Gin mit reichlich Tonic ein, obwohl er ein wenig Sorge hatte, ob sich der Alkohol mit dem Valium vertrug, das Pam täglich einnahm. Sich selbst aber gönnte er einen Whiskey mit einem Schuß Ginger Ale. Schweigend nippten sie an ihrem Drink. Doch ihr Sinnieren wurde abrupt unterbrochen, als plötzlich das Telefon klingelte.

»Ed Owen am Apparat.«

»Mr. Owen, hier spricht die Wärterin Benson von der medizinischen Abteilung des Holloway-Gefängnisses ...«

Sofort wurde Ed von Furcht ergriffen. Als Pam den

ängstlichen Ausdruck auf seinem Gesicht bemerkte, sprang sie von ihrem Stuhl auf und stellte sich ganz dicht neben das Telefon, so daß sie hören konnte, was am anderen Ende der Leitung gesprochen wurde.

»Was ist los?« fragte Ed voller Angst.

»Ihre Tochter Nicola hat heute einen Selbstmordversuch begangen. Sie hat sich eine Sehne an ihrem rechten Handgelenk mit einer Glasscherbe durchschnitten.« Ed und Pam hatten sich für den erwarteten, harten Schlag gewappnet, aber als er kam, war seine Wucht beinahe niederschmetternd. »Sie ist in ein Krankenhaus gebracht worden«, fuhr die Wärterin Benson nüchtern fort. »Ihre Wunden sind genäht worden, aber es ist noch eine weitere Operation notwendig. Der Arzt, der sie behandelt, meint, daß die Operation in zwei oder drei Tagen stattfinden wird.«

»Geht es Nicola gut?« fragte Ed. Seine Stimme klang ruhig; er verbarg seinen Zorn, aber in seinem Kopf rasten die Gedanken. »Dürfen meine Frau und ich hinüberkommen und sie sehen?«

»Ich fürchte, das wird nicht möglich sein. Nicola hat gegen einige Gefängnisvorschriften verstoßen. Also wird sie auf einige Privilegien verzichten müssen. Unter anderem wird sie eine Zeitlang keine Besucher empfangen dürfen. Aber ich kann Ihnen versichern, daß es ihr einigermaßen gutgeht und sie ordentlich versorgt wird.«

Ed hatte sehr große Achtung vor dem Personal in Holloway und bewunderte, daß man dort nicht mit sich spaßen ließ. Er wußte, daß das schnelle Eingreifen der Wärterinnen Nicola vermutlich das Leben gerettet hatte. Daher sah er keine Veranlassung, unvernünftige Forderungen zu stellen und zu versuchen, daß diese Entscheidung zurückgenommen wurde. »Danke, daß Sie uns so schnell informiert haben«, sagte er völlig ruhig. »Gibt es sonst noch etwas?«

»Nein, nichts«, erwiderte die Wärterin. »Ich lasse es Sie wissen, wenn es irgendwelche Neuigkeiten gibt.«

Als Ed den Hörer wieder auflegte, sank Pam in ihren Sessel zurück und legte den Kopf auf ihren Arm. Ihr ganzer Körper bebte. Ed ging zu ihr hinüber, und für ein paar Momente hielten sie einander fest und schenkten sich Trost und Hilfe.

Dann rief Pam voller Zorn: »Ich will sie sehen! Sie ist mein Kind. Warum darf ich sie nicht sehen?«

Ed wußte keine Antwort auf ihre Frage, und sie versanken erneut in Schweigen. Durch ihren Kopf geisterten die Ängste vor den neuen Gefahren, die auf Nicola einstürzen mochten: Komplikationen bei der Operation, mögliche bleibende Schäden, selbst die Gefahr einer ständigen Lähmung. Da Nicola nicht mehr in ihrer Obhut, sondern unerreichbar war, kamen sie sich hilflos vor und waren völlig verwirrt.

»Ruf Dr. Sangster an, Ed«, sagte Pam. »Ich möchte sicher sein, daß sie im Krankenhaus alles richtig machen.«

Da es endlich etwas zu tun gab, ging Ed sofort an den Apparat.

Als er von Nicolas neuer, gefährlicher Eskapade hörte, versuchte Dr. Sangster, der freundliche Arzt, der sie zuvor behandelt hatte, alles zu tun, um ihr zu helfen. »Einer meiner Freunde ist ein hervorragender Chirurg«, erklärte er beruhigend. »Mit Sicherheit kennt er den Arzt, der Nicola heute abend untersucht hat. Ich will versuchen, mit ihm zu sprechen. Dann werde ich Sie wieder anrufen.«

Fünfzehn Minuten nach dem ersten Telefonat rief

Dr. Sangster zurück. Er bestätigte, daß alles Notwendige für Nicola unternommen worden war, und erklärte, warum die Operation erst zwei Tage später vorgenommen werden konnte. Ed dankte dem Arzt für seine Hilfe. Ihnen blieb nichts anderes zu tun als zu warten.

Ich wurde ins Krankenhaus gebracht, wo meine Hand genäht wurde. Allerdings war das nur ein Provisorium. Ich hatte eine wichtige Sehne verletzt, so daß eine Operation notwendig war, aber zuerst mußte alles mit dem Gefängnisdirektor abgesprochen werden.

Zurück in Holloway wurde ich die Gänge hinuntergeführt. Zu meiner Überraschung zerrte man mich an meiner alten Zelle vorbei. Doch im nächsten Moment hatte ich begriffen, wohin ich gebracht wurde. Ich versuchte, mich loszureißen. »Ihr könnt mich da nicht hineinstekken!« schrie ich. »Das ertrage ich nicht! Nein, Miss, ich verspreche, ich werde mich benehmen. Bitte nicht!«

Drei Aufseherinnen wurden benötigt, um mich in die Zelle zu schleifen. Dann bekam ich wieder eine Injektion, bevor sie mir die Zwangsjacke anziehen und mich in der Einzelzelle zurücklassen konnten. Das Fenster war verhängt. Es gab kein Bett, kein Licht – gar nichts außer einer Matratze und einem Plastiktopf. Diese unförmige Zwangsjacke war aus grobem Stoff und kratzte auf meiner Haut. Es war einfach unerträglich. Ich nahm den Plastiktopf und schlug damit immer wieder gegen die Tür. Ich schlug und schrie und tobte stundenlang, aber niemand kam. Schließlich brach ich völlig erschöpft auf der Matratze zusammen.

So begannen die einsamsten Wochen meines Lebens.

15.
Broadmoor

In der Einzelhaft war es stockdunkel. Besucher waren nicht zugelassen, so daß ich niemanden sah. Wie ein verrücktes, eingesperrtes Tier bekam ich mein Essen durch eine Luke in der Tür, und nur durch die Mahlzeiten wußte ich, ob es Tag oder Nacht war.

Nach drei Tagen aber hörte ich zu einem völlig unerwarteten Moment das Rasseln eines Schlüssels, und meine Zellentür wurde aufgesperrt. Unter Bewachung wurde ich vom Gefängnis ins Krankenhaus gebracht, damit meine rechte Hand operiert wurde. Zu meinem Erstaunen schien das alles mitten in der Nacht stattzufinden.

Sobald ich aus der Narkose erwacht war, wurde ich eiligst aus dem Krankenhaus zurück nach Holloway gefahren und wieder in meine Einzelzelle gesperrt. Meine Hand tat fürchterlich weh; es pochte die ganze Zeit schmerzhaft. Außerdem hatte ich einen ungeheuren Durst, daher schrie ich ununterbrochen nach einem Glas Wasser.

»Sei ruhig«, schrie die Aufseherin zurück. »Du darfst kein Wasser trinken. Sei endlich still!«

Während ich schluchzend auf meiner Matratze lag, dachte ich voller Verzweiflung: Kann man jemals tiefer sinken, als ich gesunken bin?

Als Nicola zurück in Holloway war, kehrten die Owens allmählich zu einem scheinbar normalen Familienleben zurück. Ed und Pam gingen abends wieder aus. Einmal in der Woche besuchten sie einen Jazz-Club, und sie fingen an, Squash zu spielen. Da sie nur allzu gut wußten, wieviel Zeit und Kraft sie für Nicola und deren Probleme verwendet hatten, verbrachten sie nun soviel Zeit, wie ihnen möglich war, mit Sally und Johnnie.

Da Johnnie ins Internat ging, kam er nur in den Ferien und manchmal am Wochenende nach Hause. Daher hatte er von dem zerstörerischen Verhalten Nicolas weit weniger mitbekommen als der Rest seiner Familie. Und doch betrafen die Probleme auch ihn. Er hatte gesehen, welchen Kummer Nicola seinen Eltern bereitet hatte, und deshalb wollte er ihnen nicht auch noch Sorgen machen. Also konnte er sich nicht gegen seine Eltern auflehnen. Er konnte nicht rebellieren, ja, er meinte, er könne nicht einmal wirklich er selbst sein. Das war eine schwere Last für den dreizehnjährigen Jungen.

Zum erstenmal machte Johnnie sich Sorgen wegen Nicola, als er begriff, daß es um ihre Zukunft düster aussah. Doch im Internat gab es niemanden, der ihn trösten und beruhigen konnte, so fand er nur im Gebet Trost. Er verbrachte sehr viel Zeit damit zu beten.

Zu dieser Zeit begann er auch von Nicola zu träumen. In einem Traum, der oftmals wiederkehrte, befand sich seine Schwester auf dem Friedhof und war an ein Kreuz über einem Grab gebunden. Obwohl sie weinte, sagte sie: »Man hat mir geholfen. Es wird mir bald besser gehen.« Er sah, daß sie große Schmerzen hatte, daher versuchte er verzweifelt, aber vergeblich, sie loszubinden, denn das Kreuz sank langsam in die Erde und nahm Nicola mit sich. Seine Schwester verschwand, und Johnnie trat von dem Grab zurück und sah, daß davor die Zahl 25 in Stein gehauen stand. Er nahm an, der Traum bedeutete, daß Gott sich seiner Schwester angenommen habe: Wenn Nicola fünfundzwanzig geworden war, würde es ihr besser gehen.

Auch Sally machte sich zum erstenmal wirklich Sorgen um ihre Schwester, obwohl sie genug eigene Probleme hatte. Sie war zwar sehr begabt, doch war sie von Natur aus recht launisch und nicht dazu geschaffen, über Gebühr hart zu arbeiten. Da sich während des ganzen Jahres alles nur um Nicola gedreht hatte, hatte Sally nicht intensiv genug gelernt; ihre Prüfungen waren daher enttäuschend ausgefallen. Sie blieb auf der Schule, um einige Prüfungen zu wiederholen, und begann ihre Hauptkurse, aber mit dem Herzen war sie nicht bei der Sache. Ihr Musikstudium lief nicht mehr so gut wie zuvor. Und für jemanden, der immer sehr leicht Freunde gefunden hatte, fühlte sie sich plötzlich einsam. Zu ihrem eigenen, großen Erstaunen begriff sie, daß sie ihre ältere Schwester wirklich vermißte und wünschte, Nicola käme wieder nach Hause. Ihre Eltern beschönigten die schreckliche Wirklichkeit ihrer Situation, deshalb nahm Sally felsenfest an, alles würde letztlich mit Nicola wieder in Ordnung kommen.

Ed war sich dessen weniger sicher, obschon er stets lauthals das Gegenteil verkündete. Er war entschlossen, das Beste für Nicola zu erreichen, doch wußte er immer noch nicht, was genau das Beste für sie war. Daher war er versucht, alles auf die gesammelte Inkompetenz der Ärzte und Juristen zu schieben und heftig gegen sie zu opponieren.

Oberflächlich betrachtet, verhielt sich Pam viel ruhiger und besonnener. Aber sie wurde von inneren Zweifeln und dem Gefühl einer unauslöschlichen Schuld schier zerfressen. So viele Ärzte, Psychiater, Polizisten, Bewährungshelfer und Rechtsanwälte hatten nach den möglichen Gründen für Nicolas Verhalten gesucht, daß Pam nicht anders konnte, als sich zu fragen, ob es nicht ihre Schuld als Mutter war. Ihr war eines nur allzu sehr bewußt: Da Ed oft unterwegs war, war sie es gewesen, die Nicola oft erzürnt hatte, indem sie ihr Zimmer kontrollierte. Sie hatte Nicola ins Krankenhaus gefahren, wo ihre Tochter die Beruhigungsmittel injiziert bekam, die sie zu einem wandelnden Automaten werden ließen. Pam war es auch gewesen, die der Polizei die zweite Brandstiftung gemeldet hatte, woraufhin Nicola wieder ins Gefängnis mußte. Andererseits aber fühlte Pam sich sehr erleichtert, daß Nicola nicht länger zu Hause war, obwohl sie es sich kaum eingestehen konnte. Die Spannung, die Nicola erzeugte, wenn sie zu Hause war, baute sich allmählich ab, und Pam hoffte inständig, daß jemand herausfinden würde, was mit ihrer Tochter nicht stimmte, während die noch im Gefängnis war. Ed und sie waren dazu nicht in der Lage gewesen.

Nachdem ich eine Woche in Einzelhaft verbracht hatte, gab man mir meine Kleider zurück, und ich durfte meine Zwangsjacke ausziehen. Eine Stunde später zog ich meine Strumpfhose aus, schlang sie mir um den Hals und versuchte mich zu strangulieren, als eine Aufseherin hereinstürmte und mich daran hinderte. Zur Strafe wurden mir dann alle Kleider abgenommen, und ich blieb nackt in der Zelle zurück.

Als ich das nächste Mal durch die Luke in der Tür Essen erhielt, schleuderte ich der Aufseherin eine Tasse kochendheißen Tee ins Gesicht. Sie hatten mir meine

Kleider weggenommen, hatten sämtliche Besuche verboten, daher gab es nichts mehr, was sie mir antun konnten. Ich wurde wie ein wildes Tier behandelt, und so verhielt ich mich auch.

Pam hob den Telefonhörer sofort ab, als es klingelte. Da sie ständig fürchtete, schlechte Nachrichten aus dem Gefängnis zu hören, war sie erleichtert, als ihr Rechtsanwalt am Apparat war.

»Ich möchte mit Ihnen reden, Mrs. Owen«, sagte der Anwalt, »weil Ihr Mann nicht in der richtigen Verfassung ist, um über Nicolas Fall zu sprechen.«

Pam lächelte traurig. »Wie kann ich Ihnen helfen?« fragte sie.

»Nun, zuerst einmal wollte ich Ihnen mitteilen, daß Dr. Boardman, der Chef eines Krankenhauses, das Nicola möglicherweise helfen kann, zugestimmt hat, sich Ihre Tochter in den nächsten zwei Tagen anzuschauen. Natürlich möchte ich Ihnen keine übertriebenen Hoffnungen machen.«

»Trotzdem herzlichen Dank für Ihre Mühe. Hoffen wir, daß der Doktor uns etwas Positives berichten kann.«

»Ich habe auch recht lange mit Dr. Morley gesprochen. Sie erinnern sich sicherlich an sein Gutachten, das er geschrieben hat, als Nicola im Gefängnis war, und das den Richter sehr beeindruckte. Ich bin sicher, daß dieses Gutachten auch für das recht zufriedenstellende Ergebnis der Verhandlung ausschlaggebend war. Nun, ich habe ihn gebeten, Nicola nochmals zu besuchen, was er inzwischen getan hat. Er und auch Dr. Wells, der Psychiater des Holloway-Gefängnisses, stimmen darin überein, daß es sehr schwierig sein wird, eine geeignete Unterbringung für Nicola zu finden. Sie wissen ja, Mrs. Owen, daß viele Kliniken, die in Frage kämen, leider nur Jugendliche aufnehmen. Nicola ist mittlerweile achtzehn Jahre alt. Außerdem hat sie sich zweimal der Brandstiftung schuldig gemacht. Die Krankenhausverwaltung muß daher ernsthaft erwägen, ob sie einen Patienten annehmen, der möglicherweise eine Gefahr für andere darstellt. Vielleicht kann Dr. Boardman ja helfen, inzwischen aber möchte Dr. Morley, daß Sie und Ihr Mann ihn zu Hause besuchen, so daß er Ihnen seine Schlußfolgerungen selbst mitteilen kann.«

Pam hatte aufmerksam zugehört. Unwillkürlich ergriff sie starke Besorgnis. »Hat er schlechte Nachrichten für uns?« fragte sie.

»Ich darf Ihnen versichern, Mrs. Owen, daß alle, ich selbst eingeschlossen, alles tun, um Nicola zu helfen.«

Obwohl sie wußte, daß diese Worte keine Antwort auf ihre Fragen waren, begriff Pam, daß es keinen Sinn hatte, nachzuhaken. »Wann sollen wir Dr. Morley besuchen?« fragte sie deshalb nur.

»Er schlägt Ihnen einen Termin um zehn Uhr am Dienstag, den zehnten September vor. Paßt Ihnen dieser Tag?«

Pam sah in Eds Terminkalender nach und sagte dann: »Ja, das können wir einrichten.«

»Vielen Dank, Mrs. Owen. Ich werde Ihnen noch eine Bestätigung des Termins mit der genauen Anschrift von Dr. Morley schicken.«

Dann verabschiedeten sie sich freundlich voneinander, und Pam legte auf. Der Anwalt war sehr zuvorkommend und hilfsbereit gewesen, und doch empfand Pam seinen Anruf als beunruhigend.

Schließlich wurde ich für kurze Zeit aus meiner Einzelhaft befreit, so daß ich ein Bad nehmen konnte. Ich hatte einen festen Vorsatz gefaßt, als ich in das Bad trat. Mein Augenblick kam, als die beiden Aufseherinnen sich abgewandt hatten. Ich glitt in die Badewanne und tauchte meinen Kopf in das lauwarme Wasser. Als zwei starke Hände mich packten und herausziehen wollten, kämpfte ich wie eine Berserkerin. Warum ließen sie nicht zu, daß ich ertrank? Welchen Sinn hatte es, mich am Leben zu erhalten?

Als Ed und Pam bei Dr. Morley ankamen, führte ein spanisches Dienstmädchen sie in ein geräumiges Wohnzimmer. Nachdem sie ihnen mitgeteilt hatte, daß der Doktor gleich kommen würde, bot sie ihnen etwas zu trinken an und bat sie, sich doch auf die beiden bequemen Lehnstühle zu setzen. Ein paar Minuten später erschien Dr. Morley, und während sie Kaffee tranken, erzählte er ihnen, wie er an die bunten, ungarischen Kissen gelangt war, die Pam so bewunderte.

Doch kaum waren die Kaffeetassen abgeräumt worden, begann Dr. Morley über Nicolas Fall zu sprechen. Er erwies sich als ein verständiger, mitfühlender Mann, der entschlossen war, Pam und Ed so gut zu helfen, wie er es vermochte. Er wählte seine Worte mit Bedacht.

Zunächst erklärte er, daß es höchst unwahrscheinlich war, daß sie ein sicheres Krankenhaus finden würden, das Nicola, die immerhin zweimal Brandstiftung begangen hatte, aufnehmen würde. »Sie haben drei Kinder, Mr. und Mrs. Owen«, fuhr er dann fort. »Zwei von ihnen sind sehr wohlgeraten. Ich rate Ihnen, sich verstärkt um diese zwei Kinder zu kümmern, denn meiner Meinung nach ist nicht anzunehmen, daß Nicola jemals gesund werden wird. Ihr unberechenbares, irrationales und manisches Benehmen zeigt, daß sie eine sehr schwer gestörte junge Frau ist. Ich habe mit Dr. Wells, dem Psychiater des Gefängnisses, gesprochen, und ich stimme mit ihm überein. Sollte eine geeignete Klinik die Aufnahme Nicolas verweigern, was wir leider annehmen müssen, dann müssen wir als letzte Möglichkeit Broadmoor erwägen.«

Als sie diese Worte hörten, erstarrten Pam und Ed vor Entsetzen. Auch Dr. Morley schwieg, seine Augen waren auf das verschlungene Muster des Perserteppichs gerichtet.

Ed brach als erster das Schweigen. »Dr. Morley«, sagte er, »um es ganz klar auszudrücken: Sie sagen meiner Frau und mir, daß unsere Tochter Nicola geisteskrank ist und nicht geheilt werden kann?«

Dr. Morley verzog das Gesicht zu einer Grimasse und hob seine Hand zu einer schwachen Geste des Protestes über solch eine laienhafte Ausdrucksweise. »Es ist eine höchst unglückliche Situation, aber ich habe die Sache sowohl mit Dr. Wells als auch mit Dr. Boardman besprochen, dem Chef der Nervenklinik, der ihre Tochter ebenfalls untersucht hat. Leider muß ich Ihnen sagen, daß wir uns in unserer Prognose einig sind.«

»Dr. Morley«, erwiderte Ed. »Wir hatten eine überaus liebenswerte Tochter, bis Nicola vierzehn Jahre alt wurde. Sie hatte keinerlei psychische Probleme. Als kleines Kind kränkelte sie zwar mehr als andere, aber das Tanzen stärkte ihre Kräfte. Bevor diese furchtbaren Dinge passierten, war sie auf dem Wege, eine große Karriere als Tänzerin einzuschlagen. Meine Frau und ich können nicht begreifen, was passiert ist, und wir können uns auch nicht mit dieser Situation abfinden.«

Sehr verständnisvoll antwortete Dr. Morley: »Ja, es ist alles höchst bedauerlich. Eine große Tragödie.« Ganz offenbar wollte Dr. Morley das Thema damit beenden, denn es gab nichts mehr, was er sagen konnte.

Doch Ed war noch nicht fertig. »Woher kommt ihre Krankheit, Dr. Morley?« fragte er mit leiser Stimme.

»Das dürfen Sie mich nicht fragen.«

»Aber ich stelle Ihnen diese Frage. Wenn wir uns mit Nicolas Krankheit abfinden sollen, dann muß uns jemand eine Antwort geben. Kommt diese Geisteskrankheit aus heiterem Himmel? Oder ist es ein Virus, der irgendwo herumfliegt? Nicola ist von Kopf bis Fuß untersucht worden, und nichts gibt einen Aufschluß. Mit vierzehn ist sie ein nettes, völlig gesundes Mädchen. Vier Jahre später wird sie für geisteskrank erklärt, und wenn ich Sie richtig verstanden habe, ist die Wahrscheinlichkeit hoch, daß sie nicht geheilt werden kann. Ich begreife das alles nicht.«

»Mr. Owen«, wandte der Arzt ein, »ich habe Ihnen doch gesagt: Mich dürfen Sie das alles nicht fragen.«

»Es tut mir leid«, sagte Ed, »aber ich frage Sie nur nach Ihrer Meinung. Können Sie ganz hypothetisch sagen, was für Faktoren eine Geisteskrankheit bei einem Mädchen hervorrufen können, das zuvor nie Anzeichen einer geistigen Verwirrung gezeigt hat und das körperlich völlig gesund war?«

Wie Ed hatte auch Pam die ganze Zeit Dr. Morley angeschaut. Oftmals hatte es sie verwirrt, daß ihr Mann bei allem stets auf einer logischen Erklärung beharrte, aber in diesem Fall, wo es um die Zukunft ihrer geliebten Tochter ging, wünschte sie ebensosehr eine Antwort zu erhalten wie Ed. Aus ihrer Handtasche nahm sie ein Farbfoto: »Das war meine Tochter.«

Dr. Morley schaute sich das Foto einer lächelnden, anmutigen Nicola an, die eines ihrer Tanzkostüme trug, die Pam ihr gemacht hatte: Als Hut hatte Nicola eine Pillenschachtel mit zwei dicken Kordeln, dazu trug sie eine kurze, grüne Samtjacke mit einer hellen roten Borte an der Taille, einen weiten, schwarzen Faltenrock, eine weiße Schürze mit Spitzen und rote, halbhohe Lederstiefel. Auf einem Tisch sah man außerdem die fünf Silberpokale, die Nicola bei den Tanzwettbewerben gewonnen hatte.

»Das ist Nicola, wie Sie sie nie erlebt haben«, fuhr Pam fort. »Unsere Nicola ... unsere ...« Für einen Moment mußte sie gegen die Tränen ankämpfen. »Verstehen Sie, Dr. Morley, warum wir Ihre Schlußfolgerung nicht akzeptieren können? Dieses Foto ist erst vor vier Jahren gemacht worden.«

Dr. Morley gab das Foto schweigend an Pam zurück, die es sogleich wieder in ihre Handtasche steckte.

Dann sagte sie zu dem Arzt: »Nicola war gesund, bis ihre Periode einsetzte.«

Dann schauten Ed und Pam wieder Dr. Morley an; sie wollten, daß er etwas sagte, daß er ihnen einen Schimmer Hoffnung gab.

Nach einem kurzen Moment des Nachdenkens begann Dr. Morley zu spekulieren: »Es ist möglich«, sagte er leise, »daß etwas bereits angelegt ist, das aber erst mit dem Beginn der Pubertät auftaucht. Vielleicht ist das bei Nicola der Fall. Ich glaube, Nicola leidet möglicherweise an zwei Krankheiten. Eine dieser Krankheiten ist eine emotionale Störung, die meiner Ansicht nach aber nicht so schwerwiegend ist. Was die zweite Krankheit angeht, so kann ich das weit weniger einschätzen. Wenn es aber wirklich zwei Krankheiten gibt, dann ist die erste sicherlich zu behandeln.« Dann hielt Dr. Morley inne und schwieg nachdenklich.

»Und was ist mit dieser anderen Krankheit?« warf Pam ein.

Dr. Morley schaute sie direkt an. Er sagte: »Ich bin mir nicht sicher, wie diese andere Krankheit aussieht, aber sie dürfte wirklich vorhanden sein. Ich kann nichts über ihre Schwere sagen, aber ich neige zu der Ansicht, daß sie der Hauptgrund für Nicolas Verhalten ist.« Wieder trat Stille ein. Nach längerem Überlegen erklärte Dr. Morley schließlich: »Ich nehme an, daß es an den endokrinen Drüsen liegt.«

Ed und Pam blickten einander fragend an. Beide hatten gehofft, daß das Rätsel jetzt gelöst werden würde, aber das war nicht geschehen. Weder Pam noch Ed hatten die leiseste Ahnung, was endokrine Drüsen waren. Sie waren so verwirrt und deprimiert, daß sie nicht einmal daran dachten zu fragen.

Nachdem sie Dr. Morley verlassen hatten, hielten sie sich noch eine Weile draußen in der Gartenanlage auf und beobachteten schweigend die zahllosen bunten Fische, die in dem Zierteich herumschwammen. Sie faßten sich an der Hand und sagten ein paar Minuten lang kein Wort.

Schließlich blickte Pam zu ihrem Mann auf und sagte: »Arme Nicola! Es ist so schrecklich. Man hat nie davon gehört, daß jemand wieder aus Broadmoor herauskam, oder? O Ed, ich kann einfach nicht glauben, daß es nicht irgendwo einen Arzt gibt, der Nicola heilen kann.«

Ed schaute seine hübsche Frau an. Während der letzten traumatischen Monate hatte sie eine Menge abgenommen und sah in ihrem weißen Kostüm sehr elegant aus. Er drückte ihre Hand zärtlich und brachte ein mattes Lächeln zustande. »Pam, du hast recht. Wir werden weiter für unsere Nicola kämpfen.« Das war inmitten von Traurigkeit und Verzweiflung ein Weg der Hoffnung, dem sie folgen konnten.

»Dr. Morley ist ein guter Mann, und ich glaube nicht, daß er sich über Nicola ganz sicher ist«, sagte Pam.

Ed nickte zögernd. »Ich hoffe, ich habe ihn nicht beleidigt.«

»Er hat uns schon verstanden. Solche Situationen erlebt er schließlich jeden Tag.«

»Nun, sicherlich nicht jeden Tag, sonst gäbe es für Fälle wie den von Nicola noch andere Orte als das Holloway-Gefängnis.«

Pam lächelte flüchtig, dann erklärte sie entschlossen: »Ed, ich möchte unbedingt Nicola besuchen. Ich will wirklich ...«

»Ich möchte sie auch sehen, aber du weißt, daß sie im Moment keinen Besuch bekommen darf.«

»Ich weiß, aber ...«

»In Ordnung, du hast recht. Laß uns gehen. Ich bin sicher, wir werden es schon irgendwie schaffen. Komm, laß uns unsere Nicola besuchen.«

Nach einer langen Fahrt durch unbekannte Vororte Londons schafften sie es, im Gefängnis während der offiziellen Besuchszeit anzukommen. Eine junge, freundliche Aufseherin führte sie aus den Besucherräumen in die medizinische Abteilung. Als sie einen Innenhof vor einem Gefängnisblock durchquerten, schrie eine junge Frau etwas zu ihnen herunter. »He, ihr da unten, ihr glaubt wohl, ihr habt es geschafft. Aber ihr seid nichts; ja, das seid ihr, ein gottverdammtes Nichts.«

»Das arme Mädchen«, sagte die Aufseherin, »sie ist nur drei Wochen von hier weggewesen, dann nahm sie wieder Drogen. Sie ist noch ein Kind, und der einzige sichere Ort für sie ist das Gefängnis. Drogendealer sollten alle aufgehängt werden. Sie zerstören das Leben so vieler Menschen.« Plötzlich hielt die junge Wärterin inne und schaute Ed und Pam an. »Ich hätte das nicht sagen dürfen«, erklärte sie, »aber in so einem Gefängnis sehen sie so viele, deren Leben kaputt ist, und manchmal bricht es einem einfach das Herz.«

»Nun«, erwiderte Pam nachdenklich, »wenn es das Personal von Holloway nicht gegeben hätte, würde unsere Tochter heute nicht mehr leben. Wir glauben, daß sie wunderbare Arbeit leisten und sind Ihnen allen sehr dankbar.«

Sie erreichten die medizinische Abteilung. Nachdem etliche Türen aufgeschlossen worden waren, führte die Aufseherin sie in das Büro der Leiterin der Abteilung.

Eine freundliche, sehr kräftige Frau schob sich um ihren Schreibtisch herum und begrüßte Ed und Pam. »Guten Tag«, sagte sie. »Ich heiße Jean Harrison und leite die medizinische Abteilung.« Nachdem Ed und Pam sich gesetzt hatten, fuhr sie fort: »Ich habe mich sehr gefreut, als man mir sagte, daß Sie heute hier sind. Ich wollte schon lange mit Ihnen über Ihre Tochter sprechen.«

»O ja«, erwiderte Pam. »Wir wissen schon davon. Wir kommen gerade von Dr. Morley. Er hat uns davon unterrichtet, daß man empfohlen hat, Nicola nach Broadmoor zu bringen.«

Mrs. Harrison lächelte und meinte: »Mrs. Owen, ich will Ihnen etwas sagen: Es ist leichter, in den Himmel zu kommen als nach Broadmoor. Jedenfalls bin ich unterrichtet worden, daß es Nicola im Moment sehr schlecht geht. Am Sonntagabend hat sie versucht, sich in der

Badewanne zu ertränken. Zum Glück sind die Aufseherinnen rechtzeitig eingeschritten, obwohl sie von Nicola angegriffen worden sind.« Als sie das Entsetzen bei Ed und Pam bemerkte, lächelte Mrs. Harrison wieder und fügte hinzu: »Aber keine Sorge, niemand ist ernstlich verletzt worden. In dem Tumult ist nur die Uhr einer Wärterin kaputtgegangen.«

»Natürlich bezahlen wir den Schaden«, erklärte Ed.

»Vielen Dank, Mr. Owen, aber das wird nicht notwendig sein. Die Gefängnisverwaltung kommt für den Schaden auf. Ich muß aber sagen, Mr. und Mrs. Owen, ihre Tochter scheint einen erstaunlich starken Willen zu haben.«

»Ich weiß«, erwiderte Ed. »Und bitte lassen Sie mich sagen, daß wir es sehr zu schätzen wissen, was Sie für unsere Tochter tun.«

Wieder lächelte Mrs. Harrison. »Wir werden in unserem Bemühen um Nicola nicht aufgeben«, sagte sie. »Sie werden mir vielleicht nicht glauben, aber wir haben viel schlimmere Fälle als Ihre Tochter, und die sind aus der Einzelzelle und aus Holloway freigekommen. Und keine von ihnen ist nach Broadmoor gewandert.« Sie warf einen Blick auf die Akte vor sich. »Ich sehe in meinen Unterlagen, daß Sie auf Nicolas Launenhaftigkeit in Hinblick auf ihre Periode aufmerksam gemacht haben. Das ist ein sehr interessanter Gesichtspunkt. Wenn ihre Tochter in unserer Abteilung bleibt, werde ich sehen, ob wir einige Aufzeichnungen über ihren Menstruationszyklus anfertigen können. Das kann uns vielleicht ein paar Hinweise geben.«

»Aber Dr. Wells und Dr. Morley scheinen bereits eine Entscheidung getroffen zu haben«, entgegnete Pam. »Und beide sind offenbar der gleichen Meinung.«

»Und was für einer Meinung sind Sie?« fragte Mrs. Harrison, während sie etwas in der Akte las, das ihre Aufmerksamkeit erregt hatte.

»Daß Nicola geisteskrank ist«, entgegnete Pam verzweifelt.

Mrs. Harrison blickte von der Akte auf. »Beide sind sehr erfahrene Psychiater«, sagte sie. »Aber zufälligerweise sind sie auch Männer.« Sie legte die Akte zurück und sagte: »Ich habe hier eine Notiz von Dr. Wells, daß er morgen Nicolas Medikation ändern will. Hoffen wir, daß das eine Besserung bringt. Wie Sie wissen, darf Nicola im Augenblick keine Besuche empfangen, und ich bin Ihnen dankbar, daß Sie nicht darum gebeten haben, sie zu sehen. Wenn Nicola sich anständig verhält, wird sie am Samstag wieder Besuch erhalten dürfen, so daß Sie dann zu ihr gehen können.« Mrs. Harrison erhob sich und fügte leiser hinzu: »Aber ich glaube, daß wir nicht gegen die Vorschriften verstoßen, wenn Sie kurz bei ihr hineinschauen. Möchten Sie?«

Ed und Pam waren sprachlos vor Freude und nickten daher nur.

Mrs. Harrison führte sie ein kurzes Stück den Korridor hinunter zu einer schweren Holztür. Mit einer Geste bedeutete sie ihnen, daß sie sich vor Nicolas Zelle befanden.

Ed trat einen Schritt vor und bückte sich, damit er durch den Schlitz in der Tür blicken konnte. Zuerst erspähte er nur den Hinterkopf und die Schultern seiner Tochter.

Er versuchte, seine Stimme möglichst fest klingen zu lassen, und sagte: »Nicola, ich bin es, Dad.«

Sie wandte den Kopf und blickte zur Tür. »Dad, du bist das?«

»Ja, Nicola.«

Vor Verzweiflung und Elend schrie sie auf. »Dad! Dad! Du bist es wirklich.« Sie eilte zur Tür und versuchte ihren Kopf so zu drehen, daß sie mehr von ihm erkennen konnte. Als sie sein Gesicht erblickte, füllten sich ihre Augen mit Tränen, und sie begann zu weinen: »O Dad! Mein lieber Dad!«

»Nicola, mein Liebling, bitte hör mir zu!« sagte Ed und versuchte verzweifelt, Nicola nicht noch trauriger zu stimmen. »Ich bin gekommen, um dir zu sagen, daß du sehr gute Fortschritte machst und daß bald etwas geschehen wird.«

»Dad, bitte hol mich hier raus! Bitte, Dad, sag ihnen, daß ich ihnen keinen Ärger mehr machen werde.« Es war nicht mehr als ein ersticktes, schluchzendes Flehen.

Ed wollte seine Tochter festhalten und trösten, aber er konnte nur zu ihr sprechen. »Sei tapfer, mein Liebling. Für Mum und für mich. Wir werden dich bald hier rausholen.« Er warf Pam einen Blick zu, die neben Mrs. Harrison stand und die Nicola aus ihrer Zelle nicht sehen konnte. Pam bat ihn mit den Augen, ihr nicht zu sagen, daß sie auch da war. Diese qualvolle Situation war zuviel für sie.

»Hol mich hier raus«, schluchzte Nicola. »Dad, Dad, hol mich hier raus.«

»Nicola, bitte versuche noch eine Weile stark zu sein. Uns zuliebe. Wir lieben dich so sehr, und wir denken jede Minute an dich.«

Dann, als Ed drohte zusammenzubrechen, trat Mrs. Harrison einen Schritt vor und schob ihn sanft zur Seite. An Nicola gewandt sagte sie: »Dein Vater muß nun gehen, um mit dem Doktor zu sprechen, Nicola.«

»Dad, bitte geh nicht! Bleib bei mir!« schrie Nicola.

Eds Kehle war wie ausgetrocknet. Er bekam kein

Wort mehr heraus. Während er durch den Türschlitz in die weinenden Augen seiner Tochter starrte, nahm er ihre Finger und küßte sie sanft. Dann, als ihm die Tränen über die Wangen rannen, drehte er sich um.

Es war der schlimmste Moment in meinem Leben. Ich erinnere mich nicht mehr daran, was Dad gesagt hat. Ich erinnere mich nur noch an seine Augen, die mich durch den engen Schlitz in der Tür anstarrten. Ich werde niemals die Verzweiflung in diesen Augen vergessen. Dieser Anblick verfolgt mich noch immer, denn ich habe nie jemanden gesehen, der so am Boden zerstört aussah.

16.
Die Suche beginnt

Freundlich wie immer öffnete Sally ihren Eltern die Tür, als sie von ihrem Besuch bei Dr. Morley und aus dem Holloway-Gefängnis zurückkehrten. Als sie die bleichen, müden Gesichter ihrer Eltern sah, wußte Sally, daß etwas nicht stimmte.

»Was ist los?« fragte sie, während Ed und Pam in die Halle traten.

»Was ist los?« brüllte Pam außer sich. »Nichts ist los, außer daß deine Schwester in der Einzelzelle sitzt, daß sie immer noch versucht, sich umzubringen, und die Ärzte sie für unheilbar geisteskrank halten.«

»Schon gut, Mum. Deswegen mußt du aber nicht mit mir wütend sein«, erwiderte Sally nachsichtig. »Was hat Dr. Morley gesagt?«

»Er meint, daß Nicola wahrscheinlich mit irgendeinem Defekt geboren wurde und daß der einzige Platz für sie daher Broadmoor ist.«

»Broadmoor? Das ist schrecklich, nicht wahr?«

»Nun, das ist kein Gefängnis, sondern eine stark gesicherte Klinik für geisteskranke Kriminelle. O Sally«, sagte Pam dann und legte ihren Arm um sie, »wie gut, daß ich dich habe. Was sollen wir nur tun?«

Da sie mehr von den Ereignissen des Tages erfahren wollte, folgte Sally ihren Eltern ins Wohnzimmer und machte es sich in einem Lehnstuhl bequem, während Ed einen harten Drink für seine Frau und sich selbst zurechtmixte. Zu Sallys Erstaunen bot ihr Vater auch ihr einen Martini an. Weil sie meinte, daß die ernste Situation es erforderte, nahm Sally dankend an.

Pam hatte das Gefühl, die düstere Stimmung ein wenig aufheitern zu müssen, daher begann sie Sally zu berichten, was Jean Harrison von der medizinischen Abteilung in Holloway ihnen gesagt hatte. Dann fügte sie hinzu: »Ich bin mir nicht ganz sicher, aber ich glaube, daß sie eher auf unserer Seite steht. Sie hat gesagt, daß sie Nicolas Menstruationszyklus überprüfen wird. Außerdem hat sie eine seltsame Bemerkung darüber gemacht, daß männliche Ärzte nicht immer alles verstehen.« Doch plötzlich war Pam nicht länger fähig, ihre eigenen Ängste und ihre dunklen Ahnungen zu verbergen, und sie brach in Tränen aus und schluchzte: »Arme Nicola! Sie wäre besser tot, als für den Rest ihres Lebens in Broadmoor eingesperrt zu sein.«

»Sag das nie wieder. Nie wieder! Hast du gehört?« brüllte Ed seine Frau an.

Danach schwiegen sie alle. Pam rannen die Tränen über das Gesicht, und Ed war wieder in den Lehnstuhl zurückgesunken; das Whiskeyglas hielt er in der Hand.

Nach einer Weile sagte er, während er fortfuhr, an die Decke zu starren: »Was, zum Teufel, sind endokrine Drüsen?«

Weder Pam noch Sally gaben eine Antwort. Sie wußten es beide nicht.

»Ich habe eine Idee, Pam«, sagte Ed. »Meine Cousine möchte Nicola auch besuchen. Warum nimmst du sie also nicht am Samstag mit? Ich habe das Gefühl, ich kann mehr für Nicola tun, wenn ich mich in der Bücherei umsehe.«

Die Forschungsreise sollte beginnen.

Zwei Tage später fuhr Ed sehr früh am Morgen zur Bexleyheath Public Library. Er war ein wenig in Sorge, daß er hier nicht genügend Informationsmaterial finden würde. Vielleicht wäre es vernünftiger gewesen, eine Fachbibliothek in London aufzusuchen. Doch er tröstete sich mit dem Gedanken, daß er schließlich irgendwo anfangen mußte.

Für seine Suche hatte er sich gut ausgestattet. Er hatte einen dicken Packen Papier dabei, und in der Innentasche seiner Jacke trug er etliche Kugelschreiber bei sich. Als er die Abteilung für medizinische Bücher ausfindig gemacht hatte, suchte er die Regale ab. Er hatte nur ein Wort im Sinn: »endokrin«. Er hatte angenommen, daß dieses seltsame Wort von solch einer Bedeutung war, daß irgendwo ein dicker Wälzer mit einem Titel wie *Die menschlichen Endokrine, Die endokrinen Drüsen* oder *Das endokrine System* stehen würde. Ein flüchtiger Blick aber zeigte ihm, daß es solch ein Buch nicht gab.

Er wollte schon eine der Bibliothekarinnen fragen, die still hinter ihrem Schalter arbeitete, aber dann dachte er: Ich verhalte mich armselig. Selbst ein Schulkind könnte das.

Als er noch einmal mit den Augen das Regal absuchte, fiel ihm ein Titel auf: *Lexikon der medizinischen Grundbegriffe*. Er nahm es heraus und legte es auf den Boden. Dann setzte er seine Suche fort und wählte das zweibändige *Handbuch der Medizin* aus. Schließlich fand er noch ein großes medizinisches Lexikon. Mit diesen vier dicken Bänden lief er zu einem freien Stuhl an einem Tisch am Fenster.

Da er bei allem methodisch vorging, legte Ed die Bücher zu seiner Linken auf den Tisch. Vor sich plazierte er das Schreibpapier und rechts von sich zwischen Notizbüchern und Taschenkalender die Kugelschreiber, damit sie nicht wegrollen konnten.

Er begann mit dem *Lexikon der medizinischen Grundbegriffe*. Er schlug unter »endokrin« nach und begann sich Notizen zu machen. Als er den Eintrag gelesen hatte, ging er seine Notizen durch und faßte sie zusammen: »Das endokrine System produziert im Körper bestimmte chemische Stoffe, die Hormone genannt werden.«

Dann schlug er unter dem Schlagwort »Hormone« nach und notierte sich während der Lektüre die wichtigsten Begriffe: Eierstöcke, Sekretion, Stoffwechsel, Menstruation. Das erste und das letzte dieser Worte erschienen ihm als so bedeutsam, daß er sie unterstrich. Danach schaute er noch unter weiteren Einträgen nach, doch er fand nichts, was er für relevant hielt.

Er entschloß sich, das *Handbuch der Medizin* zu Rate zu ziehen. Am Anfang hatte er einige Schwierigkeiten, bis er begriff, daß sich der Index für beide Bände am Ende des zweiten Buches befand. Dann ging er alle Einträge zu den endokrinen Drüsen durch. In seinem Notizbuch listete er die wichtigsten Drüsen des endokrinen Systems auf: Hypophyse, Schilddrüse, Nebenschilddrüsen, Nebennierenrinde, Bauchspeicheldrüse. Dann schaute er unter *Endokrinologie – Die Lehre von den endokrinen Drüsen* nach. Ed erfuhr, daß 1775 ein Mann namens Pott einer jungen Frau, die keine Menstruation mehr hatte, die Eierstöcke entfernt hatte, da sie von einer Geschwulst befallen waren. Mit einem Schmunzeln las Ed weiter, daß ein Mann mit Namen Owen 1852 zum erstenmal etwas über die Nebenschilddrüse geschrieben hatte.

Eds Arbeit hatte mehrere Stunden in Anspruch genommen. Schließlich stand er auf, streckte sich und ging zu der jungen Bibliothekarin hinüber. »Ich gehe nur für eine halbe Stunde weg«, sagte er zu ihr. »Würden Sie vielleicht meine Unterlagen dort drüben auf meinem Tisch im Auge behalten?«

Die Bibliothekarin sah ihn ernst und mißbilligend an. »Wir befriedigen hier ein öffentliches Bedürfnis nach Information; Sie können sich daher nicht einfach einen Platz reservieren, wenn er vielleicht von jemandem anderen benötigt wird.«

»Es tut mir leid«, erwiderte Ed, »aber ich verspüre ein anderes dringendes Bedürfnis, das Sie hier offenbar nicht befriedigen können.«

Dann eilte er aus der Bibliothek und ging auf eine öffentliche Toilette in der Nähe eines Parkplatzes. Als er kurz nach seinem Wagen sah, bemerkte er, daß das Auto dringend gewaschen und poliert werden mußte.

Während er an einer Zigarette zog, die er dringend gebraucht hatte, dachte er über das nach, was er gelesen hatte. Das meiste sagte ihm überhaupt nichts, und er glaubte schon, er würde nichts Wesentliches entdecken, doch vier Worte kamen ihm in den Sinn, die ständig auftauchten: Endokrine, Eierstöcke, Hormone, Menstruation. Entschlossen weiterzuarbeiten, kehrte er in die Bibliothek zurück. Erfreut stellte er fest, daß sich niemand an seinem Tisch zu schaffen gemacht hatte.

Er folgte den Querverweisen der anderen Einträge und schaute unter »Hypothalamus« nach. Er hatte den langen Artikel fast bis zum Ende durchgelesen, als er auf einen neuen Aspekt stieß. »Eine Schädigung der Hypophyse«, so hieß es da, »ist lange als Grund für die Anorexia nervosa, die sogenannte Pubertätsmagersucht, verantwortlich gemacht worden. Alles deutet daraufhin, daß dieser endokrinen Störung ein Funktionsfehler des Hypothalamus zugrunde liegt.«

Das war immerhin etwas, das sich mit Nicola in Verbindung bringen ließ. Dr. Goble, ihr erster Psychiater, hatte von ihrer »Anorexia nervosa« gesprochen. Aufgeregt suchte Ed im Index nach dem Buchstaben A, bis er schließlich den Eintrag fand. Mit großem Interesse begann er zu lesen. Leider besagte der Artikel wenig mehr, als daß junge Frauen an der Anorexia nervosa litten, die nicht erwachsen werden wollten oder die ihre Sexualität verleugneten oder ihre Eltern verließen.

Enttäuscht blätterte er zum Index zurück und entdeckte weitere Bezüge unter »endokrine Erkrankungen«. Einer von diesen Verweisen, der mit »Pathogenese und Psychopathologie« überschrieben war, führte ihn zu dem Schlagwort »Anorexia nervosa« zurück. Halbherzig blätterte er zu dem Eintrag zurück und entdeckte, daß er einen Fehler gemacht hatte. Beim ersten Mal hatte er nur die Hälfte des Artikels gelesen. Der Eintrag ging auf der nächsten Seite weiter. Dort las er über den Drang, unmäßig zu essen, der junge Frauen befiel, die sich daraufhin zum Erbrechen brachten, weil sie fürchteten, übergewichtig zu werden. Dann hieß es weiter: »Der Verlust von Körperflüssigkeit kann zu Harnblasenentzündungen, Nierenschäden und epileptischen Anfällen führen.«

Dieser letzte Hinweis versetzte Ed wieder in Aufregung. Waren Nicolas Ohnmachtsanfälle eigentlich epileptischer Natur? Erneut blätterte er zum Index zurück und las die vielen Einträge zu »Epilepsie«. Wenig später fand er den Abschnitt »Epilepsie bedingt durch den Temporallappen«. Hier las er, daß diese Epilepsie ein Grund war für »sonderbare, scheinbar unmotivierte Gewalttätigkeiten«. Er hatte gerade noch Zeit genug, sich eine Notiz zu machen, als die Bibliothekarin erklärte, daß sie jetzt schließen würden.

Am späten Nachmittag kehrte Ed nach Hause zurück.

Pam war in der Küche und bereitete das Abendessen. Sie begrüßte ihn mit einem müden Lächeln und fragte: »Wie ist es in der Bibliothek gelaufen?«

Ed stützte sich auf einen Stuhl in der Ecke und erwiderte: »Erzähl mir erst von Nicola. Wie sah sie aus?«

Pam hörte auf abzuwaschen und trocknete sich die Hände ab. Ganz offenbar hatte der Besuch im Gefängnis sie traurig gemacht. Sie sagte: »Es war schrecklich, Ed. Wir wurden in einen kleinen Raum in der medizinischen Abteilung geführt. Da stand ein Tisch; auf der einen Seite ein Stuhl und auf der anderen Seite zwei Stühle. Mo und ich setzten uns und warteten auf Nicola. Plötzlich hörte ich jemanden schreien: ›Ich will zu meiner Mum. Wo ist meine Mum? Ich will zu meiner Mum.‹ Ich bin aus dem Zimmer gelaufen, und im Korridor sah ich Nicola, die von einer Aufseherin hergeführt wurde. Sie hatte keine Schuhe an und trug ein schreckliches, dikkes Leinenkleid. Ihre Haare sahen furchtbar aus, ihr Gesicht war aufgedunsen; ihre Augen starrten vor sich hin, sie schien gar nicht fähig zu sein, irgend etwas zu fixieren …« Die entsetzliche Erinnerung, die sie nie wieder loslassen würde, ließ Pam schweigen. Bevor sie wieder etwas sagen konnte, mußte sie sich die Tränen aus den Augen wischen. »Als Nicola mich sah, riß sie sich von der Wärterin los und lief auf mich zu. Ich umarmte sie, und wir gingen dann gemeinsam in den kleinen Besucherraum. Sie sind dort nicht unfreundlich zu ihr gewesen, Ed. Ich saß einfach nur mit ihr da und hielt ihre

Hand; die andere war wegen der Operation noch bandagiert. Am liebsten hätte ich Nicola mit nach Hause genommen und liebkost. Mein armes Mädchen. Ich war die ganze Zeit so traurig wegen ihr.«

Pam wandte sich wieder dem Abwasch zu. Ed wußte, daß sie einen Moment brauchte, um sich zu beruhigen, daher wartete er einen Augenblick, bevor er sagte: »Da du Nicola sehen durftest, nehme ich an, daß sie seit dem Zwischenfall beim Baden nichts mehr angestellt hat?«

»Ich glaube, sie lassen sie nicht mehr aus den Augen, Ed. Ich kann den Gedanken einfach nicht ertragen, daß sie in dieser Einzelzelle eingesperrt ist, ganz alleine ...«

Ed ging auf seine Frau zu und legte ihr tröstend einen Arm um die Schulter. Er sagte: »Ich weiß, Pam, aber wenigstens hält es sie davon ab, sich umzubringen.« Als er die Worte ausgesprochen hatte, begriff er, daß sie keinen Trost spendeten.

»Sie ist nicht mehr unsere Nicola«, schluchzte Pam. »Unsere alte Nicola gibt es nicht mehr. Sie ist irgendwohin verschwunden ...«

Ed wich einen Schritt zurück, und in völlig verändertem Tonfall erklärte er heiter: »Möchtest du zur Abwechslung einmal eine gute Nachricht hören?«

Pam brachte ein schwaches Lächeln zustande. Sie wußte, nun würde sie etwas über Eds Nachforschungen hören, was auch immer sie ihm antworten würde.

Ed war gerade im Begriff, zu berichten, was er herausgefunden hatte, als Sally in die Küche stürzte und aufgeregt fragte: »Hast du etwas herausgefunden, Dad?« Sie setzte sich auf den Stuhl in der Ecke und wartete neugierig auf eine Antwort.

Da sein Publikum nun vollständig versammelt war, begann Ed detailliert zu erzählen, wie er die medizinischen Bücher in der Bibliothek durchgearbeitet hatte und wie er schließlich entdeckt hatte, daß Menschen, die an einer Epilepsie litten, die durch eine Störung in den Temporallappen hervorgerufen wurde, völlig unvermittelt aggressiv wurden und Gewalttaten begingen. »Die Auswirkungen dieser besonderen Epilepsie«, schloß er seinen Bericht, »ähneln sehr Nicolas Verhalten.«

Sally war ganz aufgeregt. »Das ist merkwürdig«, sagte sie. »Wer hat mir noch gesagt, daß Nicola bei einem Besuch erklärt hatte, sie komme gerade von einer Gehirntomographie? Der Doktor habe gesagt, daß sie vielleicht an Epilepsie leide.«

Ed war verblüfft. »Warum hat mir das keiner gesagt?« rief er.

»Ich weiß nicht, Dad«, entgegnete Sally. »Ich habe mich auch nur daran erinnert, weil du von Epilepsie gesprochen hast. Ich weiß nicht einmal mehr, wer mir das erzählt hat.«

Pam war die Sache ein Rätsel. »Ich verstehe nicht, warum man uns nicht darüber informiert hat. Das ist doch sehr sonderbar, findet ihr nicht auch?«

»Sie sind nicht verpflichtet, uns irgend etwas zu sagen«, erwiderte Ed. »Möglicherweise steckt auch nichts dahinter. Wie lange ist das her, Sally?«

Zuerst konnte Sally sich nicht erinnern, dann aber fiel ihr ein, daß sie davon gehört haben mußte, bevor Nicola sich die Hand verletzt hatte. Pam meinte, es wäre vielleicht Barbara gewesen, eine Freundin Nicolas, die sie am Tag vor dem Zwischenfall besucht hatte.

Die drei liefen ins Wohnzimmer, und Pam nahm den Telefonhörer ab. Sie beeilte sich so sehr, daß sie sich verwählte, dann hatte sie die richtige Verbindung.

»Hallo, Mrs. Jackson. Hier spricht Pam Owen. Ist Barbara zu Hause?« Pam wandte sich um und nickte Sally und Ed zu. »Hallo, Barbara ... Ja, ich habe sie heute besucht ... Nun, wir wissen es nicht genau.« Zum Leidwesen von Sally und Ed mußte Pam erst einen kurzen Bericht von Nicolas letzten Eskapaden geben. Schließlich aber konnte sie die Fragen stellen, auf die alle warteten. »Barb, du erinnerst dich noch daran, daß du Nicola vor ein paar Wochen besucht hast, nicht wahr? ... Hat Nicola irgend etwas gesagt, daß man bei ihr eine Gehirntomographie gemacht hat?« Die Spannung bei Ed und Sally wurde beinahe unerträglich. Verzweifelt versuchten sie mitzubekommen, was am anderen Ende der Leitung gesagt wurde. »Glaubst du, daß Nicola diese Geschichte erfunden hat? Ja, Epilepsie.« Ed war vor Ungeduld ganz außer sich. »Wir werden das am Montag nachprüfen. Danke, Barbara, du bist eine große Hilfe für uns gewesen.«

Pam legte den Hörer hastig auf und sagte: »Es gibt keinen Zweifel. Nicola hat Barbara erzählt, daß eine Gehirntomographie bei ihr gemacht worden ist und daß der Arzt gesagt hat, es gäbe Hinweise auf Epilepsie.« Für einen Moment hielt sie inne, dann fuhr sie fort: »Es ist komisch, als Barbara sagte, daß sie sich ganz sicher sei, fiel mir ein, auch etwas über die Sache mit der Epilepsie gehört zu haben.«

Pam setzte sich auf das Sofa und versuchte verzweifelt, sich zu erinnern. Sally hockte sich auf die Lehne eines Sessels und wartete. Obwohl er das Gefühl hatte, endlich Licht am Ende des Tunnels zu sehen, versuchte Ed jedes Gefühl der Freude zu unterdrücken und lief in die Küche, um seine Notizen zu holen.

Als er zurückkehrte, sagte Pam: »Ich verstehe nicht, wieso es Epilepsie sein kann.«

»Natürlich kann es Epilepsie sein«, erwiderte Ed entschieden. »Aber wir werden erst Genaueres wissen, wenn wir am Montagmorgen Dr. Wells in Holloway anrufen.« Dann notierte er sich in Großbuchstaben: EPILEPSIE/NACHPRÜFEN UND TELEFONIEREN.

»Glaubt ihr ...«, sagte Sally und hielt inne, als ihre Eltern sie anschauten. Dann setzte sie erneut an: »Ihr habt Dr. Morley doch am Donnerstag gesehen, nicht wahr?« Ihre Eltern nickten beide. »Nun, er hat gesagt, er habe Nicolas Fall mit Dr. Wells besprochen, oder nicht?« Wieder nickten Pam und Ed. »Da Dr. Wells der Psychiater in Holloway ist, müßte er davon wissen, richtig?« Ed und Pam schauten ihre Tochter fragend an. »Ich will auf folgendes hinaus: Wenn die Gehirntomographie zwei Wochen her ist, wenn sie also die Ergebnisse bereits haben und wissen, daß Nicola an Epilepsie leidet, dann müßte Dr. Morley es wissen und hätte es euch bestimmt auch gesagt, insbesondere, wenn er wußte, daß Dr. Wells es euch noch nicht mitgeteilt hat.«

Ed und Pam waren bestürzt und nur ein wenig erstaunt über die tiefgehenden Einsichten ihrer Tochter.

»Vielleicht hat er es bereits gewußt, Sally«, sagte Ed nachdenklich.

»Was meinst du damit?« wollte Pam wissen.

»Nun, Dr. Morley hat von einer zweiten Krankheit gesprochen. Vielleicht sollte das ein Hinweis sein.«

Pam konnte diese Möglichkeit nicht akzeptieren. »Warum sollte er uns einen Hinweis darauf geben, Ed? Warum teilte er es uns nicht ganz offen mit?«

Der offensichtliche Grund fiel Ed erst ein, als seine Frau ihm die Frage stellte. »Weil er annimmt oder zumindest hofft, daß diese Form der Epilepsie heilbar ist und Nicola nach Hause zurückkehren kann. Aber wenn dem nicht so ist, sie also nicht auf die Behandlung reagiert, müßte sie nach Broadmoor gehen.«

Doch Pam hatte ihm gar nicht mehr zugehört. Ein Bild formte sich in ihrem Kopf. »Ich glaube, ich erinnere mich, wo ich etwas davon gehört habe, daß Nicola eine Gehirntomographie bekommen hat«, sagte sie zögernd. »Ich glaube ...«

Sie sprang auf und lief ins Arbeitszimmer. Einen Moment später kehrte sie mit einem Brief in der Hand zurück. »Hier«, sagte sie. »Ich weiß, es ist furchtbar, aber das ist ein Brief von Nicola. Er kam, als du fort warst, ich habe ihn auf die Ablage gelegt und dann vergessen.«

»Und was steht über Epilepsie in dem Brief?« fragte Sally, die unbedingt verhindern wollte, daß es über den Brief zu einem Familienkrach kam.

Ed hatte gerade Anstalten gemacht, den Brief zu nehmen, um ihn sofort selbst zu lesen, aber Sallys hastige Frage gab Pam die Möglichkeit, fortzufahren. »Es steht ganz am Ende«, erklärte sie und begann vorzulesen. »›Ich habe Dr. Wells heute gesehen. Er hat sich nach meinem Befinden erkundigt. Nachdem wir eine Weile miteinander geredet hatten, sagte er, ich hätte eine ernste Depression, doch würde er mit meiner Behandlung genauso weitermachen. Er hatte außerdem endlich die Ergebnisse meines EEG-Tests, die positiv ausgefallen waren. Das bedeutete, ich hätte eine schwache Ausprägung einer Epilepsie oder so etwas ...‹«

Pam hörte auf zu lesen und gab den Brief ihrem Mann. »Es tut mir leid, daß ich den Brief verlegt habe, Ed.«

Doch Ed war über diese Neuigkeit so aufgeregt, daß er seiner Frau gar nicht böse sein konnte. »Ist schon gut, mein Schatz«, sagte er. »Du hast genug Dinge gehabt, um die du dich kümmern mußtest.«

Ed las Nicolas Brief, der auf einfachem, liniertem Papier geschrieben war, von dem man jedes Blatt mit dem Stempel »Holloway Prison« versehen hatte. Während er las, wuchs seine Entschlossenheit, daß er nicht nur Nicola aus dem Gefängnis herausholen, sondern auch Himmel und Hölle in Bewegung setzen würde, um jemanden zu finden, der sie heilen könnte; etwas, das sämtliche Mediziner in den letzten fünf Jahren erstaunlicherweise nicht geschafft hatten.

Ed hatte vorgehabt, am Montagmorgen in seinem Büro zu Hause zu arbeiten, aber als erstes suchte er die Telefonnummer der National Association of Epilepsy heraus und rief dort an. Er sprach mit einer sehr sachlich klingenden Frau, deren Tonfall erst dann freundlicher wurde, als er ihr sagte, seine Tochter leide an einer Epilepsie, die von der Hirnrinde, dem Temporallappen ausgelöst wurde. Sie versprach ihm, sofort Informationsmaterial über Epilepsie zu schicken. Als das Material ankam, war aber leider nichts darunter, das sich mit dem Temporallappen befaßte.

Weniger erfolgreich verlief Eds Versuch, mit Dr. Wells in Holloway zu reden. Nachdem er ihn zum dritten Mal nicht erreichen konnte, fragte er, ob der Doktor ihn zurückrufen könne, sobald er Zeit dazu habe. Eine Stunde später rief Dr. Wells an. Ed fragte ihn, ob Nicola an einer bestimmten Form der Epilepsie leide.

»Mit Sicherheit nicht«, antwortete Dr. Wells.

»Aber Nicola hat geschrieben, daß in ihrem Elektroenzephalogramm Unregelmäßigkeiten aufgetaucht sind.«

»Kleinere Abweichungen, die allerdings nicht so abnormal sind, wenn man bedenkt, was sie für Medikamente bekommt und welchen Einfluß die Haft hat.«

Ed war mit dieser Antwort nicht zufrieden. »Ich habe

einiges über Epilepsie gelesen«, sagte er. »Und was mich wirklich betroffen gemacht hat, war die Beschreibung, wie sich Menschen verhalten, die an einer Temporalepilepsie leiden. Mir sind viele Ähnlichkeiten mit Nicolas merkwürdigem Verhalten aufgefallen. Es scheint, als sei diese Form der Epilepsie unheilbar, so daß in manchen Fällen die Erkrankten in besonders gesicherten Einrichtungen untergebracht werden müssen. Ist das auch bei Nicola der Fall? Meine Frau und ich würden gerne die Wahrheit wissen, Dr. Wells.«

»Bitte glauben Sie mir, Mr. Owen, das medizinische Personal in Holloway arbeitet sehr sorgfältig. Ich kann Ihnen versichern, daß Nicola nicht an irgendeiner Form der Epilepsie leidet.«

Ed dankte dem Arzt für dessen Offenheit und beendete das Telefonat. Als er sich in seinem Drehstuhl zurücklehnte, wußte er nicht, ob er erleichtert oder enttäuscht sein sollte. Jedenfalls war er entschlossen, seine Suche weiterzuführen. Er öffnete die linke Schublade seines Schreibtisches, nahm die Notizen heraus, die er sich in der Bibliothek gemacht hatte, und las sie sorgfältig noch einmal durch.

Dann holte er ein neues Blatt hervor und schrieb:

KEINE EPILEPSIE
1. IST ENDOKRINE ERKRANKUNG = HORMONELLE ERKRANKUNG
2. EIERSTÖCKE SIND TEIL DES ENDOKRINEN SYSTEMS. HERAUSFINDEN, WELCHES HORMON SIE PRODUZIEREN.
3. WENN EINE ENDOKRINE ERKRANKUNG = HORMONELLE ERKRANKUNG – WAS HAT DAS MIT DER MENSTRUATION ZU TUN?
4. NICOLAS PERIODEN

Zufrieden legte Ed seinen Kugelschreiber beiseite und öffnete seinen Terminkalender. Die Einträge bestätigten, was er bereits gewußt hatte. Er hatte diese Woche so viele Termine, daß er nicht vor Samstag in die Bibliothek würde gehen können. Er hoffte allerdings, daß er, obwohl er nichts von Medizin verstand, die wahre Ursache für Nicolas Krankheit herausfinden würde, bevor es zu spät war. Bald würde ihr Fall vor Gericht kommen, und wenn dann kein Wunder geschah, würden die Richter die Empfehlung der Ärzte annehmen – »Einweisung nach Broadmoor«.

Als Ed seiner Frau erzählte, was Dr. Wells ihm gesagt hatte, schien diese Neuigkeit, daß Nicola mit Sicherheit nicht an Epilepsie litte, ihrer Hoffnung keinen Dämpfer zu versetzen; Pam war jedenfalls keineswegs beunruhigt. Am Abend aber, als sie und Ed allein im Wohnzimmer waren, begann Pam plötzlich laut loszuheulen. Sie hatte die Arme verschränkt und schaukelte apathisch auf dem Sofa hin und her, bis sie schließlich nur noch »Nein! Nein! Bitte nicht!« schrie.

Ed eilte zu ihr, kniete auf den Boden und schaute ihr ins Gesicht. »Was ist mit dir? Bitte sag mir, was mit dir ist, Pamsie«, fragte er sie tief beunruhigt.

Pam konnte ihren Schmerz nicht länger unterdrücken. Sie keuchte: »Ich will nicht, daß sie dorthin geht ... Ich kann ... Ich kann einfach den Gedanken nicht ertragen, daß sie in diese Anstalt gesperrt wird.«

Ed antwortete nicht, und eine ganze Weile weinte Pam nur. Er tat alles, um sie zu trösten, er hielt ihre reglosen Hände und blickte ihr in die verweinten Augen.

Dann stieß Pam einen herzzerreißenden Schrei aus und rief: »Ich wünschte, sie wäre tot! Ich wünschte, sie wäre tot!« Dann erstarb ihr Schrei, und mit einem heiseren Flüstern fügte sie hinzu: »In dieser Anstalt stirbt sie nur jeden Tag Stück für Stück.« Ihr Kopf sank herab, und ihr ganzer Körper bebte in heftigen Krämpfen.

Ed umfaßte ihren Kopf und hob ihn, so daß er Pam in die Augen schauen konnte. In schneidendem Tonfall sagte er: »Tot? Tot? Du willst, daß deine Tochter tot ist? Man kann nicht gegen den Tod kämpfen. Ein Toter wird nie wieder lebendig. Der Tod ist ewig. Verstehst du? Da gibt es keine zweite Chance. Da gibt es überhaupt keine Chance mehr. Das ist das verdammte Ende von allem!« Er musterte das Gesicht seiner Frau und bemerkte, daß ihr Entsetzen sich gelegt hatte. Sanft küßte er sie auf die Stirn und versicherte ihr: »Zusammen stehen wir diese Sache durch, Pamsie. Verstehst du? Bitte verliere jetzt nicht den Glauben an das, was wir wissen und annehmen. Die Leute da draußen werden uns anhören müssen. Wir werden sie dazu bringen, uns zuzuhören, das verspreche ich dir. Aber ich brauche deine Hilfe. Ohne dich schaffe ich es nicht.« Er löste seine Umarmung und wich ein Stück zurück.

Pam entspannte sich, ihr Körper hatte aufgehört zu zittern. Langsam streckte sie die Hand aus und strich Ed sanft über die Wange.

17.
Fortschritte

Jeden Tag in dieser Woche sorgte Pam dafür, daß jemand Nicola besuchte. Wenn sie nicht selber hinging, rief sie im Gefängnis an und erkundigte sich nach Nicola. Das Personal in Holloway war sehr höflich und gab gerne Auskunft. Wie Jean Harrison, die Leiterin der medizinischen Abteilung, es versprochen hatte, wurden Nicolas Stimmungsschwankungen aufgezeichnet. Die Aufseherinnen berichteten Pam voller Begeisterung über die bemerkenswerten Verbesserungen, die bei Nicola während der Woche festzustellen waren. Es gab keine hysterischen Szenen oder aggressiven Gewaltausbrüche mehr. Die Wärterinnen schrieben nieder, daß Nicola unwillkürlich aufstand, wenn sie die Zelle betraten, und daß sie freundlich grüßte und sich lächelnd für das Essen bedankte, wenn ihr welches durch die Luke geschoben wurde.

Es gehörte zu den Methoden des Gefängnisses, daß jede Besserung im Verhalten eines Häftlings, der in der Einzelzelle saß, belohnt wurde. Am Dienstag bekam Nicola ein Kissen, so daß das Schlafen auf der einfachen Matratze ein wenig bequemer wurde. Am Mittwoch wurde ihr grobes Schnürkleid gegen einen Baumwollkittel ausgetauscht. Am Donnerstag erhielt sie Leinenschuhe ohne Schnürsenkel. Und am Freitag bekam sie einen Stuhl in ihre Zelle; zum erstenmal seit vierzehn

Tagen konnte sie sich daher beim Essen hinsetzen, statt sich auf den Boden zu kauern.

Am Freitag besuchten Ed und Pam ihre Tochter. Sie küßten und hielten ihre Hand und versicherten ihr, daß sie bald wieder nach Hause kommen würde. Am Ende des Besuches schauten die beiden Aufseherinnen ostentativ in eine andere Richtung, so daß Pam und Ed ihre schluchzende Tochter einen Moment umarmen konnten, bevor sie wieder in die Zelle gebracht wurde. Dann standen sie im Gang und blickten Nicola nach, wie sie zu ihrer Zelle zurückgeleitet wurde. An ihrer Tür drehte sie sich noch einmal um, und Ed rief ihr voller Zuversicht zu: »Wir werden gewinnen, Nicola. Wir werden gewinnen – da gibt es keinen Zweifel! Du bist bald wieder zu Hause. Wir versprechen es dir.«

Ed wußte nicht, wie sie dieses Versprechen halten sollten, er wußte nur, daß sie es halten würden.

Später rief Jonathan bei ihnen an. »Hallo, Dad«, sagte er. »Ich bin morgen für ein Spiel aufgestellt worden. Anstoß ist um zehn Uhr dreißig. Schaffst du das?«

Ed lachte und fragte: »Was für eine Art von Einladung ist das denn, Johnnie?«

»Tut mir leid, Dad. Ich war nur Reserve und hatte gar nicht damit gerechnet zu spielen, aber einer aus dem Team hat eine schlimme Erkältung bekommen.«

»Und was spielst du, Johnnie?«

»Ich bin natürlich Verteidiger.«

Ed lächelte. Auf genau dieser Position hatte er eine Saison lang in einer der unteren Profi-Ligen gespielt. Allerdings war das noch vor Nicolas Geburt gewesen. »Natürlich komme ich«, erwiderte er erfreut, obwohl er einen flüchtigen Moment überlegt hatte, seinem Sohn zu sagen, daß er es nicht würde einrichten können. Er hatte einen Brief von Mr. Smythe, seinem Anwalt bekommen, der ihm bedeutete, daß Nicolas Fall möglicherweise für die kommende Woche in Old Bailey aushing. Außerdem verblieb ihm dann nur der Samstag, um in der öffentlichen Bibliothek weiter nach Ursachen der Krankheit zu suchen. Aber wie hätte er die Bitte seines Sohnes abschlagen können? Ihm war nur allzu bewußt, daß in den letzten Monaten Johnnie und Sally hinter Nicola erst an zweiter Stelle gestanden hatten, nicht, was Pams und seine Liebe anging, wohl aber die Zeit und Aufmerksamkeit, die sie ihnen schenkten.

»Das ist toll!« rief Johnnie ehrlich erfreut. »Jetzt muß ich aber gehen, Dad. Wir dürfen nicht so lange am Telefon hängen. Ich treffe dich morgen um halb elf. Aber komm nicht zu spät!«

Ed war rechtzeitig beim Spiel, und es machte ihm wirklich Spaß, Johnnie und seine Schulkameraden so begeistert jenes Spiel spielen zu sehen, das er als junger Mann so geliebt hatte. Er sah, daß es zwei oder drei ganz vielversprechende Fußballspieler gab, aber ihre Spielfreude wurde sehr oft von dem brutalen Einsatz der anderen durchkreuzt. Wie Erbsen, die in einer Keksdose herumrollten, stürmten die Jungen dorthin, wo der Ball war. Nur ein Tor wurde geschossen – allerdings von der gegnerischen Mannschaft. Doch Ed freute sich, daß Johnnie seine Sache so gut machte. Offenbar sahen das auch seine Mitspieler so. Dreimal schlugen sie Johnnie anerkennend auf die Schulter, als er seinen kräftigen Gegner mit geradezu unheimlicher Präzision zu Fall gebracht hatte.

Nach dem Spiel unterhielt sich Ed mit Johnnie und seinem Direktor. Das nahm einige Zeit in Anspruch, so daß Ed erst kurz nach zwölf Uhr ins Auto steigen und sich durch den dichten Verkehr nach Bexleyheath in die Bibliothek aufmachen konnte.

In der Bibliothek suchte Ed sofort die Abteilung »Medizin« auf. Zuerst holte er die Bände, die er auch am vergangenen Samstag benutzt hatte. Danach wählte er einige weitere Titel aus, die noch Wichtiges enthalten konnten. Zum Glück war die Bibliothek beinahe völlig leer, denn Ed benötigte einige Menge Platz für seinen großen Stapel Bücher.

Dann holte er die Notizen, die er sich gemacht hatte, aus seiner Jackentasche und legte sie vor sich auf den Tisch. Diesmal hatte er nur einen Kugelschreiber bei sich, den er ordentlich vor sich plazierte.

Während er sich durch die Indizes der verschiedenen Bücher arbeitete, notierte er sich Unterbegriffe von Schlüsselwörtern, die er genauer definieren mußte. Nach fast zwei Stunden lehnte er sich in seinem Stuhl zurück und starrte aus dem Fenster. Er hatte überhaupt nichts geklärt, hatte keine neuen Anhaltspunkte gefunden und spürte eine immer großer werdende Enttäuschung.

Weil er fürchtete, mit seinen Nachforschungen in einer Sackgasse gelandet zu sein, wandte er sich einem anderen Nachschlagewerk zu, um im Index nach dem Wort »Progesteron« zu suchen. Plötzlich entdeckte er den Begriff »Prämenstruell«. Zwei Einträge danach stand »Prämenstruelle Spannungen«. Hastig blätterte er zu den angegebenen Seiten um. Während er den Artikel las, machte er sich Notizen: »Ein Syndrom, das in den Tagen vor der Menstruation eintritt. Symptome: Kopfschmerzen, Schlaflosigkeit, Erschöpfung, psychische Unausgeglichenheit«.

Einige Minuten saß Ed da und dachte darüber nach,

was er als nächstes lesen sollte. Dann beschloß er, sich helfen zu lassen, und ging zu der großen, dunkelhaarigen Frau mit Brille hinüber, die als einzige Bibliothekarin Dienst tat.

»Ich frage mich, ob Sie mir vielleicht helfen können«, begann er in einem höflichen Tonfall, der kaum seine Geduld und das Gefühl, wie dringlich die Sache sei, verbergen konnte. »Ich versuche, etwas über prämenstruelle Syndrome nachzulesen. Ich interessiere mich nicht so sehr für die Ursachen, darüber habe ich genug herausgefunden. Ich bin mehr daran interessiert ...« Einen Moment lang wußte Ed nicht, wie er am besten ausdrükken sollte, was er suchte. »Ich bin mehr an den Verhaltensweisen der jungen Frauen interessiert, die daran leiden. In den Handbüchern scheint über diesen besonderen Aspekt nicht sonderlich viel zu stehen.«

Die Bibliothekarin wandte sich nach rechts und blickte zu einem niedrigen Regal, auf dem sich augenscheinlich ganz besondere Bücher befanden. »Hier habe ich etwas, das Ihnen vielleicht weiterhelfen kann«, sagte sie und holte ein dickes Buch hervor, das mit einem hellgrünen Einband versehen war. Sie schlug den Index auf, blätterte schnell die Seiten durch und begann zu lesen.

Mit einer Mischung aus Aufregung, Furcht und Hoffnung schaute Ed ihr dabei zu.

Dann schüttelte die Frau langsam den Kopf und erklärte entschieden: »Nein, das ist es nicht.«

Ed spürte einen stechenden Schmerz der Enttäuschung.

Schnell blätterte sie zum Index zurück und sagte: »Vielleicht ist es das hier.« Dann begann sie an einer anderen Stelle in dem Buch zu lesen. Nach einigen Sekunden drehte sie triumphierend das Buch herum und deutete mit einem Finger auf den Abschnitt, wo Ed nachschauen sollte. Ed blickte auf die Seite, doch da erklärte die Bibliothekarin: »Nehmen Sie das Buch ruhig mit zu Ihrem Tisch. Das geht schon in Ordnung.«

Ed kehrte schnell zum Tisch zurück und las die ausgewählte Textstelle, wo das typische Verhalten von Frauen beschrieben wurde, die am prämenstruellen Syndrom leiden. Bei diesen Frauen kamen »wiederholt Gewalttätigkeiten vor, die krimineller Natur waren ... Hysterie ...«

Kurz bevor er den leider allzu knappen Abschnitt gelesen hatte, bemerkte Ed, daß die Bibliothekarin hinter ihm stand. »Dieses Buch ist gerade aus Amerika eingetroffen«, sagte sie. »Hier wird das Thema umfassender behandelt.«

Ed schob das Buch, mit dem er gerade gearbeitet hatte, zur Seite, um sich das andere vorzunehmen. »Vielen Dank«, sagte er zu der Bibliothekarin. »Das ist sehr nett von Ihnen.«

In dem dicken Buch war ein Kapitel mit »Prämenstruelles Syndrom« überschrieben. Die Seiten des Bandes waren in drei gut lesbare Spalten unterteilt.

Der einleitende Abschnitt befaßte sich mit den möglichen Ursachen, die Ed mittlerweile schon bekannt waren, und doch hatte er bei der Lektüre das Gefühl, als sei ein helles Licht auf eine einstmals dunkle Welt von Furcht und Zweifel gefallen. Das Kapitel lieferte eine sehr anschauliche Beschreibung, wie sich die erkrankten Frauen verhielten, und schilderte die Forschungsergebnisse auf diesem Gebiet.

»Es tut mir leid, aber wir schließen jetzt«, erklärte die Bibliothekarin plötzlich. Ed war so sehr in seine Lektüre vertieft gewesen, daß er gar nicht bemerkt hatte, daß die

Bibliothekarin neben seinem Tisch stand. »Es tut mir leid, daß ich Sie stören muß, aber unsere Öffnungszeit ist längst überschritten.«

Ed schaute die Frau an. »Sie dürfen jetzt nicht schließen«, sagte er verzweifelt und trotzig zugleich. »Hier geht es um Leben und Tod. Ich bin auch beinahe fertig.« Er blickte flüchtig auf das Kapitel, um abzuschätzen, wieviel Zeit er noch benötigte. »Geben Sie mir noch zehn Minuten«, bat er. Vor Anspannung verzerrte sich sein Gesicht. »Ich übertreibe nicht. Es ist wirklich sehr wichtig. Das Leben einer jungen Frau hängt von dem ab, was ich hier lese.«

»Also gut«, entgegnete die Bibliothekarin, »aber bitte nicht mehr als zehn Minuten.«

Als die Frau sich zum Gehen wandte, sagte Ed leise: »Es geht um meine Tochter, verstehen Sie? Sie wollen sie nach Broadmoor bringen.« Dann begann er wieder zu lesen.

Er hatte das Kapitel gerade beendet, als die Frau zurückkehrte. »Bitte entschuldigen Sie, aber ich muß nun wirklich schließen.«

Ed blickte auf seine Armbanduhr. An diesem Samstag würde die Bexleyheath Public Library fünfunddreißig Minuten später als gewöhnlich schließen. »Es tut mir sehr leid«, sagte er. »Sie sind so nett und hifsbereit gewesen. Darf ich Ihnen wenigstens helfen und die Bücher zurückstellen?«

Mit einem müden Lächeln lehnte die Bibliothekarin ab.

Als er in seinem Auto saß, startete Ed nicht sofort den Motor. Er hatte die Hände um das Lenkrad gelegt und dachte darüber nach, was er gelesen hatte, und darüber, wie er als nächstes vorgehen sollte. Er fand es sehr erstaunlich, daß er in einer kleinen Bibliothek in der Vorstadt ein amerikanisches Buch gelesen hatte, in dem präzise und umfassend das Verhalten seiner Tochter beschrieben wurde: Selbstverstümmelung, die Zerstörung von eigenen Besitztümern, körperliche Angriffe auf geliebte Personen, Selbstmordversuche, übermäßiges Essen und bewußt herbeigeführtes Erbrechen. Diese Aufzählung umfaßte die seltsamen Reaktionen verschiedener erkrankter Frauen. Nicola aber hatte es geschafft, all diese Dinge zu tun, sie hatte darüber hinaus noch zweimal Brandstiftung begangen.

Viele Fragen blieben jedoch noch immer unbeantwortet. Wenn offensichtlich soviel über das prämenstruelle Syndrom bekannt war, warum hatte keiner der Ärzte, die Nicola in den letzten vier Jahren aufgesucht hatte, einen Hinweis auf diese Krankheit gegeben? Obwohl Dr. Morleys Bemerkung über endokrine Drüsen die ganze Suche ausgelöst hatte, hätte er sich genauer ausgedrückt, wenn er von dem prämenstruellen Syndrom gewußt hätte? Dr. Sangster hatte vielleicht Vermutungen in dieser Richtung gehegt, als er wollte, daß auch ein Gynäkologe Nicola untersuchen sollte, aber warum war dabei nichts herausgefunden worden? Und warum hatte man Nicola immer so behandelt, als habe sie ausschließlich psychische Probleme? Warum hatte man ihr nur regelmäßig hohe Dosen Beruhigungsmittel gegeben, wo doch augenfällig war, daß physisch bei ihr einiges nicht stimmte?

Plötzlich begann er zu begreifen, und das geschah mit einer Heftigkeit, als habe ihn ganz unerwartet ein Esel getreten. Er stöhnte laut auf. »Nie ist auch nur ein verdammtes Wort darüber gefallen, was man gegen diese Krankheit tun kann – kein einziges verdammtes Wort.

Es gab keinerlei Prognose, kein Heilmittel gegen das prämenstruelle Syndrom!«

Als er den Wagen anließ, ging ihm nur ein Gedanke durch den Kopf: O Gott, laß es nicht ein weiterer Fall von Temporalepilepsie sein! Seine Angst wuchs, daß die Ärzte Nicolas Krankheit richtig diagnostiziert hatten, aber daß sie gute Gründe hatten, darüber Stillschweigen zu bewahren – daß nämlich diese Krankheit unheilbar war. Dieser Gedanke brachte Ed schier zum Wahnsinn.

Zuhause angekommen war all seine Euphorie und Siegessicherheit verflogen. Während er die Eingangstür öffnete, versuchte er, sich zu beruhigen, damit man ihm seine Enttäuschung und seine Angst nicht direkt ansah.

Pam war in der Küche und schälte Kartoffeln für das Abendessen. »Wie bist du weitergekommen?« fragte sie wie beiläufig und blickte nicht einmal auf.

Er überlegte sich genau, was er antworten sollte. »Die Bibliothekarin war sehr hilfsbereit und hat ein Buch aus Amerika für mich gefunden. Es war wirklich verblüffend. Ich habe alles über Nicola und die seltsamen und schrecklichen Dinge gelesen, die sie angestellt hat.« Er wartete auf eine Reaktion auf seine Worte, aber es kam keine. Pam schälte weiter Kartoffeln. »Weißt du noch, wie Dr. Morley von den endokrinen Drüsen gesprochen hat?« fragte er, aber wieder gab Pam keine Antwort. »Nun, es ist wohl so, daß eine Erkrankung des endokrinen Systems auch die Hormonproduktion in den Eierstöcken in Mitleidenschaft ziehen kann.«

»Das ist sehr interessant«, erwiderte Pam, ohne allerdings viel Interesse zu zeigen oder überzeugt zu wirken. Frühere Enttäuschungen hatten sie vorsichtig werden lassen.

Ed fuhr fort: »Eines dieser Hormone, das für eine

Frau sehr wichtig ist, heißt Progesteron oder so ähnlich. Den richtigen Namen habe ich vergessen. Wenn eine Frau jedenfalls nicht richtig mit diesem Hormon versorgt wird, dann leidet sie vor und nach der Periode ganz furchtbar.«

»Das geht vielen Frauen so. Was ist daran neu?«

»Dieses amerikanische Buch beschreibt nicht, daß die Frauen etwas unpäßlich sind, sondern daß sie so sehr durchdrehen, daß sie etwas zerstören, meistens auch sich selbst. Man kann beinahe sagen, Frauen, die am prämenstruellen Syndrom leiden, spielen für eine gewisse Zeit wirklich verrückt.«

Pam war immer noch nicht beeindruckt, aber sie tat ihr Bestes, um Ed aufzuheitern. »Warum schreibst du das nicht für Mr. Smythe auf? Ich bin sicher, daß ihn das interessiert.« Sie drehte sich zu ihm um und lächelte. »Mach schon, Ed. Ich werde es auf der Schreibmaschine tippen, und er hat es am Dienstag in seinem Briefkasten.«

»Ja, aber ich möchte noch ein wenig darüber nachdenken, bevor ich es aufschreibe. Ich gehe ein wenig mit Emma spazieren.«

Als er Emmas Leine holen wollte, fragte Pam: »Und was war mit Johnnie? Du hast mir gar nicht erzählt, wie er heute morgen gespielt hat.«

Augenblicklich fühlte Ed sich schuldig. Trotz all seiner guten Vorsätze hatte ihn sein Vorhaben, Nicola zu retten, ganz und gar eingenommen. Wie konnte er nur vergessen, Pam von seinem Besuch in Johnnies Schule zu erzählen? In viel entspannterem Ton gab er seiner Frau einen heiteren, aber genauen Bericht von Johnnies Spiel. Dann erzählte er, daß der Direktor gemeint habe, ihr Sohn mache sich sehr gut und scheine sich in der Schule sehr wohl zu fühlen. Schließlich rief er Emma aus dem Garten zu sich.

Ed lief zweimal um das Waldstück herum. Emma raste voller unbändiger Lebensfreude in alle Richtungen davon, sie jagte Kaninchen und kehrte gelegentlich zurück, um nachzuschauen, ob Ed noch bei ihr war. Manchmal stürmte sie aus einem Busch ganz in seiner Nähe, dann wieder raste sie von hinten heran und warf sich gegen seine Beine, wie um ihm zu sagen: »Hier bin ich wieder!«

Als sie zur Camden Road zurückliefen, keuchte Emma, und Speichel tropfte ihr aus dem Maul.

»Hallo, Mr. Owen.«

Ed war so in Gedanken versunken gewesen, daß er die junge Frau nicht bemerkt hatte, die auf ihn zukam, dann aber erkannte er sie. Es war Geraldine. Sie hatte im Lohnbüro einer Firma gearbeitet, in der er früher einmal Rechnungsprüfer gewesen war.

»Hallo, Jo«, erwiderte er erfreut. Da er sie immer mit dem falschen Namen angeredet hatte, scherte sie sich nicht darum, ihn zu verbessern.

Sie hatten sich seit Jahren nicht mehr gesehen, und Geraldine erzählte ihm, daß sie kürzlich geheiratet und sich mit ihrem Mann ein Haus in der Gegend gekauft habe. Nachdem sie ein paar Erinnerungen über gemeinsame alte Freunde ausgetauscht hatten, fragte Geraldine: »Und wie geht es Nicola? Das letzte Mal habe ich sie in einem Pantomimenspiel gesehen. Aber wann war das? Ich schätze, das muß zwei Jahre her sein. Sie war sehr gut. Ich nehme an, sie hat sich mittlerweile noch größere Dinge vorgenommen, nicht wahr?«

Ed musterte Geraldines Gesicht. Augenscheinlich wußte sie wirklich nicht, was mit Nicola geschehen war.

Also sagte er: »Du hast das von Nicola wahrscheinlich nicht gehört.« Dann berichtete er ihr von dem Feuer und was seiner Tochter widerfahren war. Er erzählte auch, daß die Ärzte unfähig waren, ein Heilmittel zu finden, und daß er selbst in der Bibliothek nachgeforscht hatte. Schließlich erklärte er: »Ich nehme an, Nicolas Krankheit hat etwas mit einem sogenannten prämenstruellen Syndrom zu tun. Irgendeine Hormonerkrankung, die …«

Aufgeregt unterbrach Geraldine ihn.

»Über genau dieses Thema habe ich einen großen Artikel in einer Frauenzeitschrift gelesen. Ich glaube, ich habe die Zeitschrift noch. Wenn ich sie finde, bringe ich sie dir. Du könntest auch versuchen, mit der Autorin zu sprechen. Ich glaube, sie heißt Dr. Dalton.«

»Dr. Dalton? Was macht sie?«

»Sie leitet eine Spezialklinik, wo Frauen behandelt werden, die ernste Probleme mit ihrer Menstruation haben. Sie weiß alles darüber und hat eine Behandlungsmethode entwickelt, mit der diese Dinge geheilt werden.«

Nachdem er das gehört hatte, kehrte Ed ganz aufgeregt nach Hause zurück. Keine Stunde später wurden zwei Seiten aus der Zeitschrift in seinen Postkasten geschoben. Der Artikel trug die Überschrift: »Macht Ihre Periode Sie auch verrückt?«

Pam und Ed lasen den Bericht gemeinsam, und zum erstenmal verspürten sie so etwas wie Hoffnung. Die Krankheit, die Dr. Dalton beschrieb, konnte offenbar geheilt werden. Es gab eine Behandlungsmethode.

Als sie nachts nebeneinanderlagen und darüber nachdachten, was die Zukunft wohl für sie bringen mochte, legte ihm Pam ihre Hand sanft auf seine Brust und sagte voller Überzeugung: »Wir werden gewinnen, Ed Owen?«

Am Sonntag erwachte ich sehr früh, weil meine Hand sehr schmerzte. Ich fühlte mich so zierlich, als trüge ich ein Ballettkleid. Ich lag noch auf meiner Matratze, als zwei Aufseherinnen hereinkamen und die Tür hinter sich verriegelten. Ich tat so, als schliefe ich noch, denn sie waren erstaunlich früh gekommen und ich wollte sehen, was sie vorhatten. Zu meiner Freude stellte sich eine Aufseherin auf meinen Stuhl und öffnete die Fensterläden, so daß sich das sanfte Licht eines Herbstmorgens in meine Zelle ergoß.

»Wie schön!« seufzte ich.

»Was hast du gesagt, Nicola?« fragte eine der Aufseherinnen.

»Ich habe gesagt: ›wie schön‹«, krächzte ich. Dann fand ich meine Stimme wieder und sagte: »Vielen Dank.« Es war solch eine unglaubliche Erfahrung zu sehen, wie das Tageslicht in meine Zelle drang, daß ich anfing zu weinen.

»Nun, wenn es dich zu sehr aufregt, mein Schatz«, neckte mich die eine Frau, »dann schließe ich die Fensterläden wieder für dich.«

»Nein, nicht«, rief ich gutgelaunt. »Ich will Ihnen wirklich keine Mühe machen.« Die Wärterinnen lächelten mich an. Ich setzte mich auf meiner Matratze auf und schaute ins Licht. »Sieht aus, als wäre es ein wunderbarer Morgen.«

»Ja«, stimmte die Frau zu, »und in ein paar Minuten gibt es Frühstück.«

Die Aufseherinnen sperrten die Tür auf und machten

Anstalten zu gehen, als sich eine noch einmal umwandte und sagte: »Nicola, hast du Lust, nachher zu baden?«

»Ja, unbedingt«, rief ich. »Vielen Dank.«

Nachdem die beiden Wärterinnen gegangen waren, blickte ich mich zum erstenmal bei Tageslicht in meiner Zelle um. Es gab nicht viel zu sehen, aber dann entdeckte ich etwas, was mich völlig überraschte. Auf einem Stuhl stand ein Plastikbecher mit frischen Freesien. Die Aufseherin mußte sie dorthin gestellt haben, als sie die Fensterläden öffnete.

Das war ein guter Anfang für einen Tag, der vielversprechend aussah.

Später an diesem Sonntagmorgen fand im Hause der Owens ein besonderes Ereignis statt. Nicht nur, daß Pam vor Ed erwachte, sie schlich auch noch die Treppe hinunter und deckte ein Frühstückstablett mit Tee und Biskuits. Dann kehrte sie mit Emma ins Schlafzimmer zurück und imitierte Eds typische Weckzeremonie: »Guten Morgen, Edward. Es ist ein wunderschöner Morgen. Die Sonne scheint schon über dem Bexley Wood, und alles riecht nach Herbst.«

Ed lächelte, noch bevor er die Augen geöffnet hatte.

Auch Emma spürte, daß bei ihren Besitzern etwas Besonderes vor sich ging, und gegen alle Gepflogenheiten sprang sie übermütig auf das Bett. Als sie Eds Gesicht abzulecken begann, protestierte ihr Herrchen: »He, ich wasche mich später, wenn du nichts dagegen hast, Emma.«

Während sie aus dem Fenster schaute und sich die herbstlich gefärbten Bäume des Waldes besah, sagte Pam: »Warum trinken wir unseren Tee nicht auf dem Balkon?«

»Eine fabelhafte Idee«, erwiderte Ed und stieg aus dem Bett. Er zog seine Hausschuhe an und setzte sich neben Pam auf den Balkon.

Emma gesellte sich zu ihnen und starrte neugierig hinaus; vielleicht würde ja zufällig ein furchtloses Eichhörnchen vorbeilaufen. Da aber offensichtlich keine Eichhörnchen durch den Garten liefen, drehte Emma sich wieder um und legte sich Pam zu Füßen.

»Wir haben eine große Schlacht vor uns«, sagte Pam.

»Wer sollte das besser wissen.«

»Ich bin sicher, unser Anwalt glaubt, die einzige Möglichkeit der Verteidigung besteht darin, auf geisteskrank zu plädieren. Wir müssen ihn überzeugen, daß Nicola behandelt werden kann.«

»Ich weiß, Pam. Das Problem ist, daß sie sich aufführt, als wäre sie verrückt. Darum müssen wir ganz genau herausfinden, was mit ihr nicht stimmt und ob sie geheilt werden kann. Das ist besonders wichtig, um die Einweisung nach Broadmoor zu verhindern.«

»Nun, wenn man diesem Artikel glaubt, dann kann diese prämenstruelle Sache geheilt werden, und diese Frau Dr. Dalton weiß, wie das geht.«

»Aber wir haben nur noch wenig Zeit. Smythe hat uns zwar gesagt, daß Nicolas Fall mit Sicherheit nicht nächste Woche vor Gericht kommt, aber danach ist es jederzeit möglich. Morgen werde ich ihn als erstes anrufen und ihm berichten, was wir herausgefunden haben.«

Und mit derselben begeisterten Entschlossenheit fügte Pam hinzu: »Und wir schicken ihm eine Fotokopie des Artikels.«

»Eine gute Idee, Pamsie. Außerdem schicken wir eine Kopie an Dr. Wells und Dr. Morley. Das wird ihnen einigen Aufschluß geben. Ich werde auch Nicola einen kurzen Brief schreiben. Wenn ich ihn auf der Hauptpost aufgebe, sollte sie ihn morgen haben.«

»Erzähl ihr nicht zuviel und baue ihr keine Luftschlösser, Ed.«

»Nein, ich will ihr nur sagen, daß wir sie lieben und daß wir alles für sie tun, was wir können.« Dann legte er zärtlich seinen Arm um seine Frau und fügte mit einem Lächeln hinzu: »Es ist gar nicht so schwer. Wir müssen nur all die anderen davon überzeugen, daß wir recht haben.«

18.
Verwirrung

Zum ersten Mal in den drei Wochen, die ich in der Einzelzelle verbracht hatte, durfte ich am Sonntagabend ein Nachthemd anziehen.

All die Aufseherinnen, die sich um mich kümmerten, sagten mir, wie sehr sie die offensichtlichen Fortschritte in meinem Verhalten freuten. »Du hast dich völlig verändert«, erklärte mir eine von ihnen.

Ganz allmählich begann auch ich zu spüren, daß ich ein anderer Mensch wurde. Zuerst dachte ich, es läge daran, daß Dr. Wells die Beruhigungsmittel abgesetzt hatte, die augenscheinlich die Ursache für meine Schlafstörungen gewesen waren. Dann fragte ich mich, ob meine düstere Depression wohl verschwunden war, weil Dr. Wells mir andere Tabletten verschrieben hatte. Ich weiß nicht genau, was das für Tabletten waren; Dr. Wells sagte nur, es seinen Hormontabletten, die den Zyklus meiner Menstruation regulierten und möglicherweise auch andere positive Effekte aufwiesen.

Je besser ich mich fühlte, desto mehr begann ich mir Sorgen zu machen, daß diese Veränderungen nur von kurzer Dauer sein konnten. Auch in der Vergangenheit hatte es immer wieder Tage, mitunter sogar Wochen gegeben, in denen die alte Nicola zurückkehrte und ich mit den Dingen um mich herum fertig wurde. Aber solche Zeiten währten nie lange. So lebte ich in der ständigen Furcht, was der kommende Tag wohl bringen mochte. Denn ich wußte, vielleicht wachte ich am nächsten Morgen auf und hatte keinen anderen Gedanken, als mit allem Schluß zu machen.

Am Montagmorgen wurde ich zur Leiterin der medizinischen Abteilung gebracht, wo ich mit Dr. Wells sprach. »Wie fühlen Sie sich?« fragte er, sobald ich mich gesetzt hatte.

»Danke, sehr viel besser. Ich glaube, dieses neue Medikament hilft mir sehr«, entgegnete ich wahrheitsgemäß.

Dr. Wells schien meine Antwort gar nicht zu beachten. Er las die täglichen Berichte, die er aus einer dicken Akte auf dem Schreibtisch genommen hatte. Ohne aufzublicken, sagte er zu der Leiterin: »Ich nehme an, daß nichts vergessen worden ist?«

Offenbar ein wenig verärgert antwortete sie: »Seit dem Zwischenfall im Bad ist nichts weiter passiert. Ihr Verhalten war ohne Auffälligkeiten. Wir konnten in unserer gewöhnlichen Verfahrensweise fortfahren und ihre gute Führung belohnen.« Dann zählte die Frau rasch die Vergünstigungen auf, die ich in der letzten Woche erhalten hatte.

Dr. Wells schaute mich an. Einen Moment schwieg er, dann sagte er: »Ich habe beim Gesundheitsamt einen Antrag gestellt, Sie in Broadmoor einzuweisen.« Er hielt inne, aber ich erwiderte nichts. »Dort haben sie die notwendigen Einrichtungen«, fuhr er schließlich fort, »um eine geeignete Behandlung zu gewährleisten. Ich bin sicher, mit der Zeit werden Sie von der Pflege und der Erfahrung dort profitieren.«

Da ich nicht wußte, was ich erwidern sollte, sagte ich nur: »Vielen Dank, Dr. Wells.«

Er stand auf, nahm seine Unterlagen und verließ das kleine Sprechzimmer.

Die medizinische Leiterin lächelte mich an und sagte: »Broadmoor ist eine hervorragende Klinik. Es liegt in einer großen Gartenanlage. Ich bin ein paarmal dort gewesen, und ich glaube, du wirst dort nicht unglücklich sein.«

Ich sagte nichts, denn es gab nichts zu sagen. Ich fürchtete nur, daß eine Verlegung meine Rückkehr nach Hause verzögern würde. Weihnachten war nicht mehr so weit entfernt, und ich wollte das Fest unbedingt bei Mum und Dad verbringen.

Da er wußte, daß er kaum noch Zeit hatte, die Mühlen der Bürokratie zu stoppen, die Nicola nach Broadmoor einweisen wollten, rief Ed gleich am Montagmorgen Mr. Smythe an.

»Wir haben diesen Artikel mit der Überschrift ›Macht Ihre Periode Sie auch verrückt?‹ gefunden«, erklärte er voller Begeisterung. »Ich schicke Ihnen heute noch eine Fotokopie. Der Artikel beschreibt, wie sonderbar sich Frauen verhalten, die an dem sogenannten prämenstruellen Syndrom leiden. Ich habe darüber auch etwas in einem medizinischen Handbuch in der Bibliothek gelesen. Das Buch stammte aus Amerika. Interessant an der ganzen Sache ist, daß es sich um eine Krankheit handelt, die von vielen Ärzten nicht erkannt und verstanden wird. Aber vor allem ist es eine Krankheit, die behandelt werden kann. Es gibt da eine Ärztin, Dr. Katharina Dalton, die offenbar alles über diese Krankheit weiß und sie auch erfolgreich behandeln kann, wie man hört.«

»Dalton. Wie buchstabiert man diesen Namen?«

»D-A-L-T-O-N.«

»Und wie lautet die Anschrift ihrer Klinik?«

»In dem Artikel steht nur, daß sie am University College Hospital arbeitet.«

»In Ordnung, Mr. Owen. Ich werde versuchen, mit ihr Kontakt aufzunehmen.«

»Vielen Dank, Mr. Symthe. Es ist wohl nicht nötig, wenn ich Ihnen sage ...« Ed verstummte abrupt. Seine Begeisterung war tiefer Besorgnis gewichen.

»Ich bin sicher, daß Sie mir eine sehr nützliche Information gegeben haben«, erwiderte der Anwalt. »Ich werde den Artikel mit großer Aufmerksamkeit lesen. Doch ich möchte noch etwas anderes mit Ihnen besprechen. Ich hätte Sie ohnehin heute angerufen. Ich habe soeben eine Kopie des Gutachtens von Dr. Boardman erhalten.«

»Ist die Klinik bereit, Nicola aufzunehmen?« fragte Ed besorgt.

»Offensichtlich nicht.«

»Warum nicht? Was für Gründe haben sie genannt?«

»Es ist ein sehr langer Bericht, den ich Ihnen am besten zuschicken werde.«

»Aber können Sie mir wenigstens die wichtigsten Punkte nennen?«

»Wenn Sie es unbedingt wünschen, Mr. Owen. Aber ich muß dazu sagen, meiner Meinung nach bringt dieses Gutachten die Sache kein Stück voran. Dr. Boardman sagt, daß Nicola ein sehr ängstliches Kind gewesen ist, das sich eine ganze Zeitlang sehr vor Tieren gefürchtet hat ...«

»Das ist völliger Unsinn«, unterbrach ihn Ed. »Was heißt das: Sie hat sich sehr gefürchtet? Nicola hat geschrien, als wir zum ersten Mal einen Hund in unserem Haus hatten, später hat sie Tiere sehr geliebt.«

»Soll ich fortfahren, Mr. Owen?« fragte ihn der Anwalt überaus sachlich.

»Ja, bitte. Ich werde Sie nicht mehr unterbrechen.«

»Dann spricht Dr. Boardman über ihre frühe Jugendzeit und wie sich ihre Probleme entwickelten. Ich werde Ihnen die letzte Passage vorlesen: ›Letztlich läßt sich festhalten, daß Nicola Anzeichen einer ernsten emotionalen, die Persönlichkeit betreffenden Krankheit zeigt; zum gegenwärtigen Zeitpunkt kann man sie als hysterische Psychopathin einstufen. Obwohl sie meiner Auffassung nach an einer psychopatischen Störung leidet, wenn man die Verordnung zur geistigen Gesundheit von 1959 zugrunde legt, ist die Wahrscheinlichkeit, daß diese Erkrankung sich als therapierbar erweist, höchst umstritten. Wenn eine Behandlung überhaupt durchgeführt werden kann, dann ist dies nur in einer besonderen Umgebung möglich, die nicht leicht zu schaffen sein wird.«

»Das bedeutet die Einweisung nach Broadmoor«, rief Ed voller Zorn.

»Wenn man sich dort bereit erklärt, sie aufzunehmen.«

Das war zu viel für Ed. Er explodierte förmlich. »Ich weiß, worauf das alles hinausläuft«, brüllte er. »Die Ärzte stecken alle unter einer Decke.«

»Was wollen Sie damit sagen«, entgegnete Mr. Symthe ihm aufgebracht.

Sofort bedauerte Ed, daß er in Wut geraten war. »Vielleicht habe ich mich ein wenig zu hart ausgedrückt, Mr. Symthe. Ich meine lediglich, daß sie sich offensichtlich alle gegenseitig den Rückern stärken und so alle das gleiche sagen. Meiner Ansicht nach schaut sich jeder Arzt, der sich mit dem Fall befaßt, erst einmal die Gutachten seiner Kollegen an und knüpft daran an. Daß sie alle unter einer Decke stecken, ist vielleicht falsch ausgedrückt. Ich habe aber den Eindruck, daß die Ärzte Nicola aufgegeben haben. Sie wollen uns immer wieder nur sagen, daß Nicola seit ihrer Kindheit krank ist. Doch das ist Unsinn, und uns bringt es kein Stück weiter.«

Ohne darauf einzugehen, was er von Eds grober Ausdrucksweise hielt, erwiderte Mr. Symthe: »Obwohl Nicolas Fall noch nicht terminiert ist, wird das in den nächsten Tagen geschehen, und das bedeutet, sie kann jederzeit vor Gericht gestellt werden.«

»Wir müssen das hinauszögern«, sagte Ed entschlossen. »Wir brauchen mehr Zeit, um etwas über den medizinischen Aspekt ihrer Krankheit herauszufinden, auf den die Psychiater nicht eingegangen sind. Für meine Frau und mich gibt es überhaupt keinen Zweifel, daß die Hauptursache für Nicolas Erkrankung physisch und nicht psychisch bedingt ist. Wir haben ständig auf die Verbindung zwischen Nicolas Menstruationszyklus und ihrer Erkrankung hingewiesen, aber wir sind nie beachtet worden. Also zählen wir auf Sie, Mr. Symthe, daß Sie alles tun, was Sie können.«

Mr. Smythe war daran gewöhnt, mit schwierigen Klienten umzugehen, und er verlor selten die Geduld, aber es gab viel an Ed Owens Verhalten, das er nicht mochte. Insbesondere störte ihn, wie sehr der Mann darauf beharrte, daß die Fachleute, die ihr Bestes getan hatten, sich alle irrten oder inkompetent waren. »Ich werde tun, was ich kann«, entgegnete er kurz angebunden und beabsichtigte, das Gespräch zu beenden. »Ich werde mich mit Mr. Giacomo, Ihrem Vertreter vor Gericht, besprechen und Sie dann wissen lassen, wo wir stehen. Innerhalb der nächsten Woche werden Sie einen Brief von mir erhalten.« Er hielt für einen Moment inne und fuhr dann fort. »Ich versichere Ihnen, Sie brauchen nicht an unserer Entschlossenheit zu zweifeln, alles für Nicola zu tun. Ich nehme meine Verantwortung für meine Klienten sehr ernst, Mr. Owen.«

»Ich habe niemals an Ihrem Engagement für Nicola gezweifelt, Mr. Smythe, und ich danke Ihnen sehr dafür. Aber Sie müssen eines verstehen, Nicola ist zwar Ihre Klientin, aber sie ist vor allem unsere Tochter, die wir über alles lieben.«

Eds Telefonat mit Mr. Smythe hatte seine Furcht verstärkt, daß die Rechtsanwälte ähnlich wie die angeblich erfahrenen Psychiater zu dem Entschluß gekommen waren, daß eine Einweisung nach Broadmoor auch in Nicolas Interesse liege. Sie würde einer Strafe entgehen, wenn man auf geisteskrank plädierte.

Das Gutachten Dr. Broadmans, das am nächsten Morgen eintraf, ließ seine Furcht und Enttäuschung noch weiter wachsen. »Schau dir das an, Pam«, rief er voller Zorn und deutete mit einem Finger auf den Text. »Er sagt hier: ›Nicola hat offenbar wenig sexuelle Erfahrung gesammelt, und sie sagt, daß der Gedanke an Sex sie ekelt und empört. Zu keiner Zeit hatte sie einen festen Freund.‹ Das ist eine Lüge. Was war mit Mark? Was war mit Peter? Ich weiß nicht, woher dieser Quacksalber das alles hat, aber das ist nicht unsere Nicola, die er da beschreibt.«

»Offenbar glaubt uns niemand, wenn wir sagen, daß Nicola ein normales, gesundes junges Mädchen war«, sagte Pam. Sie schaffte es nicht nur immer wieder, ihren Mann zu beruhigen, sondern brachte auch oft einen vernünftigen Vorschlag vor. »Wir müssen ein Dutzend Leute, die Nicola gekannt haben, dazu bringen, direkt unserem Anwalt zu schreiben. Und was ist mit den Schulzeugnissen? Warum habe ich nicht früher daran gedacht? Ich werde die Zeugnisse auch an Mr. Smythe schicken.«

»Eine gute Idee, Pamsie«, erwiderte Ed.

Pam machte sich sofort daran, ihr Vorhaben in die Tat umzusetzen. Sie rief Freunde und Verwandte an und suchte dann zwischen den Papieren, die das Feuer überstanden hatten, nach Nicolas Zeugnissen.

Für Ed hingegen war eine Zeit der intensiven Arbeit zu Ende. Er hatte entdeckt, was er für die eigentliche Ursache von Nicolas Schwierigkeiten hielt, und hatte dieses Wissen an die jeweiligen Fachleute weitergegeben. Er konnte sich nur noch zurücklehnen und abwarten. Dieses Abwarten jedoch entsprach weder seinem Charakter noch seiner Stimmung; es führte nur zu einer großen Verbitterung und Schwermütigkeit. Er schlief schlecht, stocherte lediglich in seinem Essen herum und trank wesentlich mehr Whiskey als gewöhnlich. Irgendwann würde der rasende Stier, der nun an der Kette lag, sich losreißen und losstürmen.

Der Brief, den er ein paar Tage später von Mr. Smythe erhielt, war auch nicht dazu angetan, ihn zu besänftigen. »Hör dir das an, Pam!« rief er erzürnt. »Giacomo meint, daß noch zwei Ärzte hinzugezogen werden sollen, die bestätigen, daß die Behandlung notwendig ist. Dieser Scheißkerl hat gar nichts kapiert. Er und Mr. Smythe haben überhaupt nichts kapiert. Es ist immer dasselbe – sie decken sich alle gegenseitig und gehen auf Nummer Sicher. Keiner von ihnen wird sich auch nur ein Stück vorwagen. Sie geben sich nie auch nur die kleinste Blöße und schützen ihren eigenen Berufsstand. Ich habe genug von all diesem widerwärtigen Unsinn.« Und mit diesen Worten warf er den Brief auf den Boden.

»Ed, beruhige dich um Himmels willen«, sagte Pam. »So eine Haltung hilft uns auch nicht weiter.«

»Du wirst begreifen, was ich meine, wenn du den ganzen Brief gelesen hast, Pam. Sie haben sich alle bereits entschieden.«

»Mr. Smythe ist ein hervorragender Anwalt, Ed. Er versucht wirklich, Nicola zu helfen.«

»Ich weiß, aber Tatsache ist, daß er zu diesem verdammten Rechtssystem dazugehört«, brüllte Ed. »Dieses System will Nicolas Einweisung. Es verarbeitet Leute wie ein Stück totes Fleisch in einer Fleischfabrik.«

»Du hilfst Nicola nicht, wenn du dich so aufführst, Ed. Wenn du alle Leute gegen dich aufbringst, dann können wir jede Hoffnung, zu gewinnen, vergessen. Dann werden wir Nicola endgültig verlieren. Denk daran, bevor du dich wieder so aufregst.«

Ed lehnte sich in seinem Sessel zurück. »Du hast recht«, entgegnete er leise. »Ich weiß ja, daß du recht hast. Ich denke nicht logisch.« Einen Moment später hatte Ed seine Fassung wiedergewonnen. »Wir müssen sowohl Mr. Giacomo und Dr. Wells treffen. Außerdem muß ich Mr. Smythe schreiben. Wir müssen unsere Ansichten schriftlich niederlegen.«

Pam dachte einen Moment darüber nach, bevor sie sagte: »Ich glaube, du solltest Mr. Smythe erst schreiben, nachdem du Nicola am Samstag besucht hast. Dann kannst du ihm die neuesten Dinge mitteilen. Es scheint, als mache Nicola jeden Tag Fortschritte.«

Ed nickte.

»Oh, eine Sache wird dich freuen«, sagte Pam dann erfreut. »Jonathan hat angerufen. Er kommt am Wochenende nach Hause und würde gern mit dir Nicola besuchen.«

Zwei Tage später saßen Ed und Johnnie einige Meilen lang schweigend im Auto, als sie von dem Besuch bei Nicola zurückfuhren.

»Ich finde, sie sieht sehr gut aus, Dad«, sagte Johnnie schließlich. »Es muß dich doch freuen, daß sie so gut aussieht und so vernünftig redet.«

»Ja, das tut es auch, Johnnie. Wir kriegen jeden Tag von unseren Freunden Bericht erstattet, die sie besuchen. Und jeden Tag heißt es, ihr geht es von Mal zu Mal besser.«

»Und was ist mit dieser neuen Behandlung, die sie bekommt? Diese weiße Tablette, die sie jeden Tag nehmen muß? Vielleicht ist es das, was ihr hilft?«

»Ich weiß auch nicht, was das für eine Tablette ist. Ich habe mit dem Gefängnisarzt gestern am Telefon gesprochen, aber er hat mir nicht viel darüber gesagt.«

»Was hat er denn gesagt?«

»Daß es irgendeine Art Antibabypille ist.«

»Wozu bekommt man denn im Gefängnis eine Antibabypille?«

»Ich weiß es nicht. Ich kann mir nur denken, daß Antibabypillen besondere Hormone enthalten. Es könnte also eine Art Hormonbehandlung sein.«

Obwohl Johnnie nichts davon verstand, erinnerte ihn das Wort »Hormone« doch an etwas. »Habt ihr, Mum und du, nicht ständig davon gesprochen, daß das mit Nicola nicht stimmt – ihre Hormone?«

»Ja, so ungefähr. Ich habe sehr oft mit Mr. Smythe, unserem Anwalt, darüber gesprochen.«

»Und was hat er dazu gesagt? Er scheint mir ein fähiger Typ zu sein.«

»Ja.« Ed lachte lauthals. »Er ist so ein fähiger Typ, daß er mich für ein wenig verrückt hält.«

Johnnie war erleichtert, daß sich die Stimmung gebessert hatte. Daher wagte er auch zu antworten: »Nun sei fair, Dad, jeder denkt, daß du ein wenig verrückt bist.«

Da mußten beide lachen. Überhaupt war sich trotz oder vielleicht auch wegen der alptraumhaften letzten Monate die Familie so nah gekommen wie nie zuvor.

Obwohl Johnnie wußte, daß seine Eltern sehr viel für Nicola taten, spürte er auch, daß sie die Wochenenden, an denen er zu Hause war, ganz besonders schön für ihn gestalteten. Zum ersten Mal begriff er, daß er seine Eltern liebte und sie ihn. Er erkannte auch, daß die Erfolge seiner Schwestern, was das Tanzen oder die Musik betraf, nicht wichtig waren. Die Sorge seiner Eltern galt der ganzen Familie. Es ging um die Kinder und nicht um deren Leistungen.

Nachdem er Johnnie ins Internat zurückgebracht hatte, setzte sich Ed am Sonntagabend hin, um seinen Brief an Mr. Smythe zu entwerfen. Ein paar Stunden später erst beendete er seine detaillierte Darstellung, warum seine Frau und er der Auffassung waren, daß die Psychiater sich nur mit den Symptomen der Krankheit befaßten, nicht aber mit der oder den Krankheiten selbst, die diese Symptome hervorbrachten. Nachdem er soviele Informationen beigebracht hatte, um seine Auffassung zu stützen, daß »wenigstens ein großer Teil von Nicolas psychischen Problemen direkt mit ihrer Menstruation zu tun hat«, so schloß Ed in seinem Brief, »glauben wir, daß vor vier Jahren bei Nicola ein schwerwiegender Fehler gemacht worden ist. Wir können das nicht mehr rückgängig machen, aber wir meinen, daß eine Entscheidung von solcher Tragweite nur nach vollständigen Untersuchungen und nach einer grundlegenden Ursachenforschung gefällt werden kann.«

Am nächsten Morgen gab er den Brief an Mr. Smythe auf. Dann rief er wieder Dr. Wells in Holloway an. Etwas mußte er unbedingt in Erfahrung bringen.

»Ich hoffe, Sie haben nichts dagegen«, sagte er, »aber was steckt hinter dieser neuen Behandlung? Bekommt Nicola die Antibabypille?«

»In Nicolas Fall geht es natürlich nicht um Geburtenkontrolle«, erwiderte Dr. Wells, »sondern darum, ihren Menstruationszyklus zu regulieren. Wie alle oralen Verhütungsmittel basiert Duphaston, das Nicola verabreicht wird, auf etwas, das Progestongene genannt wird.«

»Ist das dasselbe wie Progesteron?« fragte Ed.

Überrascht von dieser Frage antwortete Dr. Wells: »In der Tat, Mr. Owen, es verhält sich sehr ähnlich. Das Progestogen ist die synthetische Form von Progesteron. Nicola bekommt diese Tablette eine bestimmte Anzahl von Tagen. Wir haben damit am zwölften Tag ihres Menstruationszyklus angefangen.«

»Irre ich mich, oder war das der Tag, nachdem meine Frau und ich Miss Harrison aufgesucht haben? Sie sprach davon, daß Sie am nächsten Tag eine neue Behandlung beginnen wollten.«

»Ich glaube, das ist richtig, Mr. Owen.«

»Vielen Dank für die Auskunft, Dr. Wells. Das ist alles sehr interessant für mich. Sie wissen sicherlich, daß die Tablette eine erstaunliche Wirkung auf Nicola zu haben scheint. Wir haben Nicola am Samstag besucht. Sie sah viel besser aus als vorher. Wie denken Sie darüber?«

»Ja, mit ihr ist besonders mit dem Beginn der Menstruation eine außergewöhnliche Veränderung vorgegangen.«

Zum erstenmal in seinem Leben spürte Ed, wie sein Herz einen Satz machte. Er widerstand der Versuchung zu erwidern: »Wir haben es Ihnen doch gesagt«. Statt dessen fragte er: »Ist das nicht ein weiterer Grund, Dr. Wells, daß Nicola dort bleiben sollte, wo sie ist, bis Sie die Gelegenheit gehabt haben, alle Ergebnisse zu überprüfen?«

»Ich fürchte, Mr. Owen, das wäre ein eklatanter Mißbrauch der Untersuchungshaft. Broadmoor hat außerdem weit bessere Einrichtungen als Holloway. Die Ärzte dort sind sehr gut ausgebildet und können Nicola unter den geeigneten Bedingungen behandeln.«

Eds Herz, das einen Satz der Freude gemacht hatte, schien auf dem Boden aufzuschlagen.

»Ich muß nun gehen«, erklärte Dr. Wells, »aber wir treffen uns am ...«

»Am siebzehnten«, erinnerte Ed ihn. »Auf diesen Termin haben wir uns am Freitag verständigt.«

Nachdem Dr. Wells aufgelegt hatte, hielt Ed noch eine Weile den Telefonhörer in der Hand, bevor er ihn auf die Gabel schlug. »Wir sind wohl immer noch auf dem Weg nach Broadmoor«, flüsterte er vor sich hin. Dann atmete er zweimal tief durch, um seine aufkeimende Furcht zurückzudrängen. Schließlich beschloß er, einen weiteren Brief an Mr. Smythe zu schreiben, in dem er ihn über sein Gespräch mit Dr. Wells in Kenntnis setzte. »Ich hoffe, daß ich Ihnen nicht den Eindruck vermittle, als klammerte ich mich an einem Strohhalm«, schrieb er. Dann schlug er vor, Dr. Katharina Dalton, die Expertin über das prämenstruelle Syndrom, vor Gericht als Zeugin zu laden.

Mr. Smythe antwortete rasch auf die Briefe, die er sowohl von den Owens wie von Freunden Nicolas bekommen hatte, in denen bestätigt wurde, daß Nicola eine völlig normale Kindheit verlebt hatte. »Ich muß gestehen«, schrieb Mr. Smythe, »daß ich im Augenblick etwas ratlos bin, wie wir diesen Fall angehen sollen. Ich habe zwar bestimmte Auffassungen zu dem Fall, aber die müssen nicht notwendigerweise auch richtig sein.« Dann erklärte er, daß er mit Mr. Giacomo einen Gesprächstermin für den neunzehnten Oktober vereinbart hatte. Denn er fürchte, der Fall könne jederzeit anberaumt werden, und im Moment seien sie augenscheinlich etwas verwirrt.

An diesem Abend war Ed spät nach Hause zurückgekehrt, aber nachdem er den Brief gelesen hatte, entschloß er sich, den Anwalt zu Hause anzurufen. Pam riet ihm zwar ab, aber Ed bestand darauf, kurz über eine dringende Angelegenheit, die ihm Sorgen machte, mit dem Anwalt zu sprechen.

»Es tut mir leid, daß ich Sie zu Hause störe, Mr. Smythe.« erklärte Ed, »aber wir haben uns gefragt, ob wir versuchen sollten, mit Dr. Dalton in Kontakt zu treten, oder ob es besser ist, wenn Sie das tun.«

»Ich verfolge die Angelegenheit, Mr. Owen«, erwiderte Mr. Smythe mit müder Stimme. »Überlassen Sie das ruhig mir.«

»Gut. Dann sind Sie also auch der Meinung, daß wir Dr. Dalton als Zeugin laden sollten?«

»Ich bin der Meinung, daß wir in Kontakt mit ihr treten sollten, Mr. Owen.«

»Wunderbar. Ich entschuldige mich noch einmal für die Störung, Mr. Smythe. Guten Abend.«

Nachdem er aufgelegt hatte, bedachte Mr. Smythe seine Frau mit einem müden Lächeln, dann sagte er: »Dieser verdammte Kerl scheint zu glauben, er ist der einzige, bei dem man sich darauf verlassen kann, daß er etwas tut.«

Ohne zu lächeln, erwiderte seine Frau: »Dieser verdammte Kerl scheint nie zu schlafen. Tag und Nacht ruft er dich an.«

Ed Owen aber schlief in dieser Nacht besser als in den vielen vorhergehenden Wochen.

Ein paar Tage später trafen sich die Owens und Mr. Giacomo in dessen Büroräumen.

Zuerst erkundigte sich Mr. Giacomo über Nicolas Fortschritte. Voller Begeisterung berichtete Ed, daß sie erst kürzlich aus der Einzelzelle wieder in den normalen Schlaftrakt verlegt worden sei.

»Wann haben Sie Dr. Wells getroffen? Gestern?« fragte der Rechtsanwalt.

»Nein, am Dienstag«, entgegnete Ed.

»Was hat er Ihnen zu sagen gehabt?«

Pam ergriff das Wort: »Er hat Nicolas Fortschritte bestätigt, und er wird die Behandlung mit dem synthetischen Progesteron fortsetzen. Außerdem hat er gesagt, daß die normalen Beruhigungsmittel erstaunlicherweise keine Wirkung mehr auf Nicola haben. Wir haben ihm Nicolas Schulzeugnisse gegeben, damit er sieht, daß sie eine ganz normale Kindheit hatte, bis sie vierzehn wurde. Er hat die Zeugnisse sehr interessiert gelesen.«

Als Pam überlegte, ob es noch etwas gab, das sie berichten mußte, wandte sich Ed hastig an den Anwalt. »Aber Dr. Wells hat auch erklärt, daß er einen weiteren Antrag gestellt hat, Nicola noch Broadmoor zu bringen. Er ist der Auffassung, da sie geeignete Pflege und Behandlung benötigt, ist sie dort besser aufgehoben. Es wäre ein Mißbrauch der Untersuchungshaft, daß Nicola in Holloway ist. Er hat noch gesagt, daß er sie nicht mehr dort sehen will, wenn er in vier Wochen aus dem Urlaub zurückkommt.«

Mr. Giacomo entschied, dazu keinen Kommentar abzugeben. Er blickte über den Rand seiner Brille und sagte: »Ich habe Ihre Briefe und den Artikel in der Zeitschrift gelesen, Mr. Owen. Der Gedanke, Nicolas Verhalten mit ihrem Menstruationszyklus in Verbindung zu bringen, ist höchst interessant. Haben Sie Dr. Dalton erreichen können?«

»Mr. Smythe wollte sich darum kümmern.«

»Oh!« Mr. Giacomo legte den Füllfeder aus der Hand und blätterte in den Seiten einer dicken Akte, die vor ihm lag. »Ich sehe nicht, daß das hier irgendwo erwähnt worden ist.« Dann riß er ein Blatt von einem Block zu seiner Linken und machte sich rasch eine Notiz. »Ich werde mit Mr. Smythe darüber sprechen.« Er lehnte sich in seinem Stuhl zurück und nahm die Brille ab.

Ed wollte etwas sagen, aber Mr. Giacomo bedeutete ihm, einen Moment zu warten. Dann sagte er, wobei er seine Worte mit Sorgfalt wählte: »Mit diesem Fall habe ich so meine Schwierigkeiten. Wenn ich die Unterlagen vor mir sehe, dann bin ich der Meinung, es wäre für Nicola das beste, der Strafgerichtsbarkeit entzogen und der Medizin überantwortet zu werden. Ich hege keine Zweifel, daß sie medizinische Hilfe benötigt, und diese Hilfe kann sie nicht im Gefängnis erhalten!«

Langsam und bedächtig entgegnete Ed: »Mr. Giacomo, wir würden Nicola lieber in einem Gefängnis sehen, als vielleicht für immer in einer Irrenanstalt eingesperrt. Wir glauben, daß man zu Gefängnissen leichter Zugang hat als zu anderen Anstalten. Unsere Tochter ist nicht geisteskrank. Wir meinen, ihre Krankheit hat physische Ursachen. Die Fortschritte, die sie in den letzten Wochen in Holloway gemacht hat, sind ganz erstaunlich.«

»Haben Sie sich klargemacht, Mr. Owen, daß Nicola für zehn bis fünfzehn Jahre ins Gefängnis kommen kann? Sie hat zweimal Brandstiftung begangen und ist nach den Gutachten der Psychiater als gemeingefährlich einzustufen. Der Richter trägt die Verantwortung, das Leben sowie das Hab und Gut der anderen Menschen zu schützen. Was meinen Sie, was er sonst noch tun kann?«

Die schreckliche Vorstellung, daß Nicola eine Gefängnisstrafe zwischen zehn und fünfzehn Jahren erhalten könnte, brachte Ed für einen Moment zum Schweigen, aber Pam erklärte sofort: »Mr. Giacomo, wir wissen, was der Richter tun wird, wenn wir ihm nicht den medizinischen Beweis liefern, daß Nicola geheilt werden kann. Daher wird es wahrscheinlich notwendig sein, daß Nicola eine Zeitlang in einer Klinik bleibt.«

»Und genau da, Mrs. Owen, liegt unser Problem«, sagte Mr. Giacomo, während er seine Hände faltete, als betete er. »Wir kennen keine Klinik, die man als sicher einstufen kann. Der Richter mag ihnen zustimmen, daß Nicolas Krankheit physische Ursachen hat und nicht als Geisteskrankheit gewertet werden kann. Aber wenn man bedenkt, daß Nicola, solange sie nicht geheilt ist, eine Gefahr für sich und andere darstellt, muß jede Einrichtung, in der sie untergebracht ist, gewisse Sicherheitsbedingungen erfüllen. Sie verstehen, was ich meine, nicht wahr? Broadmoor hat medizinische wie psychiatrische Einrichtungen, und es ist eine Klinik, die alle Sicherheitsbedingungen erfüllt. Wir sind uns alle einig, daß Nicola eine medizinische Behandlung benötigt. Unter diesen Umständen sehe ich keine andere Möglichkeit für mich, als zu versuchen, sie der Strafgerichtsbarkeit zu entziehen.«

»Also wollen sie in ihrem Fall auf geisteskrank plädieren?« fragte Ed.

»Ja, ich glaube, es gibt keine andere Möglichkeit, es sei denn …« Er hielt inne und richtete seine Brille. »Es sei denn, wir können den medizinischen Beweis erbringen, daß Nicola geheilt werden kann, ohne daß eine sichere Unterbringung notwendig ist. Das ist eine überaus schwierige Aufgabe.«

»Aber in dem Artikel steht, daß das prämenstruelle Syndrom … in einer gewöhnlichen Klinik behandelt werden kann.«

»Das scheint so zu sein, aber bisher, Mrs. Owen, haben wir keinen medizinischen Beweis, daß das prämenstruelle Syndrom die Hauptursache für Nicolas Problem ist. Daher bin ich der Überzeugung, daß wir weitere gesicherte medizinische Fakten benötigen. Ich muß mich ganz klar ausdrücken. Sollten wir uns entscheiden, diesen Weg zu beschreiten, gehen wir ein beträchtliches Risiko ein. Der Fall wird als normales Strafverfahren vor Gericht kommen, und wenn es uns nicht gelingt, den Richter von unserer Auffassung zu überzeugen, wird Nicola für eine sehr lange Zeit ins Gefängnis gehen. Sind Sie bereit, dieses Risiko auf sich zu nehmen?«

»Im Augenblick nicht, Mr. Giacomo«, erklärte Ed entschieden. »Die Entscheidung sollte erst dann getroffen werden, wenn wir alle medizinischen Fakten haben. Diese gesicherten Fakten zu bekommen, das müssen wir versuchen.«

Mr. Giacomo schaute schnell die Unterlagen vor sich durch. »Der Fall ist noch nicht terminiert, aber ich denke, das wird bald soweit sein. Wir sollten daher umgehend einen Aufschub beantragen. Wenn dem stattgegeben wird, haben wir vielleicht die Zeit, die wir brauchen.«

19.
Eindringlinge

Nachdem ich über fünf Wochen in der Einzelzelle verbracht hatte, empfand ich es als wunderbar, wieder im psychiatrischen Block zu sein. Obwohl ich gelegentlich traurig und besorgt war, schienen meine Depressionen völlig verschwunden zu sein. Ich fühlte mich wieder weit mehr als Herrin über mich selbst, und die Monotonie des Gefängnislebens schien mir darüber hinaus zu helfen. Ich dachte sogar über die Konsequenzen meines Tuns nach, bevor ich etwas tat.

Offenbar halfen mir auch die Hormontabletten, die ich bekam. Ich hatte nicht einmal mehr vor dem Angst, was der nächste Tag bringen mochte. Zum ersten Mal, seit meine Schwierigkeiten angefangen hatten, wußte ich, daß ich nicht geisteskrank war und daß ich beste Aussichten hatte, nach meiner Freilassung aus dem Gefängnis ein normales Leben zu führen.

Natürlich hatte ich noch immer Probleme. Ich hatte Übergewicht, und ich spürte immer noch den Drang, mich vollzustopfen, wenn ich die Möglichkeit dazu erhielt. Die Aufseherinnen taten alles, um mir zu helfen. Ich wurde ständig auf Diät gesetzt, und eine Wärterin hatte mir einen Zettel an die Wand geklebt: »Denke dich dünn!« Ich versuchte es, aber mein Spiegel sagte mir, daß es nicht funktionierte.

Jedenfalls war ich nicht länger von dem Glauben

besessen, wenn ich abnehmen würde, wären alle meine Schwierigkeiten verschwunden. Dazu bestand keine Veranlassung. Es waren die Hormontabletten und weniger eine erfolgreiche Diät, die meine Probleme in Ordnung zu bringen schienen.

Je besser ich mich fühlte, desto mehr dachte ich an meine Familie und daran, wieviel meine Eltern für mich getan hatten. In der Kapelle des Gefängnisses sprach der Pfarrer eines Sonntagmorgens über Vergebung. Ein Jünger fragte: »Jesus, wie oft sollen wir vergeben – siebenmal?« Und Jesus antwortete: »Nein, siebzig mal siebenmal.«

Die Erkenntnis traf mich, wie Mum und Ed zu mir gestanden und wie oft sie mir verziehen hatten. Ich glaube nicht, daß ich die letzten drei Monate ohne ihre wundervollen Briefe und Besuche überlebt hätte. Jeden Tag sehnte ich mich danach, mit ihnen zusammen zu sein und ihnen meine Gedanken mitzuteilen. Ständig war mir bewußt, wie sehr ich sie liebte und was ihre Liebe mir bedeutete.

Als ich ins Hauptgefängnis zurückgekehrt war, wurde ich auch ständig daran erinnert, wieviel Glück ich im Vergleich zu meinen Mithäftlingen hatte. Es gab einen besonderen Block, in dem ehemalige Drogenabhängige untergebracht waren. Viele unglaublich magere Mädchen lebten dort, die ständig zitterten und tiefe dunkle Ringe unter den Augen hatten. In einem anderen Block waren Frauen, die schwanger ins Gefängnis gekommen waren. Für gewöhnlich durften sie ihre Babys nur für die ersten sechs Monate nach der Geburt behalten. Dann wurden die Kinder zu Pflegeeltern gebracht, wo sie blieben, bis ihre Mutter wieder aus dem Gefängnis kam. Es war so traurig anzuschauen, wie diese jungen Mütter innerhalb des Gefängnisses ihre Kinder im Kinderwagen spazierenfuhren. Außerdem gab es jede Menge Lesben in Holloway, man sah viele Mädchen, die sich küßten und sich berührten. Ich konnte das sehr gut verstehen, denn alle Häftlinge sehnten sich nach nichts so sehr wie nach Zuneigung.

Holloway war der Mikrokosmos einer weiblichen Gesellschaft; alle Typen von Frauen fanden sich hier – von der siebzehnjährigen, die wegen Ladendiebstahls für eine Woche eingesperrt war, bis zu den gewalttätig Kriminellen, denen es nichts ausmachte, für zwei Pence eine alte Frau zu überfallen. Außerdem lebten in Holloway bemitleidenswerte, alte Alkoholikerinnen, aber auch gebildete Frauen aus dem Mittelstand, die hier irgendwie fehl am Platz wirkten.

Eine von diesen Frauen war Louise. Sie wirkte stets sehr arrogant und stattlich und war recht schlank. Ich erfuhr, daß sie eines Tages nach Hause gekommen war und ihren Mann mit ihrer Freundin im Bett entdeckt hatte. Da hatte sie ihn erstochen. Voller Panik und Hysterie war sie danach zur nächsten Polizeiwache gelaufen und hatte gestanden, was sie getan hatte. Doch der Sergeant dort glaubte ihr nicht und riet ihr, nach Hause zu gehen und sich zu beruhigen. Eine Stunde später war Louise dann auf das Revier zurückgekehrt und legte eine Einkaufstüte auf den Tresen. In der Tüte befand sich der Kopf ihres Mannes.

Eine andere Frau war Anna, von der es hieß, daß sie auf der Universität gewesen und Bibliothekarin war. Sie verhielt sich immer recht freundlich, und doch wirkte sie auch leicht gereizt, so als schaffte sie es nur mit Mühe, ihren offensichtlichen Hang zur Gewalt unter Kontrolle zu halten. Aber sie hatte eine wundervolle Stimme.

Jeden Abend, wenn wir wieder in unsere Zellen gesperrt wurden, begann sie zu singen. Dann wurde es für eine Weile still im Gefängnis, und jede hörte zu, wie ihr wunderschönes Lieblingslied »Plaisir d'Amour« durch den Trakt hallte. Wenn man ihr lauschte, konnte man sich nur schwer vorstellen, daß sie des Mordes angeklagt war. Anna war Kleptomanin, und eines Tages war sie in ein Geschäft gegangen, das gerade renoviert wurde. Es war ein Uhr, daher waren die Arbeiter in der Mittagspause. Anna sah, daß das Geschäft ziemlich leer war, und sie nahm ein Schmuckstück und steckte es sich in die Tasche. Ein Verkäufer beobachtete sie dabei und stellte sie zur Rede. Da griff Anna nach dem Hammer eines Arbeiters und schlug dem Mann damit zwanzigmal auf den Schädel.

Jeder Häftling in Holloway hatte seine Geschichte, und ich hörte mir viele dieser Geschichten an, da ich neuerdings meine Zelle so oft verließ, wie es mir möglich war. Sonntags ging ich in die Gefängniskapelle. Dreimal am Tag suchte ich den Speisesaal auf, und nachmittags nahm ich an der Beschäftigungstherapie teil. Wegen meiner verletzten rechten Hand malte ich eine Menge mit links. Außerdem begann ich Spanisch zu lernen, übte mich in Yoga und im Tanzen. Doch da erkannte ich, daß das Tanzen für mich eine Sache der Vergangenheit war. Es machte mir einfach keinen Spaß mehr.

Am schlimmsten waren die frühen Morgende. Jeden Tag dachte ich in den ersten Momenten nach dem Erwachen, daß alles ein schrecklicher Alptraum gewesen war. Wenn ich dann begriff, was mir widerfahren war, fühlte ich mich einige Minuten lang wie zerschlagen.

Nicht das Leben im Gefängnis versetzte mich in Unruhe. Hier war ich in sicherer Obhut. Gemischte

Gefühle überkamen mich, wenn ich an meine Rückkehr in die Welt draußen dachte. Auf der einen Seite sehnte ich mich danach, etwas Sinnvolles mit meinem Leben anzufangen, das mir Spaß machte. Auf der anderen Seite verspürte ich große Angst. Was würde passieren, wenn ich meine Eltern wieder enttäuschte? Wenn ich nicht mit meinem Leben fertig wurde?

Ich dachte sehr oft an meine Eltern und daran, wieviel sie für mich getan hatten. Wenn ich in meiner Zelle eingesperrt war, verbrachte ich viel meiner Zeit damit, immer wieder ihre sowohl unterhaltsamen als auch sehr informativen Briefe zu lesen. Sie unternahmen so viel, um mich aufzuheitern. In meinen Antwortbriefen versuchte ich gleichfalls, ihnen Mut zu machen. Am dreißigsten Oktober beendete ich meinen Brief an Mum und Dad mit den Worten: »Nun muß ich leider Schluß machen. Ich habe eine Menge zu tun – eine Abendgesellschaft in Monte Carlo, dann eine Reise nach Rom, wo ich ein bißchen bildhauern muß, bevor ich nach Paris gehe, um auf einer Leinwand herumzuklecksen. Später erst kehre ich an mein Telefon zurück, wenn Paul (Newman), Ryan (O'Neal), Oliver (Reed) und Frank (Sinatra) anrufen. Frank besteht übrigens immer darauf, am Telefon zu singen.«

Am vierten November erhielten die Owens den Antrag der Verteidigung, den Mr. Giacomo vorbereitet hatte. In diesem Schreiben legte er sorgfältig die Gründe dar, warum alle notwendigen medizinischen Gutachten eingeholt werden sollten, bevor Nicolas Fall zur Verhandlung kam.

Zwei Tage später rief Pam ihren Mann bei einem seiner Klienten an. »Mr. Smythe hat gerade angerufen«, sagte sie. »Wir müssen morgen zum Old Bailey ...«

»Die Verhandlung!« unterbrach Ed sie. »Das ist doch nicht die Verhandlung, nicht wahr?«

»Nein. Es geht lediglich um den Aufschub, den wir beantragt haben.«

Ed war ganz aus dem Häuschen. »Der gute Mr. Smythe. Das ist eine großartige Nachricht. Hör zu, ich muß hier noch ein paar Dinge erledigen, dann komme ich nach Hause. Das ist wirklich eine großartige Nachricht.«

Pam war sich da nicht so sicher. Es war nichts anderes passiert, als daß sie wegen ihres Aufschubantrages angehört wurden. Der Aufschub selbst war noch nicht bewilligt.

Am nächsten Tag fuhren Ed und Pam mit dem Zug nach London. Dann nahmen sie ein Taxi zum Old Bailey, wo sie kurz vor neun Uhr eintrafen. Als sie die imposante Eingangshalle betreten wollten, wurden sie von einem stattlichen Polizisten aufgehalten. Der Polizist wollte wissen, wohin sie wollten, wer sie waren und wie ihre Anwälte hießen. Nachdem sie erschöpfende Auskunft gegeben hatten, eilten Ed und Pam durch die Halle auf Mr. Giacomo zu, der sich einen Aushang an der Wand anschaute.

Sie begrüßten einander, und dann deutete Mr. Giacomo auf die Tür zu einem Gerichtssaal: »Dort findet unsere Anhörung statt.« Dann blickte er wieder auf die Bekanntmachung. »Wir sind die fünften, die aufgerufen werden. Ich schätze, das wird gegen elf Uhr der Fall sein.« Er öffnete die Tür zum Gerichtssaal weit genug, daß man hineinschauen konnte. »Es sieht so aus, als hätte der erste Fall gerade begonnen. Vielleicht möchten Sie hineingehen und sich das ganze Verfahren anschauen. Es wird Ihnen helfen zu verstehen, wie der

Ablauf bei uns aussehen wird, wenn wir unser Gesuch vorbringen!«

Bevor einer von ihnen antworten konnte, begrüßte Mr. Giacomo einen Assistenten von Mr. Smythe, der mit einer dünnen Mappe auf ihn zusteuerte. Mr. Giacomo nahm die Mappe, öffnete sie, nahm einige Unterlagen an sich, die er dann rasch durchblätterte. »Hat Mr. Smythe mit Dr. Dalton gesprochen?« fragte er den Assistenten. »Davon steht hier nichts.«

»Mr. Smythe hat mir darüber nichts gesagt, als er heute morgen die Papiere zusammengestellt hat.«

Mr. Giacomo schob seine Perücke ein Stück nach links und kratzte sich am Kopf. Er sah ein wenig verärgert aus.

Da sie spürten, daß er noch mit Mr. Smythes Assistenten sprechen wollte, entfernten Pam und Ed sich und betraten leise den Gerichtssaal, wo sie sich einen Platz nahe an der Tür suchten. Nachdem sie miterlebt hatten, wie der Richter in rascher Folge drei Gesuche auf Kaution ablehnte, verließen sie den Saal und gesellten sich wieder zu Mr. Giacomo.

Mit einem gezwungenen Lächeln fragte der Anwalt sie: »Nun, was halten Sie von diesem Richter?«

»Er wirkt ein wenig reizbar«, erklärte Ed, »aber wenigstens geht er rasch voran. Kennen Sie ihn?«

Mr. Giacomo schüttelte den Kopf und sagte mit Nachdruck: »Ich habe nur von ihm gehört.«

Als Ed und Pam sich besorgte Blicke zuwarfen, kam Mr. Smythes Sekretär aus dem Gerichtssaal und sagte: »Wir sind dran.«

Zusammen gingen sie hinein. Mr. Giacomo deutete auf einige Plätze und flüsterte Pam zu: »Machen Sie sich keine Sorgen!« Dann bahnte er sich seinen Weg durch die Bänke zu einem Tisch, der sich direkt unterhalb der

Bank befand, wo der Richter saß und in einigen Unterlagen blätterte.

Nach einigen Minuten blickte der Richter auf und sagte: »Beginnen Sie bitte, Herr Anwalt.«

Mr. Giacomo beschrieb Nicolas Situation. Obwohl er alles sehr knapp, aber umfassend schilderte, unterbrach ihn der Richter gelegentlich.

»Hormone! Habe ich da richtig gehört?« fragte er einmal in scharfem Ton.

»Ja«, entgegnete Mr. Giacomo, bevor er in seinem Vortrag fortfuhr. »In Frankreich werden prämenstruelle Störungen vor Gericht anerkannt.«

»Wir sind hier nicht in Frankreich, Herr Anwalt«, unterbrach ihn der Richter erneut. »Ich hätte nicht vermutet, daß es notwendig sein würde, Sie daran zu erinnern, daß wir uns hier vor einem englischen Gericht befinden.«

Die Dinge liefen nicht sonderlich gut.

Dann wurde Ed aufgerufen. Er stand auf und wurde vereidigt. Der Richter lehnte sich auf seinem Stuhl zurück und starrte die Decke an, als könnte er nicht mehr ertragen, was hier in seinem Gerichtssaal vor sich ging.

Ed hatte gerade angefangen, auf die Fragen zu antworten; er versuchte die Verbindung zwischen Nicolas Verhalten und ihrem Menstruationszyklus zu ziehen, als der Richter sich vorbeugte und ihn anblaffte: »Und wo ist diese Frau Dr. Katharina Dalton? Ist sie im Gerichtssaal?«

»Ich glaube, mein Anwalt hatte einige Schwierigkeiten, mit ihr in Kontakt zu treten«, erwiderte Ed leise.

Der Richter wandte sich an Mr. Giacomo und erklärte: »Wenn diese Frau für das Verfahren von Bedeutung ist, dann sollte sie auch hier sein. Ob weitere medizinische Gutachten notwendig sind, wird ohnehin der Richter entscheiden. Vielleicht werde ich das sein. Jedenfalls soll die junge Frau vor Gericht gestellt werden. Das Gesuch für eine Verschiebung wird abgewiesen.«

Vor dem Gerichtssaal, inmitten von all dem Prunk der Marmorhalle trafen die Owens wieder auf ihren Anwalt. Mr. Giacomo war überaus wütend. Er riß sich seine Perücke ab. »Bitte verzeihen Sie mir meine Ausdrucksweise, Mrs. Owen, aber dieser Mann ... dieser Mann ist ein absolutes A ...!« rief er.

Die Vorstellung, daß Nicolas Fall vor denselben Richter kommen würde, war zuviel für Pam. Sie brach in Tränen aus.

Noch immer voller Zorn wandte sich Mr. Giacomo an Pam und fuhr sie barsch an: »Es ist mir gegenüber nicht gerade nett, wenn Sie so losheulen. Auch Nicola helfen Sie damit überhaupt nicht. Es gibt da ein Sprichwort: Wenn man die Hitze in der Küche nicht aushält, muß man eben gehen.«

Pam hörte sofort auf zu weinen.

»Was verlangen Sie von uns, Mr. Giacomo?« fragte Ed. »Wir sind bereit, alles zu tun, was wir können.«

»Sprechen Sie mit dieser Dr. Dalton, und zwar sofort. Wir haben keine Zeit mehr zu verlieren.«

Ed und Pam nahmen ihn beim Wort und eilten aus dem Old Bailey. An der Ecke Newgate Street schafften sie es, ein Taxi zu ergattern, das sie zum University College Hospital fuhr.

Die Frau an der Rezeption entschuldigte sich. »Ich fürchte, Dr. Dalton ist heute nicht in der Klinik«, sagte sie.

»Aber wir müssen Sie heute unbedingt sprechen. Es ist äußerst dringend«, erklärte Ed.

»Nun, ich bin sicher, sie ist heute in der Privatklinik in der Harley Street.«

»Welche Hausnummer hat diese Klinik?«

»Ich werde für Sie nachschauen«, entgegnete die Frau und eilte in einen kleinen Nebenraum, wo sie einen Stapel von zerknitterten gelben Karten durchstöberte. Sie zog eine Karte heraus und kehrte dann zurück. »Hier ist es«, sagte sie. »88 Harley Street. Ja, dort hat sie heute ihre Privatpatienten.«

Ein Taxi brachte Pam und Ed zur Harley Street. Sie liefen die Treppe hinauf und drückten auf den hellen Messingknopf der Türklingel. Wie ferngesteuert öffnete sich die außergewöhnlich breite Tür, und eine Frau in weißer Kluft erschien.

»Wir sind gekommen, um Frau Dr. Dalton zu treffen«, erklärte Ed.

»Es tut mir leid, es gibt niemanden mit einem solchen Namen hier bei uns«, erwiderte die Frau in Weiß.

Ed und Pam schauten sich ungläubig an. »Hören Sie«, sagte Ed verärgert. »Das University College Hospital hat uns diese Adresse gegeben, wo Dr. Dalton ihre Privatpatienten hat.«

»Ich bedauere, aber ich habe Ihnen ja schon gesagt, daß kein Doktor mit dem Namen Dalton hier praktiziert.«

Pam wollte nicht länger warten, sie wandte sich schon ab, um woanders zu suchen, aber Ed blieb beharrlich. »Dr. Dalton ist eine hervorragende Ärztin, deren Spezialgebiet prämenstruelle Erkrankungen ist. Über ihre Arbeit sind Berichte in verschiedenen Zeitschriften erschienen. Ich glaube, sie hat sogar ein Buch darüber geschrieben. Sie müssen doch von ihr gehört haben!«

»Ich habe es gefunden!« rief Pam plötzlich vom

Treppenaufgang herauf. »Sie ist nebenan. Es ist die Nummer 86.«

»Tut mir leid, daß wir Sie belästigt haben«, sagte Ed zu der verwirrt aussehenden Frau, bevor auch er die Treppe hinunterlief.

Im Haus Nummer 86 öffnete sich die Tür, und eine andere Frau in strahlend weißer Kluft stand vor ihnen.

»Wir sind hier, um Dr. Dalton zu sprechen«, sagte Ed.

»Bitte kommen Sie herein.«

In der Eingangshalle fragte die Krankenschwester dann: »Wen soll ich bitte bei Dr. Dalton melden?«

Ed konnte sich nicht mehr an den Namen des Richters erinnern, daher erfand er einfach einen Namen. »Wir sind von Richter Griffin von Old Bailey angewiesen worden, hierher zu kommen. Es handelt sich um eine außergewöhnlich wichtige Angelegenheit. Wir sind Mr. und Mrs. Owen.«

Die Krankenschwester musterte Ed von Kopf bis Fuß, als stände er in einer makellosen Sträflingskluft da. Als sie sich entschieden hatte, daß er kein Betrüger oder ein entlaufener Irrer war, sagte sie: »Es wird eine Weile dauern.« Aber es dauerte überhaupt nicht lange. Die Schwester kehrte umgehend zurück und erklärte: »Dr. Dalton will Sie sofort sehen.« Dann brachte sie Pam und Ed zu der Treppe, die hinunter zu Dr. Daltons Sprechzimmer im Keller führte.

Als sie eintraten, erhob sich eine große Frau, die ein einfaches Kattunkleid trug, hinter ihrem Schreibtisch. »Mr. und Mrs. Owen? Ich bin Dr. Dalton. Ich höre, Sie kommen gerade aus dem Old Bailey?« sagte sie mit ihrer klaren und doch ein wenig heiseren Stimme. Es klang ein wenig so, als hätte sie ein Pfefferminzbonbon unter ihrer Zunge.

»Ja, wir kommen gerade aus dem Gericht.«

»Dann sagen Sie mir, was mit Sara passiert ist?«

»Unsere Tochter heißt Nicola!« korrigierte Ed die Ärztin.

Dr. Dalton blickte auf die Akte auf ihrem Schreibtisch. Sie war eindeutig mit dem Namen Sara Owen beschriftet. Erstaunt blickte sie die Owens wieder an. »Gehe ich dann recht in der Annahme, daß Sie nicht Sara Owens Eltern sind?«

»Ja, das sind wir nicht.«

»Wer sind Sie dann?« fragte Dr. Dalton. »Und warum dringen Sie hier einfach in meine Klinik ein?«

»Dr. Dalton, seien Sie bitte so gut und geben Sie mir nur zwei Minuten Ihrer kostbaren Zeit. Ich werde Ihnen alles erklären«, sagte Ed. »Wir entschuldigen uns dafür, daß wir hier so einfach eingedrungen sind, aber es geht um eine höchst wichtige Angelegenheit.«

Dr. Dalton lehnte sich in ihrem Stuhl zurück und legte die Hände auf dem Schreibtisch übereinander. »Zwei Minuten, Mr. Owen.«

Aufmerksam musterte Dr. Dalton Ed, während er in aller Kürze Nicolas Probleme sowie die Gründe schilderte, warum diese Probleme offenbar von dem prämenstruellen Syndrom hervorgerufen wurden. »Wir sind in einer schrecklichen Lage«, sagte er schließlich. »Wenn dem Antrag, sie für geisteskrank zu erklären, stattgegeben wird, dann kommt Nicola nach Broadmoor. Aber selbst wenn ein Antrag eingebracht werden sollte, daß sie an einer physischen Krankheit leidet, diesem Antrag aber wegen fehlender medizinischer Beweise nicht stattgegeben wird, dann erhält Nicola eine sehr lange Gefängnisstrafe.«

Als Ed geendet hatte, fragte Dr. Dalton mit leiser

Stimme: »Mrs. und Mr. Owen, was soll ich für Ihre Tochter tun?«

Pam antwortete sofort: »Mein Mann und ich möchten von Ihnen wissen, ob Sie bereit wären, beim Verfahren unserer Tochter als Expertin auszusagen.«

»Mrs. Owen, bitten Sie mich nicht um so etwas. Ich könnte unter Umständen tagelang im Old Bailey sitzen und darauf warten, daß ich aufgerufen werde. Und was passiert in dieser Zeit mit meinen Patienten?« Sie öffnete einen dicken Kalender und deutete auf die vielen aufgeführten Namen. »Jeden Tag sehe ich soviele Patienten, wie es mir möglich ist. Ich möchte, daß Sie verstehen: für viele von ihnen besteht der ganze Wert ihres Lebens darin, daß sie eine bestimmte Therapie befolgen, die ich mit ihnen durchgehe. Ich fürchte, es ist daher unmöglich für mich, bei irgendeinem Gerichtsverfahren auszusagen.«

»Was können Sie dann für unsere Tochter tun, Dr. Dalton?« fragte Pam mit wachsender Verzweiflung. »Wenn nicht ganz schnell etwas geschieht, wird sie nach Broadmoor eingewiesen, und wir glauben, das wäre ein schrecklicher Fehler.«

»Sie haben recht. Es ist eine schreckliche Aussicht für Nicola, wenn sie wirklich, wie es den Anschein hat, ein Opfer des prämenstruellen Syndroms ist.«

»Dann helfen Sie uns bitte, soweit es Ihnen möglich ist«, flehte Pam sie an. Ihre Stimme war beinahe nur noch ein Flüstern.

»Ich könnte eines für Sie tun. Ich könnte nach Holloway gehen und mir Ihre Tochter ansehen. Können Sie das mit dem Arzt des Gefängnisses abstimmen?«

»Ja«, erwiderte Ed. »Wir werden das durch unseren Anwalt regeln. Aber Dr. Wells, der Psychiater des

Gefängnisses, ist zur Zeit in Urlaub. Ein gewisser Dr. Graham vertritt ihn.«

Dr. Dalton schaute in ihren Terminkalender. »Ich könnte Nicola am einundzwanzigsten November besuchen«, sagte sie. »Allerdings erst nach meiner Sprechstunde, gegen sieben Uhr am Abend.«

Pam notierte sich den Termin.

»Nun, Mr. Owen«, fuhr Dr. Dalton fort. »Ich möchte, daß Sie mir einen schriftlichen Bericht über Nicolas Leben machen, ihre Krankheiten, ihr ganzes Verhalten von ihrer Geburt bis heute. Ich möchte auch alles von ihren Leistungen wissen. Da die Zeit so knapp ist, müssen Sie das so rasch wie möglich erledigen. Bei meinem Besuch in Holloway werde ich dann einige Blutproben bei Nicola entnehmen.« Zum erstenmal blickte die Ärztin auf die Uhr. Die versprochenen zwei Minuten waren schon weit überschritten. »Es ist bedauerlich, daß Dr. Wells in Urlaub ist«, fuhr sie nachdenklich fort. »Ich glaube, ich kenne ihn.«

»Entschuldigen Sie, wenn ich danach frage, Dr. Dalton«, sagte Pam. »Aber ich habe gehört, daß Sie ein Buch über das prämenstruelle Syndrom geschrieben haben. Wie lautet der Titel? Wir würden gern ein Exemplar kaufen, und außerdem würden wir gerne unseren Anwälten und den Psychiatern, die mit Nicolas Fall zu tun haben, ein Exemplar schicken.«

»Das ist eine gute Idee, Mrs. Owen. Das Buch, das Ihnen wahrscheinlich am meisten helfen wird, heißt *Einmal im Monat.* Ich würde allerdings vorschlagen, daß Sie für Dr. Wells eines meiner anderen Bücher besorgen sollten. Es heißt *Das prämenstruelle Syndrom und die Progesteron-Therapie.* Es ist mehr wissenschaftlich ausgerichtet und daher für ihn nützlicher.« Dr. Dalton erhob sich, und während sie die Owens aus dem Sprechzimmer führte, sagte sie: »Und vergessen Sie nicht, Mr. Owen, ich brauche diesen Bericht so schnell wie möglich.«

»Ich werde mich sofort an die Arbeit machen, Dr. Dalton. Und noch einmal vielen Dank für Ihre Hilfe.«

Von der Harley Street liefen sie zur Tottenham Court Road, wo sie einige Exemplare von Dr. Daltons zwei Büchern erstanden. Dann kehrten sie in bester Stimmung nach Hause zurück.

Ed rief Mr. Smythe an, nicht um sich darüber zu beschweren, daß er es nicht geschafft hatte, mit Dr. Dalton Kontakt aufzunehmen, sondern um von seinem eigenen Erfolg zu berichten. Voller Begeisterung schlug Ed vor, wie sie weiter vorgehen sollten. Dr. Morley und die Bewährungshelferin sollten gebeten werden, sich noch einmal Nicola anzusehen, um so die dramatischen Veränderungen festzustellen, die mit ihr stattgefunden hatten. Außerdem sollte auch Dr. Sangster wieder hinzugezogen werden. Als Gutachter kannte er Nicola schließlich seit achtzehn Monaten.

Mr. Smythe versprach, all diese Ärzte anzusprechen, gleichzeitig warnte er aber auch: »Sie müssen sich klarmachen, Mr. Owen, daß Nicolas Fall innerhalb kürzester Zeit anberaumt werden kann. Da der Antrag auf Aufschub abgelehnt worden ist, kann es geschehen, daß die Sache vor Gericht kommt, bevor Dr. Dalton Nicola besucht hat oder bevor die Ergebnisse der Blutuntersuchungen oder ihr schriftlicher Bericht vorliegen.«

Doch selbst diese Möglichkeit konnte Ed nicht entmutigen. Er wußte, daß er einen harten Kampf vor sich hatte. Das war ihm von dem Tag an bewußt gewesen, als Nicola nach Holloway gekommen war. Doch Ed liebte es zu kämpfen, vor allem wenn er bestens vorbereitet war. Und diesmal würde er alles daran setzen, daß der größte Experte auf diesem Gebiet auf seiner Seite stand.

20.
Wunder

Pam verbrachte mehrere Tage damit, ihren Bericht von Nicolas Lebensgeschichte anzufertigen. Sie zählte Nicolas Krankheiten auf, sie ging die Schulzeugnisse und die aufgestöberten Urkunden durch, die Nicola als Auszeichnung erhalten hatte. Als sie ihren Bericht entworfen hatte, las sie ihn Ed vor, so daß er fehlende Informationen ergänzen konnte. Sie fragte auch Sally und sprach mit Johnnie, als er zu Hause anrief.

Nachdem sie alle wesentlichen Informationen zusammengetragen hatte, setzte sie sich hin und schrieb den endgültigen Bericht auf der Schreibmaschine. Dann las sie sich die zehn Seiten aufmerksam auf Fehler durch. Als sie alles korrigiert hatte, entschloß sie sich, den ganzen Bericht Ed vorzulesen. Also ging sie in ihr Schlafzimmer hinauf, wo Ed bereits schlief.

Sie berührte ihn an der Schulter und rief voller Stolz: »Ich habe es geschafft, Ed, der Bericht ist fertig! Wach auf, Ed. Es ist alles geschrieben. Ich möchte es dir vorlesen.«

»Was ist los?« murmelte er und wollte seine Augen nicht öffnen.

»Ich habe den Bericht fertig. Ich möchte ihn dir nur vorlesen.«

»Wie spät ist es denn?« fragte er und blickte auf den Wecker, der auf der Kommode stand.

Pam schaute auf ihre Armbanduhr. »Es ist zwanzig vor vier in der Frühe«, sagte sie lebhaft.

Ed kam langsam zu sich. »Die Zeit tut nichts zur Sache. Welchen Tag haben wir heute?«

»Es war Mittwoch, als du ins Bett gegangen bist. Jetzt haben wir Donnerstag. Es ist zu dunkel, um es zu erkennen, aber ich bin sicher, daß es ein wunderschöner Tag werden wird.«

Als Ed sich schließlich in seinem Bett aufgerichtet hatte, las Pam ihm ihre Geschichte von Nicolas Leben vor. Nachdem sie geendet hatte, erschöpft, aber zufrieden mit sich, stieg sie ins Bett und schlief sofort ein. Ed hingegen war völlig wach. Er war zu aufgeregt und zu zuversichtlich, um weiterzuschlafen. Also entschloß er sich, aufzustehen und sich einen Kaffee zu kochen.

In der Küche teilte er sich ein paar Kekse mit Emma, die diesen unerwarteten Festschmaus gierig verschlang. Da sie hoffte, noch mehr zu bekommen, folgte sie Ed in sein Büro, wo sie sich neben den Schreibtisch niederlegte, als Ed den Begleitbrief zu Pams Bericht an Dr. Dalton verfaßte. Danach begab sich Ed ins Wohnzimmer, wo er nachschaute, ob irgendwelche Gläser oder Tassen eingesammelt und in den Geschirrspüler gestellt werden mußten. Doch er war überrascht, wie sauber alles war, und ging die Treppe hinauf, um zu duschen. Danach schlich er sich ins Schlafzimmer und nahm so leise wie möglich seine Kleider. Mit seiner Kleidung über dem Arm ging er auf Zehenspitzen hinaus und in Johnnies leeres Zimmer hinüber. Nachdem er sich dort angezogen hatte, lief er in die Küche, holte Emma und brach zu einem Spaziergang durch den Bexley Woods auf, als das erste Morgenlicht den Himmel erhellte.

Pams Bericht hatte eine Menge Erinnerungen in ihm

wachgerufen, die während des Spazierganges auf ihn einstürmten. Er erinnerte sich sehr genau an den Tag, als er sie nach ihrer Geburt aus dem Krankenhaus nach Hause geholt hatte. Am Nachmittag war sie in den Kinderwagen gelegt worden, der hinten im Garten gestanden hatte. Als er eine Weile später nach ihr sah, bekam er den größten Schrecken seines Lebens – keinen Meter von dem Kinderwagen entfernt saß die größte Ratte, die er je gesehen hatte. Wie eine Furie ging er auf das Tier los.

Eine ganze Zeit stand Ed am Fluß und starrte aufs Wasser. Es schien noch nicht lange her zu sein, daß er an einem warmen Abend im Juni hier gestanden und zugesehen hatte, wie eine junge, aufgeregte Nicola ihren ersten Fisch fing.

Schau nur, Daddy. Schau doch. Ich habe wirklich einen Fisch gefangen.

Hastig wandte Ed sich dann ab, er rief Emma und ging rasch zurück auf den Hügel zu. Um Pam lieber nicht zu wecken, machte er Sally das Frühstück und fuhr sie dann zur Schule. Als er zurückkehrte, war die Post eingetroffen.

Er nahm den Brief, den sein Anwalt ihm geschickt hatte. Ed hatte schon sehnsüchtig darauf gewartet, und ungeduldig riß er den Umschlag auf. Eine Visitenkarte war an fotokopierte Briefe von Dr. Morley und Dr. Sangster geheftet worden. Er las die Schreiben mit wachsender Aufregung und stürmte dann die Treppe hinauf.

»Pam! Wach auf!« rief er. »Wundervolle Neuigkeiten!«

Pam war von einem Moment auf den anderen hellwach. »Was für Neuigkeiten?« fragte sie. »Und von wem?«

»Hör dir diese beiden Briefe an, die an Smythe geschickt worden sind. Der erste ist von Dr. Morley ...«

Er las den ganzen Brief vor. In dem Schreiben wurde die unglaubliche Veränderung bestätigt, die mit Nicola vorgegangen war, seit sie mit Duphaston, dem synthetischen Progesteron, behandelt wurde. Dr. Morley schrieb, es freue ihn, daß Nicola von Dr. Dalton untersucht werden sollte, und er schloß seinen Brief mit den Worten: »Ich bin zu alt, um von diesem ›Wunder‹ über Gebühr beeindruckt zu sein, aber ich würde gerne ihre Fortschritte in den nächsten, sagen wir, sechs Monaten sehen. Außerdem würde ich gerne Dr. Daltons Meinung darüber hören, ob die Möglichkeit einer objektiven Veränderung ihres Verhaltens der Hormontherapie zuzuschreiben ist. Wenn Dr. Dalton sich sicher ist, daß die Hormonbehandlung der Grund für die Fortschritte Nicolas sind, dann verbessert sich die Prognose außerordentlich. Mit anderen Worten: Wenn Nicola nicht mehr als gefährlich eingestuft werden muß, dann wäre es ratsam, vor Gericht zu gehen und zu beantragen, daß sie auf Bewährung freigelassen wird. Allerdings unter der Bedingung, daß ein Bewährungshelfer sie betreut und ihre Hormonbehandlung fortgesetzt wird.«

»Ed«, rief Pam, »Dr. Morley spricht von einem Wunder.«

»Ja, genau davon spricht er – von einem verdammten Wunder. Aber hör dir an, was Dr. Sangster zu sagen hat.«

Wieder las Ed den gesamten Brief vor. Dr. Sangster äußerte die Ansicht, daß eine letzte Disposition, was Nicolas Fall anging, erst dann getroffen werden sollte, wenn festgestellt worden war, ob ihr Verhalten von den Hormonen abhing oder nicht. Der Brief enthielt darüber hinaus Dinge, die Pam und Ed bis dahin unbekannt gewesen waren. »Vor ungefähr acht Monaten fand ich den Zusammenhang zwischen Nicolas Verhalten und ihrer Menstruation so bemerkenswert, daß ich einen Gynäkologen bat, sich Nicola einmal anzusehen. Eine Hormontherapie wurde verordnet, aber aus Gründen, die außerhalb meiner Verantwortlichkeit lagen, bekam die Patientin das Präparat nur für ein paar Tage, so daß keine gültigen Schlüsse gezogen werden konnten, ob die Therapie, wenn man sie denn fortgesetzt hätte, erfolgreich gewesen wäre oder nicht.«

»Ich weiß nicht, was ich davon halten soll«, sagte Pam.

»Nun, ich weiß es«, erklärte Ed düster. »Dieser verdammte Psychiater Dr. Goble hat die Hormontherapie abgesetzt, damit er Nicola seine verdammten Beruhigungsmittel geben konnte. Das steckt dahinter. Wenn er nicht eingegriffen hätte, wäre Nicola jetzt nicht in Holloway.«

»Aber Ed, er hat getan, was er für richtig hielt.«

»Hör mir zu, Pam ...«

»Nein, Ed Owen, du hörst mir zu.« Pam hatte ihn unterbrochen, indem sie nur ein wenig ihre Stimme erhoben hatte. »Heute morgen haben wir wirklich gute Neuigkeiten erhalten. Es besteht begründete Hoffnung, daß sich alles klärt, da führt es zu gar nichts, wenn man nur zurückblickt. Bitte, Ed, verdirb nicht alles.«

Ed brauchte einen Moment, um seinen Zorn zu zügeln. »Du hast recht. Es tut mir leid«, sagte er dann und ging die Treppe hinunter, um Tee zu kochen.

Während sie aufrecht in ihrem Bett saß, dachte Pam darüber nach, was geschehen war. Die Art und Weise, wie sich Dr. Morleys Meinung über den Fall geändert hatte, war beinahe genauso ein Wunder wie die Veränderung, die mit Nicola vor sich gegangen war. Die Dinge schienen den richtigen Verlauf zu nehmen, und doch lag noch immer ein weiter Weg vor ihnen. Pam spürte eine zu große Ungewißheit, um sich wirklich freuen zu können. Bevor Dr. Dalton nicht ihre Untersuchungen durchgeführt hatte, würde alles im ungewissen bleiben.

Obwohl Nicola noch immer im Gefängnis war, war doch in diesen drei Monaten eine gewisse Ordnung und Normalität in das Haus der Owens zurückgekehrt. Die Anspannung, die sich in den vergangenen vier Jahren aufgebaut hatte, war verschwunden. Ed hatte aufgehört, nur herumzubrüllen; er war wieder fähig, logisch zu denken. Da sie von dieser unerträglichen Belastung befreit war, Nicola ständig im Auge zu behalten, hatte Pam allmählich ihr Gleichgewicht wiedergefunden, und sie benötigte keine täglichen Dosen Beruhigungsmittel mehr. Nach Jahren, in denen sie sich beinahe ausschließlich mit Nicola beschäftigt hatten, waren Pam und Ed auch endlich in der Lage gewesen, sich mehr um Sally und Johnnie zu kümmern. Die Familie der Owens war mehr als in den vergangenen Jahren wieder eine Einheit geworden; es fehlte nur noch Nicolas Rückkehr.

So schien es zumindest. Da es nun aber tatsächlich die Möglichkeit gab, daß Nicola nach Hause zurückkehrte, mußte Pam sich eine Frage stellen, die sie bisher leicht hatte beiseite schieben können: Wollte sie überhaupt, daß Nicola zurückkehrte? Sobald die Frage aber aufgetaucht war, wußte Pam sowohl die Antwort als auch den Grund, warum sie sich zuvor gefürchtet hatte, sich diese Frage zu stellen. Die Frage hatte sich nicht gestellt, weil Nicola nicht nach Hause zurückkehren konnte, solange keine geeignete Behandlung für sie gefunden worden war. Die Möglichkeit einer Rückkehr hing von dem Heilmittel ab, das gefunden werden mußte. Das bedeutete, die Nicola, die zurückkehren würde, wäre die alte

Nicola, nicht das kranke, unberechenbare Mädchen, das das Leben ihrer Mutter in einen schrecklichen Alptraum verwandelt hatte.

»Natürlich will ich, daß sie zurückkommt!« rief Pam laut, erfreut darüber, daß sie die Antwort auf diese verzwickte Frage gefunden hatte.

Zwei Tage später, am achtzehnten November, nahm Pam Sally mit, um Nicola zu besuchen. Doch da man bei diesen kurzen Begegnungen nie die Zeit hatte, die Dinge zu sagen, die wirklich wichtig waren, entschloß sich Pam hinterher, einen Brief an ihre Tochter zu schreiben. »Wir alle lieben Dich sehr«, schrieb sie. »Aber auch wir brauchen Hilfe, und wenn Du nach Hause kommst, was schneller der Fall sein wird, als wir denken, wirst Du ein Mädchen sein, das den Vorsatz und die Kraft hat, uns zu helfen, unseren großartigen Zusammenhalt als Familie in noch höherem Maße zurückzugewinnen, als wir ihn früher hatten. Als Deine Mum weiß ich, daß ich Dich als meine Freundin brauche, und wenn ich auch alles tun werde, Dir zu helfen, so kann ich doch nicht länger Deine Hüterin sein. Du bist volljährig, Nicola.«

Am einundzwanzigsten November, jenem Dienstag, an dem Dr. Dalton Nicola aufsuchen sollte, erhielten die Owens einen Brief von der Ärztin. Nachdem Ed den Brief gelesen hatte, rief er Pam, die sich im Bad ihre Haare wusch. »Pam, wir haben eine Antwort von Dr. Dalton bekommen. Du mußt dir den Brief sofort ansehen.«

Er ging in sein Büro hinüber und las den Brief noch einmal. Ein paar Minuten später tauchte Pam im Bademantel auf; um ihren Kopf hatte sie ein Handtuch gewikkelt. Sie nahm den Brief und las ihn rasch durch. Erstaunt blickte sie auf und rief: »Du meine Güte! Sie will von uns fünfundzwanzig zeitliche Angaben über einen Zeitraum von ...« Sie hielt inne und überflog rasch einen Abschnitt des Briefes. »Angaben über einen Zeitraum von fünf Jahren.«

»Ja«, erwiderte Ed und nahm eines von Dr. Daltons Büchern zu Hand. »Und es steht alles schon hier drin. Offenbar ist es wichtiger, den Menstruationszyklus nachzuzeichnen, als eine Blutuntersuchung vorzunehmen.« Er reichte Pam das Buch und fuhr fort: »Du kannst es hier selbst lesen. Die Angaben, die sie von uns haben will, sind überaus wichtig. Wenn wir diese Angaben nicht besorgen, dann können wir wahrscheinlich die Hoffnung aufgeben, daß sie eine Diagnose, geschweige denn eine Prognose stellt.«

Pam setzte sich an den Schreibtisch und las die Passage, die Ed für besonders wichtig hielt. Dann sagte sie: »Du hast recht. Wir müssen uns sofort darum kümmern. Die Frage ist nur, wie wir die Sache angehen.«

»Nun, ich habe noch meine Terminkalender der letzten Jahre im Bücherschrank. Leider habe ich meine privaten Terminaufzeichnungen alle weggeworfen, aber du hast doch deine Kalender noch?«

Pam nickte. »Das wird uns vielleicht weiterhelfen, aber ich halte es für das beste, wenn wir die Ärzte anrufen, die vielleicht die ein oder andere Angabe, die Dr. Dalton braucht, in ihren Akten haben könnten. Außerdem müssen wir mit den Krankenhäusern Kontakt aufnehmen, in denen Nicola behandelt worden ist.« Pam blickte flüchtig auf die Liste. »Sie will wissen, wann Nicola in die verschiedenen Krankenhäuser eingeliefert worden ist. Dabei geht es ihr um die Überdosis, die Bauchfellentzündung, die Amnesie und die Sache mit dem Unkrautvertilger. Außerdem will sie wissen, wann

Nicola sich das Gesicht mit dem Rasiermesser zerschnitten, wann ihr der Magen ausgepumpt wurde und wann sie sich das Handgelenk aufschnitt. Das sind schon acht von den fünfundzwanzig Angaben, die sie benötigt.«

»Außerdem gibt es noch das Polizeirevier«, ergänzte Ed. »Sie werden auch noch einige Angaben haben.«

»Ja, natürlich«, erwiderte Pam und schaute sich wieder Dr. Daltons Liste an. »Aber das betrifft nur wenige Dinge, zum Beispiel, als Nicola über Nacht weggeblieben war, obwohl sie es nach den Bestimmungen der Kaution nicht durfte. Mach dir darüber jedoch keine Sorgen. Du kommst zu spät zu deinem Termin in Reigate. Geh nur und überlaß das mir. Ich werde das alles regeln.«

Eilig verließ Ed das Haus, und sobald ihr Haar getrocknet war und sie sich angezogen hatte, begann Pam ihre Telefonate zu führen. Nur zwei Leute, die sie anrief, weigerten sich, ihr zu helfen, doch in beiden Fällen konnte sie die Informationen, die sie benötigte, von einer anderen Quelle bekommen. In den beiden Krankenhäusern erhielt sie die Auskunft, daß man Daten von Patienten nicht am Telefon weitergeben würde. Daher mußte Pam am Nachmittag diese Krankenhäuser persönlich aufsuchen.

Zusätzlich zu den Dingen, die nur Nicola betrafen, wollte Dr. Dalton auch einiges über Pams und Sallys Menstruationszyklus wissen. Am Abend versuchte Pam daher mit ihrer Tochter den ersten Tag von deren Menstruation zu bestimmen. Was Nicola betraf, hatte sich das als sehr einfach herausgestellt, aber bei Sally gestaltete es sich weit schwieriger. Sehr zu ihrem Ärger mußte Pam feststellen, daß sie nicht den betreffenden Tag herausfinden konnten, sie wußten obendrein nicht einmal mehr, ob Sally damals zwölf oder schon dreizehn gewesen war.

Als Ed am Abend um zwanzig nach acht zurückkehrte, vergleich Pam immer noch die Angaben. Später gingen sie die beinahe unleserlichen Einträge in Eds Kalender durch. Hocherfreut konnten sie zwei weitere Fragen der Liste beantworten.

Beide waren sehr erschöpft, als sie sich entschlossen, daß es ihnen ausnahmsweise einmal guttun würde, früh ins Bett zu gehen.

Sie verschliefen ihren Wecker; es war schon nach acht, als Ed endlich aufstand. Er war verärgert. Da er immer früh aufstand, war nichts mehr dazu angetan, ihm den Tag zu verderben, als wenn er verschlief. Noch wütender auf sich wurde er, als er die Treppe hinunterging und sah, daß die Post schon eingetroffen war.

Er nahm die Umschläge und ging mit ihnen in die Küche, wo er zunächst den Wasserkessel auf den Herd setzte und das Frühstückstablett deckte. Dann ordnete er, wie es ihm seit langem zur Gewohnheit geworden war, die Briefe nach ihrer Wichtigkeit. Der erste Brief, den er las, kam von Mr. Smythe und gab ihm einige Rätsel auf.

Pam war bereits erwacht, als Ed ihr den Tee ins Schlafzimmer brachte. Ed reichte ihr den Tee und dann den Brief ihres Anwaltes. Schweigend nippten sie an ihrem Tee, während Pam zugleich den Brief aufmerksam las. Ed beobachtete sie. Er war sich nicht klar, ob er zufrieden oder enttäuscht sein sollte, daß sie genauso verwirrt zu sein schien wie er.

»Ich halte das für eine gute Nachricht, Ed«, sagte sie dann zögernd und reichte ihm den Brief zurück. »Was hältst du davon?«

»Nun, einige Neuigkeiten sind sicher nicht schlecht. Er schreibt, daß der Fall nicht vor dem achtzehnten Dezember verhandelt werden wird. Das läßt uns drei Wochen mehr Zeit. Aber abgesehen davon stehen mir in dem Brief zu viele Wenns und Aber. Hier schreibt Smythe zum Beispiel: ›Es steht nur zu hoffen, daß die medizinischen Gutachten und Beweise von der Art sein werden, daß sie das Gericht überzeugen, daß keine weiteren Gefahren sowohl für Nicola als auch für eine andere Person bestehen, wenn sie keine Gefängnisstrafe erhält. Es mag aber auch möglich erscheinen, daß Dr. Dalton eine Behandlung empfiehlt, die eine geschlossene Umgebung vorsieht oder die nur dann zweckmäßig ist, wenn Nicola in Haft bleibt.‹ Mit anderen Worten, laut Mr. Smythe kann alles passieren.«

»Im Augenblick scheint das zu stimmen. Aber, Ed, sei vernünftig. Mr. Smythe sagt lediglich, daß Dr. Daltons Gutachten der entscheidende Faktor ist, denn das Gericht wird höchstwahrscheinlich dem folgen, was sie empfiehlt.«

»Nun, Dr. Dalton hat Nicola gestern besucht, also werden wir nicht mehr lange auf ihr Gutachten warten müssen.«

»Wir werden noch eine ganze Weile warten, wenn ich nicht voranmache«, erwiderte Pam und stieg aus dem Bett. »Ich muß mich wirklich beeilen. Selbst wenn wir die letzten Dinge, die Dr. Dalton wissen will, herausfinden, muß ich das alles noch tippen.«

Ed lächelte seine Frau voller Bewunderung an. Da er selbst ein Mann der Tat war, liebte er es, anderen zuzusehen, wie sie Dinge vorantrieben. Leute, die nur auf ihrem Hintern saßen und nichts taten, verachtete er.

Ich war nicht besonders glücklich, als ich erfuhr, daß ein weiterer Spezialist mich aufsuchen würde. Es schien mir meinen Fall nur zu verlängern, und ich hatte es satt, nicht zu wissen, was mit mir passieren würde. Ich hatte den Punkt erreicht, an dem es mir gleichgültig war, wie die Entscheidung ausfiel, Hauptsache, es wurde überhaupt etwas entschieden.

Als Mum und Dad mich besuchten, erklärten sie mir, die Ärztin, die mich aufsuchen würde, sei eine bedeutende Gynäkologin und eine Kapazität, was prämenstruelle Erkrankungen betraf. Durch diese Erklärung fühlte ich mich gleich viel besser, denn ich wollte auf keinen Fall mehr irgendeinen anderen Psychiater sehen oder wieder andere Medikamente einnehmen. Durch sie hatte ich mich eher schlechter als besser gefühlt. Aber mir gefiel es, Dr. Morley wiederzusehen, als er mich besuchte. Er war sehr freundlich und sagte mir, daß es allmählich höchst unwahrscheinlich wurde, daß ich nach Broadmoor eingewiesen würde. Diese Neuigkeit versetzte mich in eine ausgelassene Stimmung.

Den größten Verdruß bereitete mir, daß Mum und Dad mich offenbar nicht wissen lassen wollten, was vor sich ging. Sie erzählten immer nur wenig. Sie hatten eine Menge Leute getroffen, hatten viele Telefongespräche geführt und Briefe geschrieben. Vielleicht wollten sie nicht, daß ich mir unnötigerweise zu viele Hoffnungen machte. Ich wußte genau, wie sehr sie sich für mich einsetzten, aber ich hatte stets den Eindruck, daß ich offenbar die letzte war, die erfuhr, was passieren würde.

Daher schrieb ich Daddy, ob ich Mr. Giacomo treffen könnte. Es war schließlich nicht zuviel verlangt, wenn ich darum bat, meinen Anwalt zu sprechen. Denn so wie die Dinge standen, wußte ich ja nicht einmal, ob ich damit rechnen konnte, für schuldig befunden zu werden, oder ob ich selbst in den Zeugenstand mußte. Doch aussagen wollte ich unbedingt. Ich hielt es für wichtig, daß der Richter meine Gefühle verstand.

Aber ich hatte noch ein anderes Problem: Obwohl die Hormonbehandlung anscheinend erfolgreich war und ich keine depressiven Schübe mehr hatte, waren damit die schreckliche Schuld und die Reue, die ich fühlte, nicht verschwunden.

Ich konnte wirklich nicht begreifen, warum ich all diese furchtbaren Dinge getan hatte – warum ich die Überdosis Tabletten genommen hatte, warum ich von zu Hause fortgelaufen war, warum ich mir die Haare abrasiert und unser wunderschönes Haus in Brand gesteckt hatte.

Ich war froh, meine Gefühle und Probleme mit Katharina Dalton besprechen zu können, als sie mich besuchte. Sie machte großen Eindruck auf mich. Es war einfach, mit ihr zu reden, und ich fühlte mich in ihrer Gegenwart sehr wohl.

Sie fragte mich, welche Wirkung Alkohol auf mich hätte, und ich antwortete ihr, daß das ganz von meiner Stimmung abhinge. Wenn ich glücklich war, machte mich der Alkohol noch glücklicher. War ich aber ohnehin schon deprimiert, so verschlechterte sich meine Stimmung durch Alkohol noch.

»Weißt du, wann du deine Periode bekommst?« wollte sie wissen.

»Das weiß ich immer.«

»Und woher weißt du das?«

»Meinen Sie, woher ich das heute weiß oder früher?«

»Laß uns jetzt erst einmal über die Vergangenheit reden.«

»Das ist ganz leicht. Ein paar Tage vor meiner Periode fühlte ich mich sehr gedrückt. Ich hatte schlimme Kopfschmerzen, auch Rückenschmerzen, und manchmal blutete sogar meine Nase. Sobald meine Periode einsetzte, besserte sich meine Stimmung und all meine Schmerzen verschwanden.«

»Und wie ist es heute?«

»Das ist schwer zu sagen. Ich habe erst einmal meine Periode bekommen, seit ich dieses Duphaston nehme, aber ich weiß zumindest, daß ich keine Depressionen mehr habe, seit ich diese Tabletten nehme.«

Dann wollte Katharina Dalton genau wissen, wann bestimmte Dinge passiert waren. Genau wie sie war ich ziemlich überrascht, an wieviel ich mich erinnern konnte. Noch bemerkenswerter war allerdings, wieviel von dem, das passiert war, mit meinem Menstruationszyklus in Zusammenhang stand. Als ich das erste Mal unser Haus in Brand steckte, setzte meine Periode am nächsten Tag ein. Bei der zweiten Brandstiftung war es genauso. Als ich über Nacht wegblieb und zur Polizeiwache lief und dann im Gefängnis, als ich mir die Handgelenke aufschlitzte, kam meine Periode ein paar Tage später. Es war, als würden sich die Teile eines großen Puzzles endlich zusammenfügen.

Nachdem Katharina Dalton gegangen war, dachte ich lange Zeit darüber nach, was es bedeutete, daß ich mein Verhalten nun mit meiner Menstruation in Verbindung bringen konnte. In der Vergangenheit hatte ich es mir leichtgemacht und anderen Leuten die Schuld dafür gegeben, wie ich mich fühlte. Besonders Mum hatte ich alles mögliche vorgeworfen. Zum erstenmal begriff ich, was sie mit mir durchgemacht hatte, und ich haßte mich dafür. Eines aber wußte ich genau. Nie wieder würde ich sie durch die Hölle gehen lassen, die ich ihr in den letzten vier Jahren bereitet hatte.

Am Samstag, den fünfundzwanzigsten November, fuhren Pam und Ed mit Sally zu Nicola ins Gefängnis. Als sie nach Hause zurückgekehrt waren, ging Pam sofort ins Büro hinüber, um die Antworten auf die Fragen Dr. Daltons auf der Maschine zu schreiben. Sally und Ed waren in der Küche, um sich Kaffee zu kochen und Sandwiches zu machen.

»Nicola wird nicht nach Broadmoor kommen, nicht wahr, Dad?« fragte Sally besorgt.

»Ich will ehrlich zu dir sein, Sally. Ich weiß es wirklich nicht. Ich kann nur sagen, daß Dr. Wells am Montag zurückkommt. Ich glaube, er wird sehr überrascht sein. Zumindest hoffe ich das. Kurz bevor er in Urlaub fuhr, hat er noch den Antrag gestellt, daß Nicola nach Broadmoor überführt wird. Außerdem hat er ihr gesagt, daß er nicht damit rechnet, sie noch in Holloway zu sehen, wenn er zurückkehrt.«

»Aber sie ist völlig normal, Dad. Hast du sie dir heute nachmittag angeschaut? Sie fing sogar an zu jammern. Ich schätze, in ihrer Lage ist nichts normaler als zu jammern.«

Ed lächelte. »Ja, die alte Nicola scheint zurückgekehrt zu sein«, sagte er. »Dennoch fürchte ich, daß im Augenblick alles von Dr. Dalton und ihrem Gutachten abhängt.«

»Was meinst du, wann hörst du von ihr?«

»Sehr bald, Sally, obwohl sie ihren Bericht nicht abschließen kann, bevor sie Mums Angaben erhalten hat.«

Sally bemerkte plötzlich, daß ihr Vater vor Schmerz das Gesicht verzog. »Was ist los, Dad?« fragte sie.

»Mein Rücken tut höllisch weh. Ich glaube, ich werde mich ein wenig hinlegen.«

»Soll ich dir eine Wärmflasche machen?« fragte Sally, die sehr besorgt aussah.

»Nein, danke.«

»Aber was ist mit deinem Rücken nicht in Ordnung?«

»Die Ärzte sagen, ich habe ein schiefes Becken. Ich weiß nur, daß es verdammt weh tut.«

»Das ist komisch, Dad. Nicola hat mir einmal erzählt, daß sie auch ein schiefes Becken hätte.«

»Sally, meinst du das wirklich ernst?«

»Nun«, erwiderte sie mit einem Grinsen, »vielleicht sind es deine Hormone. Ich glaube aber eher, du wirst das Squashspielen aufgeben müssen.«

»Das wird nicht nötig sein«, entgegnete Ed, als er aus der Küche humpelte, »das Squash gibt mich auf.«

21.
Die Zeit läuft

Ed verließ das Haus am Montag in aller Frühe wegen eines Geschäftstermins mitten in London. Er war schon lange fort, als die Post eintraf, daher öffnete Pam den Brief von ihrem Anwalt. »Es wäre sehr freundlich«, schrieb Mr. Smythe, »wenn einer von Ihnen mich baldmöglichst anrufen würde, damit wir kurz über ein paar Dinge sprechen können.«

Pam rief den Anwalt unverzüglich an.

»Guten Morgen, Mrs. Owen. Es ist schön, daß Sie so prompt reagieren«, sagte Mr. Smythe. »Wie geht es Nicola?«

Pam berichtete ihm über die Fortschritte, die Nicola weiterhin machte, dann erzählte sie, daß sie ihr Schreiben an Dr. Dalton an diesem Morgen in die Post gegeben hatte.

»Ich glaube, Dr. Dalton ist für einige Tage in Urlaub gefahren.«

Pams Magen zog sich zusammen. Obwohl sie so schnell gearbeitet hatte, war ihre Antwort zu spät gekommen. »Wissen Sie, wann Dr. Dalton zurückkomen wird?« fragte sie nervös.

»Einen Moment bitte. Ich habe hier einen Brief von ihr ... Ja, sie wird am vierten Dezember zurück sein. Das ist ein Montag, sie wird also genau in einer Woche zurückkehren.«

Pam war erleichtert. Ihr Brief würde also doch nicht zu

spät kommen. Dr. Dalton blieb noch Zeit, ihren Bericht zu schreiben, bevor Nicolas Fall vor Gericht verhandelt wurde. Das konnte noch ein paar Wochen dauern.

»Nun, Mrs. Owen, Mr. Giacomo würde Nicola gerne besuchen. Ich möchte Ihnen einige Termine vorschlagen. Ich hoffe, daß einer dieser Termine Ihnen paßt, so daß entweder Sie oder Mr. Owen ebenfalls dabeisein können. Allerdings fürchte ich, daß sich der Besuch nur am Abend einrichten lassen wird.«

»Mr. Owen hat die ganze Woche geschäftliche Termine«, erwiderte Pam, »also werde ich wohl mitkommen. Mir ist jeder Abend recht, den Mr. Giacomo vorschlägt.«

»Es geht erst in der nächsten Woche. Der erste Termin, den Mr. Giacomo vorschlägt, ist der vierte Dezember ... Das ist der Tag, an dem Dr. Dalton zurückkehrt. Was für ein Zufall! Nun, da Ihnen jeder Termin paßt, wäre es ratsam, diesen Abend festzulegen.«

»Das paßt mir gut. Welche Uhrzeit schlagen Sie vor?«

»Einigen wir uns vorläufig auf halb sieben, aber ich werde Sie noch einmal anrufen, wenn ich mit den Leuten in Holloway gesprochen habe.«

»In Ordnung, Mr. Smythe, und danken Sie bitte Mr. Giacomo. Ich weiß, wie versessen Nicola darauf ist, ihn zu treffen.«

»Ja, auch Mr. Giacomo möchte unbedingt mit ihr reden. Ich glaube, im Moment hat er sich immer noch nicht entschieden, wie er den Fall am besten angehen soll. Da ist noch etwas anderes, Mrs. Owen. Ich würde ja meinen Assistenten mitschicken, aber der hat keinen Wagen. Wäre es möglich, daß Sie ihn in unserer Kanzlei abholen?«

»Aber natürlich. Ich werde sogar dafür sorgen, daß er heil wieder zurückkommt.«

Die Zeit schien stillzustehen. Obwohl Leute kamen und gingen, schien doch nichts wirklich zu passieren

Meine Bewährungshelferin besuchte mich. Ich konnte sie kaum ertragen. Sie war eine dumme, einfältige Gans. Als ich sie fragte, ob sie einen neuen Bericht für meine Gerichtsverhandlung schreiben würde, sagte sie: »Ich glaube nicht, daß das nötig sein wird. Mein erster Bericht war gar nicht so schlecht.«

Ich begegnete auch Dr. Wells ein paarmal. Ich sagte ihm, da meine Gerichtsverhandlung näher rücke, müsse ich unbedingt eine Diät machen. Es war schwer genug, bei der faden Gefängniskost abzunehmen, aber ich half zu allem Überfluß auch noch häufig in der Küche aus, was mich stets in Versuchung brachte. Daher bat ich Dr. Wells, mir ein paar Schlankheitspillen zu verschreiben.

»Solche Pillen nützen überhaupt nichts«, sagte er. »Ich weiß, wie schwer eine Diät sein kann, aber es ist nur eine Frage des Willens. Wenn Sie zuviel essen, Nicola, dann nur, weil Sie sich Sorgen wegen Ihrer Verhandlung machen. Das ist eine ganz normale Sache. Machen Sie sich deshalb keine Sorgen.«

»Und wann wird meine Verhandlung stattfinden, Dr. Wells? Noch vor Weihnachten? Ich möchte Weihnachten unbedingt mit meiner Familie verbringen.«

»Es tut mir leid, aber ich habe keine Ahnung, wann der Prozeß stattfinden wird, aber ich wäre sehr erstaunt, wenn das noch vor Weihnachten passieren würde. Wenn ich Sie wäre, würde ich darauf nicht hoffen. Aber die Dinge sind im Gang, Nicola. Ich habe heute einen Brief von Ihrem Anwalt bekommen, in dem er mich bittet, ein Gutachten für den Prozeß zu schreiben.«

»Nicht schon wieder!« rief ich. »Der arme Richter wird mit Gutachten förmlich überschüttet.«

In dieser Nacht lag ich bis zwei Uhr morgens wach. Ich wälzte mich herum und fragte mich besorgt, wie meine Verhandlung wohl ausgehen mochte.

Ich empfand es geradezu als Erleichterung, als Mr. Giacomo mit Mum zu Besuch kam. Aber er beruhigte mich auch nicht sonderlich. Er erklärte, er überlege, ob es ratsam sei, auf nicht schuldig zu plädieren.

Als ich ihn nach seinen genaueren Gründen fragte, erklärte er: »Wir können argumentieren, daß du zeitweilig unzurechnungsfähig gewesen bist. Aber ich muß dazu sagen, daß die Chance nicht sehr groß ist.«

Ich fragte ihn, wie das Urteil seiner Ansicht nach ausfallen würde, und er erwiderte, ich würde ein Jahr oder vielleicht achtzehn Monate Gefängnis bekommen, aber die fünf Monate, die ich bereits in Haft verbracht hatte, würden mir angerechnet werden.

Das waren wirklich beunruhigende Neuigkeiten, und ich hatte so gehofft, Weihnachten zu Hause zu sein.

Ed und Pam machten Weihnachten immer zu einem ganz besonderen Fest. Den Weihnachtsschmuck überall aufzuhängen, das war eine Zeremonie, an der jedes Mitglied der Familie an mehreren Abenden und am Wochenende beteiligt war. Die vier Christbäume wurden sorgfältig mit Spielzeug und bunten Kugeln, Girlanden und funkelnden Lichtern geschmückt. Im Wohnzimmer stand für gewöhnlich eine große, künstliche grüne Fichte, die ganz in Rot geschmückt war. Im Eßzimmer glänzte der Baum goldfarben, während der Baum in der Eingangshalle mit glänzendem, rosafarbenen Schmuck behangen wurde. Draußen auf der Terrasse stand ein Tannenbaum, den sie mit kleinen Laternen versahen.

Ed und Pam besprachen sich einige Zeit darüber, ob

sie das Haus wie gewöhnlich für Weihnachten schmükken sollten. Obwohl Nicola wahrscheinlich noch im Gefängnis sein würde, entschlossen sie sich um Johnnies und Sallys willen, alles so zu machen wie in den letzten Jahren. Dennoch hatten sie ein schlechtes Gewissen.

Da der gesamte Weihnachtsschmuck bei dem Feuer vernichtet worden war, mußten sie neuen besorgen. Daher fuhren sie, nachdem sie am Samstag Nicola besucht hatten, von Holloway zu Harrods. In den letzten Jahren waren sie bei solchen Einkäufen stets von ihren ganz aufgeregten Kindern begleitet worden. Diesmal waren sie allein und tätigten ihre Einkäufe nahezu schweigend und in einer ganz und gar unfestlichen Stimmung.

Zu Hause half ihnen Sally, die Weihnachtseinkäufe aus ihrem Volvo zu laden. Alles war in die Eingangshalle gebracht worden, als das Telefon klingelte. Am Apparat war Mr. Smythe.

»Es tut mir leid, daß ich Sie zu Hause störe, Mr. Owen«, sagte er.

»Wir haben Sie so oft zu Hause gestört, Mr. Smythe.«

Eine lange Pause trat ein.

»Sind Sie noch am Apparat, Mr. Smythe?« fragte Ed.

»Ja, Mr. Owen, bitte entschuldigen Sie, aber ich schaue gerade Dr. Daltons Gutachten durch. Der Bericht ist heute eingetroffen, aber ich habe ihn bisher nur flüchtig durchlesen können.«

Ed wartete einen Moment ab, bevor er fragte: »Und enthält das Gutachten gute Neuigkeiten?«

»Ich glaube ja«, entgegnete Mr. Smythe, bevor er sich weit positiver ausdrückte. »Ja, die Neuigkeiten sind ziemlich gut.«

Wieder trat Stille ein. »Was steht denn in dem Gutachten?« Die offenkundige Zurückhaltung des Anwalts beunruhigte Ed.

»Nun, die Diagnose lautet prämenstruelles Syndrom, was Sie nicht sonderlich überraschen wird.«

»Und wie lautet die Prognose?« fragte Ed. Sally und Pam drängten sich ängstlich an ihn, weil sie unbedingt mitbekommen wollten, was der Anwalt sagte.

»Lassen Sie mich Ihnen den letzten Abschnitt des Gutachtens vorlesen.« Papier raschelte, dann räusperte Mr. Smythe sich und begann zu lesen: »›Ohne Zweifel hat Miss Owen auf das Medikament Duphaston positiv reagiert, aber wenn man die heftigen Veränderungen in ihrem Verhalten während der prämenstruellen Phase betrachtet, dann ist es für die Behandlung wesentlich, sie auf mindestens ein Jahr auszudehnen, bevor die Dosis reduziert werden kann. Es ist sogar möglich, daß die Dosis in den nächsten Monaten erhöht werden muß. Wenn die Behandlung jedoch weitergeführt wird, ist davon auszugehen, daß ihr asoziales Verhalten kontrolliert werden kann.‹«

Ed war tief enttäuscht. Dieser Abschnitt enthielt ganz gewiß nicht die Empfehlung, auf die er gehofft hatte. »Sagt Dr. Dalton irgendwo in dem Gutachten, daß die Behandlung auch nicht-stationär durchgeführt werden kann?« fragte er.

Nach kurzem Zögern erwiderte Mr. Smythe: »Dr. Dalton ist auf diese Frage offenbar nicht näher eingegangen. Darüber werde ich mit ihr sprechen müssen, aber ich vermute, sie hat nichts davon erwähnt, weil sie sich noch unschlüssig ist.«

»Das bereitet mir einiges Kopfzerbrechen, Mr. Smythe.«

»Das glaube ich Ihnen gern, Mr. Owen, aber lassen

Sie uns vor allem die positiven Aspekte dieses Gutachtens sehen. Erstens haben wir hier eine Spezialistin, die bestätigt, daß Nicola am prämenstruellen Syndrom leidet. Zweitens verweist Dr. Dalton auf die Wahrscheinlichkeit, daß Nicolas asoziales Verhalten unter Kontrolle gebracht werden kann. Ich schätze diese Aussagen als sehr positiv ein, Mr. Owen. Sehr positiv. Am Montagmorgen werde ich Ihnen sofort eine Kopie des Gutachtens zusenden.«

»Vielen Dank. Ich würde es sehr gerne lesen.«

»Da ist noch eine andere Sache. Mr. Giacomo wünscht noch eine Unterredung mit Ihnen. Er schlägt Ihnen als Termin den neunzehnten Dezember um fünf Uhr vor.«

»Lassen Sie mich rasch in meinem Terminkalender nachsehen«, sagte Ed. Er nickte Pam zu, die daraufhin in sein Büro eilte, um den Kalender zu holen. Rasch sah Ed nach. »Ja, das kann ich einrichten. Wenn dieses Gespräch am neunzehnten Dezember stattfindet, gibt es dann vielleicht doch noch die Möglichkeit, daß Nicolas Fall vor Weihnachten verhandelt wird?«

»Ich halte das für höchstunwahrscheinlich. Wir haben einen Aufschub beantragt, da wir für unsere Beweisführung mehr Zeit benötigen. Wir können aber nicht erwarten, daß die Angelegenheit plötzlich beschleunigt wird, nur weil Dr. Daltons Gutachten heute eingetroffen ist.«

»Ich verstehe, Mr. Smythe. Wir hatten nur gehofft, daß wir unsere Tochter vielleicht Weihnachten bei uns haben würden.«

»Ich verstehe Ihren Standpunkt, Mr. Owen.«

Als Ed auflegte, hatte Sally Tränen in den Augen. »Also wird Nicola Weihnachten nicht bei uns sein, Dad?« fragte sie.

Ed schüttelte langsam den Kopf.

»Es ist so deprimierend«, schluchzte sie und wischte sich zornig die Tränen aus dem Gesicht. »Was kümmert uns dann dieser ganze Weihnachtsschmuck?«

Pam legte den Arm um ihre Tochter und versuchte sie zu trösten. »Wir werden noch sehr oft Weihnachten zusammen verbringen, Sally. Außerdem vergehen noch ein paar Tage bis zum Fest, und es besteht noch die kleine Chance, daß Nicola rechtzeitig freigelassen wird.«

»Sie müssen sie einfach freilassen, Mum. Es ist alles so ungerecht. Es war schließlich nicht ihre Schuld«, rief Sally, bevor sie wieder in Tränen ausbrach.

Erst am nächsten Tag konnten sie sich daran machen, mit ihren Weihnachtsvorbereitungen zu beginnen.

Am neunzehnten Dezember hatten sie beinahe alles für das Weichnachtsfest vorbereitet. Sowohl Johnnie als auch Sally hatten mittlerweile Schulferien. Beide halfen Pam bei den letzten Dingen, die noch zu erledigen waren, als Ed zu dem Treffen mit Mr. Giacomo aufbrach. Er fuhr recht früh los, denn er wollte zuvor noch Nicola besuchen, um ihr schonend beizubringen, daß der Prozeß nicht mehr vor Weihnachten stattfinden würde.

Als er sie sah, war sie erstaunlich guter Stimmung. So ausgelassen hatte er sie lange nicht mehr erlebt. Er konnte sie sogar ein wenig damit aufziehen, daß sie noch immer Übergewicht hatte.

»Ich weiß, Dad«, sagte sie und kicherte. »Aber das Problem ist, daß ich in der Küche arbeite. Nun ... falls du weißt, was ich meine. Es ist halt so verlockend.«

»Es ist schön zu sehen, daß es dir so gutgeht«, sagte er und versuchte auf die schlechte Nachricht zu sprechen zu kommen, die er ihr mitteilen wollte. »Und da tut es mir natürlich besonders leid, daß es so aussieht, als würde die Verhandlung ...«

»Ich habe es bereits gehört«, unterbrach Nicola ihn. »Aber das ist schon in Ordnung. Wir haben hier schon eine Menge für Weihnachten vorbereitet. Wir werden uns großartig amüsieren. Mach dir also um mich keine Sorgen. Du und Mum, ihr werdet euer Weichnachten mit Sally und Johnnie feiern.«

Nach diesem unerwartet gut verlaufenen Besuch verließ Ed zum ersten und einzigen Male das Gefängnis in ausgelassener Stimmung. Er war noch immer heiter gestimmt, als er kurz nach fünf Uhr zu Mr. Giacomo ins Büro geführt wurde.

Mr. Giacomo saß hinter seinem Schreibtisch und aß ein Sandwich. Er streckte seine Hand aus und sagte: »Bitte entschuldigen Sie, daß ich nicht aufstehe. Ich habe gerade das Essen ausgepackt, das meine Frau mir mitgegeben hat. Sie ist immer sehr wütend, wenn ich es nicht anrühre und wieder mit nach Hause bringe.«

Ed setzte sich, und Mr. Giacomo aß weiter sein Sandwich und las währenddessen die Gutachten, die vor ihm lagen. Schließlich wischte er sich Mund und Hände mit einer Serviette ab, die er daraufhin zerknüllte und in den Papierkorb warf.

Mr. Giacomo sah auf und lächelte Ed an. »Nun, Mr. Owen«, sagte er. »Ich muß Ihnen nicht sagen, daß dieser Fall es wirklich in sich hat.«

»Ich weiß, Mr. Giacomo. Alles liegt jetzt an Ihnen.«

»Ich habe gerade die Gutachten von Dr. Wells und Dr. Dalton gelesen. Ohne Zweifel ist Nicolas Krankheit physischer Natur und kann behandelt werden. Es ist aber immer noch die Frage, ob Nicola weiterhin in einer geschlossenen Einrichtung behandelt werden sollte. Dr. Wells äußert sich über diese Frage ein wenig detaillierter als Dr. Dalton. Er bekundet seine Bereitschaft, Nicola ambulant in der Klinik zu behandeln, an der er praktiziert.«

»Aber das ist ja großartig!« rief Ed begeistert.

»Ganz recht, Mr. Owen. Aber ich habe Sie zu mir gebeten, um Ihnen unsere Position und unser Problem zu schildern.«

Mr. Giacomos ernster Tonfall beunruhigte Ed.

»Ich habe die Absicht«, fuhr der Anwalt fort, »auf zeitweilige Unzurechnungsfähigkeit zu plädieren, die von einer physischen Krankheit hervorgerufen worden ist, die zum Zeitpunkt der beiden Brandstiftungen noch nicht erkannt worden war. Diese Krankheit ist das prämenstruelle Syndrom, wie wir überzeugend darlegen können. Mehr noch – wir können durch Nicolas Behandlung im Gefängnis, ihre offenkundigen Fortschritte dort und durch die vorliegenden Gutachten beweisen, daß diese Krankheit geheilt werden kann.«

»Ich sehe nicht, wo unser Problem liegt«, rief Ed.

»Mein lieber Mr. Owen – unser Problem liegt darin, daß es für unser Vorgehen keinen Präzedenzfall gibt. Mit anderen Worten: Es ist in diesem Land noch nie vorgekommen, daß das prämenstruelle Syndrom den Grund lieferte, jemanden von einer Anklage freizusprechen. Wie auch immer dieser Fall ausgehen wird, wir werden ein Stück Rechtsgeschichte schreiben.«

Ed hatte nicht die Zeit, darüber überhaupt nachzudenken, denn plötzlich wurde die Tür geöffnet und ein Mitarbeiter der Kanzlei kam herein. »Der Fall Nicola Owen«, erklärte er Mr. Giacomo, »ist für morgen angesetzt worden!«

An diesem Abend erhielt ich ein Weihnachtsgeschenk von der lieben Nanny. Es war eine Kette mit einem goldenen Kreuz. Fünf Minuten später kam eine Aufseherin zu mir und sagte, daß am nächsten Tag mein Prozeß stattfinden würde. Diese Nachricht war ein totaler Schock für mich. Die anderen waren ganz aufgeregt und gratulierten mir. Ich aber hatte gemischte Gefühle. Zum einen war ich erleichtert, daß endlich eine Entscheidung fallen würde, zum anderen hatte ich Angst davor, wie diese Entscheidung aussehen würde.

In dieser Nacht konnte ich kaum schlafen. Ich konnte nicht einmal daran denken, daß ich in der nächsten Nacht vielleicht in meinem eigenen Bett liegen würde. Das war eine unmögliche Vorstellung.

Um mich erklang die Kakophonie der schlafenden Frauen – ein Stöhnen und Schnarchen, das so laut war, daß ich es selbst durch das Kissen hörte, das ich mir über den Kopf gezogen hatte. Sollte ich diese furchtbaren Geräusche wirklich nie wieder hören?

Schließlich schlief ich doch ein. Sonderbare Bilder spukten durch meinen Kopf: meine vom Feuer in Mitleidenschaft gezogenen Pokale und Medaillen, eine Fotografie von mir, die bei einem Tanzfestival aufgenommen worden war und die langsam verbrannte, als würde man ein Streichholz darunter halten. Und dann sah ich mich wie in einem Film: Ich war fünf Jahre jünger und trug das Hexenkostüm, und ich schrie, als würde ich nicht in einen Ofen, aber in ein großes, aufflammendes Feuer geschoben werden. Dann aber, als zoome die Kamera näher heran, bemerkte ich, daß die Hexe und die Flammen immer kleiner und kleiner wurden, bis ich nichts mehr erkennen konnte.

Eine Hand an meiner Schulter rüttelte mich unsanft

wach. Die Wärterin, die an meinem Bett stand, zischte mir zu: »Komm schon, Nicola, es ist Zeit aufzustehen. Du mußt alle deine Sachen zusammenpacken und zur Aufnahme hinübergehen. Dein Frühstück bekommst du dort mit den anderen Häftlingen, die zu einer Verhandlung müssen. Komm schon, Nicola, beweg dich. In einer halben Stunde geben sie dort das Frühstück aus. Also beeil dich und nimm all deine Sachen mit.«

Ich stieg aus dem Bett, und da die anderen Frauen noch schliefen, genoß ich das Privileg, mich an dem einzigen Waschbecken im Schlafraum zu waschen und dabei so etwas wie Privatsphäre zu haben.

Zwei Tage zuvor hatte Mum mir ein nettes Kostüm mit einem braunen Blumenmuster gebracht. »Das ist für einen ganz besonderen Anlaß«, hatte sie gesagt. Ich hatte geglaubt, daß sie damit Weihnachten meinte, aber da ich dabei war, mich für das besondere Ereignis meiner Verhandlung herzurichten, zog ich das Kostüm an und war sehr zufrieden mit mir.

Es dauerte eine Weile, bis ich all meine Habseligkeiten in eine große, weiße Einkaufstasche gepackt hatte. Als ich fertig war, wurde im nächsten Augenblick die Zellentür geöffnet.

»Alles gepackt?« flüsterte die Aufseherin.

»Ja«, erwiderte ich, und nach einem letzten flüchtigen Blick in den Raum folgte ich ihr zur Aufnahme hinüber.

»Da sind wir«, sagte die Aufseherin, als wir an der Tür standen.

Ich wandte mein Gesicht ihr zu. »Ich sage schon einmal auf Wiedersehen.«

Die Wärterin grinste mich an. »Das würde ich an deiner Stelle nicht tun«, sagte sie. »Heute abend bist du bestimmt wieder zurück.«

Ich hörte, wie die Tür hinter mir verschlossen wurde, als ich in die Aufnahme ging. Ungefähr zwanzig andere Mädchen befanden sich dort; alle redeten aufgeregt durcheinander und fragten sich, wie ihr Auftritt vor Gericht wohl ausgehen mochte. Ein paar waren so nervös, daß sie nichts von ihrem Frühstück aßen, ich aber langte tüchtig zu und genoß das wässerige Porridge, die zu lange gebratene Wurst und die beiden dicken Scheiben Brot.

Die acht von uns, die zum Old Bailey mußten, wurden dann zu einem Polizeitransporter geführt. Als ich das Gefängnis verließ, begann die Sonne gerade den Dezemberhimmel mit einem blassen Orange aufzuhellen.

Um den Hals trug ich das goldene Kreuz, das Nanny mir geschenkt hatte. Ich hielt es fest und betete voller Ernst: »O Gott, Du bist der Gott der Liebe, und Du weißt, wie sehr ich Mum und Dad liebe und wie sehr sie mich lieben. Bitte, Gott, erlaube mir, heute mit ihnen nach Hause zu gehen. Ich bitte Dich das nicht um meinetwillen, sondern weil ich es nicht ertragen kann, denen, dich ich liebe, noch mehr Leid zuzufügen. Ich weiß, daß es mir besser geht, aber bitte, lieber Gott, sorge dafür, daß ich wieder ganz gesund werde.«

22.
Old Bailey

Schwere dunkle Regenwolken zogen am grauen Himmel entlang, als sie nach London fuhren. Abgesehen von gelegentlichen bösen Bemerkungen über die Dummheit anderer Autofahrer fuhr Ed schweigend durch den dichten Verkehr. Sein angespanntes Schweigen ermunterte auch Pam nicht zu einem Gespräch.

Um die Stille zu durchbrechen, fragte Pam schließlich betont heiter: »Welchen Weg nimmst du, Ed?«

»Was für eine dumme Frage?« blaffte er. »Wie oft fahre ich denn nach London? Und du willst wissen, welchen Weg ich nehme!«

Pam blieb ganz gelassen. »Ich habe nur im Radio gehört, daß es am Blackwall-Tunnel einen Stau geben soll.«

»Ich fahre nicht durch diesen verdammten Tunnel. Da gibt es immer einen Stau. Wir können in diesem verfluchten Land nichts richtig machen. Dieser Tunnel ist eine einzige Katastrophe.«

»Ich habe nur versucht, dir zu helfen«, erwiderte Pam mit einer gewissen Schärfe in der Stimme.

Aber ihr Tonfall genügte, daß Ed begriff, daß er sich selbstsüchtig in seinen eigenen Ängsten erging, während er doch zum Wohl der ganzen Familie Stärke zeigen mußte. »Es tut mir leid«, sagte er reumütig. »Ich bin ein Ekel. Beachte mich einfach gar nicht.«

Im Fond saß Sally in einer Tweedjacke und einem langen Rock und rief: »Du bist nicht der einzige heute morgen, der sich mies fühlt, Dad. Uns ist allen schrecklich zumute. Du solltest auch an uns denken.«

Pam drehte sich um, zwinkerte Sally zu und sagte freundlich: »Es ist gut, Sally. Dein Vater ist müde, er hat bis spät gearbeitet, und obendrein tut ihm sein Rücken weh.«

»Laß es gut sein, Pam«, sagte Ed in weitaus heitererem Ton. »Du hast recht, Sally. Aber mir geht es wieder besser.«

Doch er fühlte sich keineswegs besser. Seit dem Augenblick, als der Wecker ihn aus dem unruhigen Schlaf gerissen hatte, war er gereizt. Das Frühstück war eine düstere Angelegenheit gewesen. Danach hatte er wie ein penibler Unteroffizier die Kleidung von Pam, Johnnie und Sally inspiziert, ob sie dem entsprach, was er als angemessen für diesen besonderen Anlaß empfand. Da ihm jedes Detail wichtig war, hatte er darauf bestanden, daß Johnnie sich noch einmal die Schuhe putzte.

Nachdem sie die Southwark Bridge überquert hatten, steuerte Ed auf einen Parkplatz zwischen Mansion House und Old Bailey zu. Um dorthin zu gelangen, mußte er erst nach rechts abbiegen, was an dieser Stelle recht schwierig war, und dann links in eine kleine Straße fahren, die zum Eingang führte. Leider hatte er sich auf der falschen Spur eingeordnet, und wie mitten in London üblich ließ ihn kein Fahrer vor sich einscheren. Da Ed aber wußte, wie einschüchternd die wuchtige Stoßstange des Volvo wirken konnte, bog er plötzlich auf die andere Fahrspur ab, was ihm den Zorn eines schnell herankommenden Autofahrers eintrug. Die ordinäre Geste des

Fahrers beantwortete er lediglich mit einer wegwerfenden Handbewegung und einem Lächeln.

Dann bog Ed nach links in die enge Straße ab, doch dort mußte er entdecken, daß ein Müllwagen die Straße blockierte. Ed bremste. Nichts schien zu passieren. Ed blickte voller Nervosität auf seine Uhr. Sie hatten noch jede Menge Zeit, aber Ed konnte keinerlei Geduld aufbringen. Er begann zu hupen. Doch noch immer schien nichts zu passieren.

Als er in den Spiegel schaute, bemerkte er, daß mittlerweile ein anderer Wagen hinter ihnen stand. Es gab kein Zurück mehr. Wieder hupte er. Nichts passierte, niemand kam. Ed nahm den Autoatlas von Pam und blickte über die Karte, die sie gelesen hatte. »Scheiß drauf!« rief er. »Natürlich. Du hast absolut recht!« Als er bemerkte, daß der Müllwagen ein kleines Stück rechts der Straße stand, entschloß er sich zu handeln. »Alles festhalten!«

Er steuerte den Wagen auf den Gehweg und fuhr langsam vorwärts. Dann hörte man, wie Metall über Metall kratzte. Ganz offensichtlich hatte er sich verschätzt. Zwischen dem Müllwagen und der Mauer war nicht genügend Platz für den Volvo.

»Ed, was zum Teufel glaubst du, was du da tust?« fragte Pam voller Erstaunen.

»Ich kann dir sagen, was ich tue. Ich versuche zum Old Bailey zu kommen. Was glaubst du, was ich sonst vorhabe?«

»Dad«, rief Johnnie aus dem Fond.

»Was ist los, Jonathan?«

»Du benimmst dich wie ein Vollidiot.«

In diesem Moment tauchten drei kräftige Männer aus einem Durchgang auf. Sie trugen große Aluminiumtonnen auf ihren Schultern. Sie leerten die Tonnen in den großen Metalltrichter, dann schwangen die hydraulischen Arme in die Höhe. Die drei Männer nahmen die leeren Tonnen, dann standen sie für einen Moment da und schauten, was für eine Dummheit Ed da begangen hatte. Mit einem Kopfschütteln stellten sie sich auf das Trittbrett des Müllwagens, der daraufhin langsam anfuhr. Beschämt folgte Ed dem Wagen.

Nachdem sie den Volvo sicher abgestellt hatten, betraten sie schließlich die Eingangshalle des Old Bailey.

»Hallo, Pam und Ed«, rief eine Stimme. »Hallo, Sally und Johnnie.«

Zu ihrem Erstaunen war auch Peter da, der Polizist, dessen Haus an ihren Garten grenzte. Im Februar, als er bemerkt hatte, daß dicker schwarzer Rauch aus ihrem Haus aufstieg, war er sofort herangestürmt. Da die Haustür aufstand, war er ins Haus gerannt, und obschon dort das Feuer wütete, war er die Treppe hinaufgelaufen, um nachzuschauen, ob sich jemand in den fünf Schlafzimmern aufhielt. Eines der Zimmer war ein flammendes Inferno, aber mit einem Taschentuch vor Nase und Mund, um sich vor dem Rauch zu schützen, hatte er in allen anderen Zimmern nachgesehen, wobei er jedesmal vorsichtig die Tür hinter sich geschlossen hatte. Als er sicher war, daß sich niemand im Haus befand, war er die Treppe hinuntergelaufen, wo ihm schon ein Feuerwehrmann begegnete, der ihm zurief: »Raus aus dem Haus!«

Dieses bemerkenswert tapfere Handeln eines Polizisten, der nicht im Dienst war, wurde niemals von irgend jemandem belohnt oder in den Zeitungen erwähnt.

»Bist du als Zeuge geladen worden, Peter?« wollte Pam wissen.

Er schüttelte den Kopf. »Nein«, entgegnete er und lachte. »Ich sorge hier heute für Sicherheit.« Als er ihre verblüfften Gesichter sah, fügte er hinzu: »Ich stehe kurz vor der Pensionierung. Bis es soweit ist, versehe ich hier meinen Dienst.«

»Was für ein Zufall«, sagte Ed, »daß du gerade heute hier bist, wo Nicolas Fall verhandelt wird.«

»Ja, nicht wahr? Ich habe heute den Aushang gesehen und dasselbe gedacht. Hör zu, Ed, ich weiß, in welchem Saal ihr seid. Ich bringe euch hin. Wahrscheinlich wartet euer Anwalt dort schon.« Ed blickte auf seine Uhr, und Peter fuhr fort: »Keine Sorge, ihr habt noch jede Menge Zeit.«

Vor dem Gerichtsaal wartete tatsächlich Mr. Giacomo auf sie. Zu seinen Füßen lag ein großer Stapel Akten, der mit einem pinkfarbenen Band zusammengehalten wurde.

»Ich glaube, diese Leute gehören zu ihnen, Sir«, sagte Peter und grinste. Nachdem man einander begrüßt hatte, schüttelte der Polizist Eds Hand und sagte: »Viel Glück! Ich hoffe, daß alles gut für euch ausgeht.«

»Danke, Peter. Es war schön, dich hier zu sehen.«

»Ich sage dir was, Ed. Ich würde Johnnie und Sally gern auf die Galerie mitnehmen. Ich glaube, sie sind im Gerichtsaal ohnehin nicht zugelassen.«

Mr. Giacomo nickte zustimmend.

»Kommt schon, ihr beiden«, sagte Peter. »Ich zeige euch, wo es zur Galerie hinaufgeht.«

Pam legte ihre Hand auf Johnnies Schulter, schaute ihre Kinder dann ernst an und sagte: »Bitte seid Nicola zuliebe tapfer. Es wird alles nicht einfach sein, und was immer geschieht, ihr müßt ...«

»Mach dir um uns keine Sorgen, Mum«, unterbrach Sally ihre Mutter. »Uns wird es gutgehen.«

»Alles wird wunderbar klappen«, erklärte Johnnie. »Wirst schon sehen, Mum.«

Dann nahm Peter die beiden Kinder mit sich.

Ed wandte sich an den Rechtsanwalt und fragte: »Haben wir alles, Mr. Giacomo?«

»Es ist alles in Ordnung. Ich habe lediglich keinen Bericht von Nicolas Bewährungshelferin bekommen.«

»Spielt das eine Rolle?«

»Ja, Mr. Owen. Sie ist offiziell vom Gericht bestellt worden, und ihre Meinung hat einiges Gewicht.« Nach einer kurzen, verlegenen Pause fuhr er fort: »Schauen Sie, wir sind erst in zwanzig Minuten dran. Ich möchte diese Schriftstücke vorlegen und muß noch kurz mit Nicola sprechen. Wenn Mrs. Owen und Sie die Treppe dort hinaufgehen, finden Sie dort eine Cafeteria, wo Sie einen Kaffee bekommen können.«

Nachdem Mr. Giacomo den Gerichtssaal betreten hatte, standen Pam und Ed einige Minuten schweigend da. Keiner von ihnen wollte einen Kaffee trinken. Sie wollten einfach nicht von dem Saal weggehen, in dem ihrer Tochter gleich der Prozeß gemacht werden würde. Ed starrte in die Eingangshalle, ohne aber überhaupt etwas zu sehen. Pam blickte ihn an. Ed war ängstlich und besorgt, obendrein tat ihm sein Rücken weh. Er war geistig und körperlich völlig erschöpft. Pam konnte sehen, wie sich die Sorgen und Nöte der letzten Monate in sein Gesicht gegraben hatten. Es gab nun nichts mehr, was er tun konnte. Dabei hatte er den aktivsten Teil in dem Versuch übernommen, ihre Tochter zu retten. Die Verhandlung würde der Höhepunkt all seiner unermüdlichen Bemühungen sein. Über Monate hatte er sich geweigert, sich weder von Ärzten noch von Anwälten einschüchtern zu lassen. Er war nicht gerade besonders romantisch und hatte weiß Gott seine Fehler, aber sie liebte ihn, wie er war: ein Kämpfer, der nicht aufhören würde, für das zu kämpfen, was er für richtig hielt, und der vor allem für diejenigen kämpfte, die er liebte – für seine Kinder und für sie, seine Frau.

»Komm, Ed«, sagte Pam und nahm seinen Arm. »Laß uns hineingehen und uns hinsetzen.«

Als sie auf die Tür zusteuerten, hielt sie ein rundlicher Mann mit grauen Haaren auf und sagte: »Mr. und Mrs. Owen?«

»Ja?« erwiderte Ed fragend.

»Mein Name ist Charles Flower. Ich bin hier der Aufsichtsbeamte.«

Ed und Pam wunderten sich, warum dieser Beamte im grauen Anzug sie angesprochen hatte.

»Wollten Sie gerade hineingehen?« fragte der Mann.

»Ja. Wir wollten uns ein wenig an die Atmosphäre im Gerichtssaal gewöhnen, bevor die Verhandlung beginnt«, erwiderte Ed.

»Haben Sie etwas dagegen, wenn ich mich zu Ihnen setze? Ich bin sehr an dem Fall Ihrer Tochter interessiert.«

Obschon sie noch immer verwirrt waren, stimmten Ed und Pam zu.

Als sie Platz genommen hatten, sagte Mr. Flower: »Es ist ein sehr interessanter Fall. Es freut mich sehr, daß Sie herausgefunden haben, daß Nicolas Krankheit behandelt werden kann.«

»Vielen Dank«, erwiderte Pam. »Wir können nur hoffen, daß der Richter das genauso sieht.«

Mr. Flower nickte und sagte: »Sicherlich ist der Richter, der diesen Fall verhandelt, ein sehr fähiger Mann.«

»Aber ist er auch ein guter Richter?« fragte Ed.

»Er ist ein sehr erfahrener Richter und, wie ich glaube, auch ein sehr verständnisvoller Mensch.«

»Ich hoffe sehr, daß Sie recht haben«, sagte Pam leise. »Wir brauchen eine Menge Verständnis.«

Mr. Flower nickte wieder, dann verschränkte er seine Arme vor der Brust und sagte: »Sehen Sie, ich habe an einer schwachen Form der Epilepsie gelitten. Das hat fast mein Leben ruiniert, aber dann hat man entdeckt, was bei mir falsch war, und ich bekam Tabletten. Beinahe von einem Tag auf den anderen führte ich plötzlich ein ganz normales Leben. Es ist wunderbar, was man heutzutage alles machen kann.«

Weder Ed noch Pam wußten, was sie von dieser Geschichte halten sollten, aber sie waren froh, jemanden zu sehen, der Mitgefühl für sie empfand.

»Nicola muß auch Tabletten nehmen«, sagte Pam. »allerdings nur an bestimmten Tagen.«

Mr. Flower nickte und sagte: »Ja, ich weiß.«

Daß dieser Mann soviel von Nicola wußte, erstaunte die Owens noch mehr.

Stundenlang ließ man mich in einer kleinen, hell erleuchteten Zelle unter dem Old Bailey warten. Ich konnte nicht aufhören, mir über den Ausgang der Verhandlung Sorgen zu machen. Bei meiner letzten Verhandlung hatte ich mit meinen Eltern das Gericht verlassen dürfen. Würde das auch ein zweites Mal passieren? Aber offenbar erhoffte ich da zuviel.

Als Mr. Giacomo erschien, tat er nichts, um mir Mut zu machen. »Ich möchte es dir ganz klar machen, Nicola«, sagte er. »Wir lassen uns auf den Spruch ›schuldig im Sinne der Anklage‹ ein. Unsere Verteidigung besteht darin, auf eine zeitweilige Unzurechnungsfähigkeit während der beiden Brandstiftungen zu plädieren.« Ich versuchte, etwas zu entgegnen, aber der Anwalt machte eine ungeduldige Handbewegung und fuhr fort: »Wir haben nicht viel Zeit, und diese paar Dinge muß ich dir unbedingt sagen. Wenn der Richter unsere Verteidigung nicht akzeptiert, dann könnte es sein, daß das Urteil auf bis zu zwölf Jahren Gefängnis lautet.«

»O mein Gott!« Ich stöhnte erschrocken auf. Ich hatte keine Ahnung gehabt, daß das Urteil so hart ausfallen konnte. Wahrscheinlich um mich zu beruhigen, hatte Mr. Giacomo bisher stets von einem Urteil gesprochen, das schlimmstenfalls auf achtzehn Monate hinauslief.

»Brandstiftung ist ein sehr schweres Verbrechen, Nicola, und du hast diese Straftat gleich zweimal begangen. Wenn der Richter ein Urteil von mehr als drei Jahren verhängt, werden wir in die Berufung gehen. Ich denke, jede Strafe unter drei Jahren können wir akzeptieren. Aber ich habe auch eine gute Neuigkeit für dich. Ich habe soeben den Bericht von deiner Bewährungshelferin erhalten, und dieser Bericht ist außerordentlich positiv ausgefallen.« Dann stand er auf, drückte meinen Arm und sagte: »Ich sehe dich gleich im Gericht.«

Ich war völlig verwirrt. Ich glaubte, es wäre festgestellt worden, daß ich an einem hormonellen Ungleichgewicht litt, das behandelt werden konnte, und doch sagte mein Anwalt mir nun, daß ich möglicherweise eine lange Gefängnisstrafe bekommen könnte. Was für eine Art von Fürsorge war das? Ich war immerhin schon über fünf Monate im Gefängnis. War ich nicht schon genug bestraft worden?

Ich hörte, wie mein Name aufgerufen wurde. Die Zellentür schwang auf, und ich wurde die Hintertreppe hinaufgeführt. Dann mußte ich vor dem Gerichtssaal warten. Eine uniformierte Aufseherin öffnete die Tür ein Stück, so daß ich hineinspähen konnte. Zuerst entdeckte ich meinen Bruder und meine Schwester auf der Galerie. Ich winkte ihnen zu, und sie lächelten. Es ärgerte mich sehr, daß ich nicht zu ihnen gehen und sie umarmen konnte. Dann sah ich meine Mutter und meinen Vater, die mitten im Gerichtssaal saßen. Sie wirkten beide sehr besorgt und nervös, aber sie winkten mir zu.

An einem Tisch vor dem Gericht blätterte Mr. Giacomo in seinen Unterlagen. Hinter einem anderen, weit größeren Tisch saßen eine Menge Leute, die sich angeregt unterhielten.

»Was sind das für Leute?« fragte ich die Aufseherin leise.

»Das ist die Presse«, erwiderte sie. »Scheint fast so, als hättest du bei den Reportern für Aufsehen gesorgt.«

Dann schlug jemand dreimal mit einem Hammer auf den Tisch, und jeder hörte auf zu reden.

Eine Stimme rief: »Das Gericht tritt zusammen«, und alle im Gerichtssaal erhoben sich.

»Regina versus Nicola Owen.«

Auf der linken Seite des Saales wurde eine Tür geöffnet, und der Richter trat ein. Er war sehr schlank und groß. Er steuerte zielstrebig auf ein Podium zu, wo er auf einem Stuhl mit einer hohen Lehne Platz nahm.

»Bringen Sie die Angeklagte herein.«

Die Aufseherin schob die Tür ganz auf, und ich wurde auf die Anklagebank geführt. Die Aufseherin setzte sich hinter mich.

Der Richter winkte Mr. Giacomo zu sich heran. Leise wechselten sie ein paar Worte und schauten gelegentlich zu einem leeren Tisch hinüber. Dann wandte der Richter sich ab und blickte über den Rand seiner Brille auf die Uhr, die über der Tür hing, durch die er den Gerichtssaal betreten hatte.

Alle saßen still da und warteten.

Ich beobachtete den Richter, und hatte den Eindruck, daß er offenbar sehr aufmerksam zu meinen Eltern hinübersah. Einen verwirrenden Moment lang musterte er auch mich.

Auf den Presseplätzen hatten die Reporter angefangen, unruhig herumzurutschen und sich leise zu unterhalten. Plötzlich dann lehnte sich der Richter vor und sagte etwas zu dem Gerichtsdiener, der daraufhin mit dem Hammer auf das polierte Holz vor sich schlug. Danach kehrte wieder Stille ein.

»Mr. Giacomo«, sagte der Richter, »ich bin davon in Kenntnis gesetzt worden, daß der Staatsanwalt und die Polizisten, die als Zeugen auftreten, im Blackwall-Tunnel aufgehalten werden.« Er blickte wieder auf die Uhr, bevor er fortfuhr. »Es ist nun zehn Uhr fünfundzwanzig. Ich schlage vor, daß wir die Verhandlung auf elf Uhr vertagen.«

Wieder schlug der Gerichtsdiener mit dem Hammer zu, und dann verkündete er: »Das Gericht vertagt sich auf elf Uhr. Das Gericht erhebt sich.«

Wir standen alle beinahe gleichzeitig auf und beobachteten, wie der Richter die Akte vor sich zuklappte, sie unter den Arm steckte und auf die Tür zuschritt. Plötzlich jedoch hielt er inne und wandte sich an Mr. Giacomo. Er sagte: »Faszinierend, absolut faszinierend, dieses prämenstruelle Syndrom.« Dann schaute er mich an und meinte: »Ich sehe keinen Grund, warum die junge Dame auf die Anklagebank zurückkehren sollte, wenn das Gericht wieder zusammentritt. Sie kann bei ihrem Verteidiger Platz nehmen.« Und mit diesen Worten schritt der Richter endgültig hinaus.

Ich wurde für eine halbe Stunde wieder hinunter in die Zelle geführt. Es war die längste halbe Stunde meines Lebens.

Mit vor lauter Aufregung gerötetem Gesicht lief Mr. Giacomo durch den Gerichtssaal auf Ed und Pam zu. »Haben Sie das gehört?« rief er. »Haben Sie gehört, was er gesagt hat?«

»Aber was hat das zu bedeuten?« fragte Ed.

»Ich weiß nicht, was das zu bedeuten hat, Mr. Owen, aber in all den Jahren, die ich nun schon im Gerichtssaal stehe, habe ich so etwas noch nie erlebt.« Er lächelte aufgeregt. »Aber es muß als ein …« Für einen Augenblick schienen ihm die Worte zu fehlen. »Es muß ein gutes Zeichen scin. Kommen Sie, lassen Sie uns einen Kaffee trinken.«

Einigermaßen verwundert gingen Ed und Pam in die Cafeteria, holten ihren Kaffee und gesellten sich zu dem erfreut dreinblickenden Mr. Giacomo an den Tisch.

»Ich habe im Radio gehört, daß es am Blackwell-Tunnel Schwierigkeiten gibt«, bemerkte Pam. »Ich hatte es auch schon Ed gesagt.«

»Wie sind Sie hierhergefahren, Mr. Owen?«

»Über die Southwark Bridge«, entgegnete er.

»Und Seite an Seite mit einem Müllwagen«, ergänzte Pam.

Ihre Schilderung von Eds Mißgeschick amüsierte Mr. Giacomo, der allerdings lieber über die Dinge sprach, die im Gerichtssaal passierten. »Ich glaube, diese kurze Vertagung hilft uns. Der Richter wird die Zeit dazu nutzen, die Akte zu lesen und sich darüber klar zu werden, was in den letzten Monaten geschehen ist.«

Einen Moment später kamen zwei Polizisten. Ed und Pam erkannten einen von ihnen. »Sind Sie nicht …?« sagte Ed und stockte, weil er den Namen vergessen hatte.

»Sergeant Unwin. Hallo, Mr. Owen. Hallo, Mrs. Owen.«

Die beiden waren die Zeugen der Anklage, die im Blackwall-Tunnel aufgehalten worden waren.

Dann gingen sie wieder zum Gerichtssaal hinunter. An der Tür stellte Sergeant Unwin den Owens die Staatsanwältin vor. Während sie Pam einigermaßen verwirrt anschaute, sagte sie: »Ich kenne Sie, nicht wahr?«

»Beavermood Grammar School?« fragte Pam. »Sie sind Daphne Turner, nicht wahr?«

Die Staatsanwältin nickte. »Und Ihr Name ist Pam Standfast, richtig?«

»Jetzt heiße ich Pam Owen.«

»Sie sind doch nicht etwa Nicola Owens ...«

»Doch, ich bin die Mutter, und das hier ist mein Mann.«

»Ach, du meine Güte!« Die Staatsanwältin schüttelte ungläubig den Kopf. Dann deutete sie auf die Tür und sagte: »Nun, ich glaube, wir sollten nun hineingehen.«

Als sie den Saal wieder betraten, fiel Ed plötzlich auf, daß er Sally und Johnnie ganz vergessen hatte. Da er Gewissensbisse bekam, ging er nach vorn in den Saal, um auf die Galerie zu blicken. Sally und Johnnie saßen ganz still da, sie sahen ziemlich gelangweilt aus. Als sie ihn sahen, grinsten sie gequält. Obwohl er wußte, daß es keine geeignete Entschuldigung war, bedeutete er ihnen, daß es ihm leid täte.

Der Gerichtsdiener schlug mit dem Hammer auf die Platte, noch bevor Ed seinen Platz erreicht hatte. Mr. Flower hatte es erneut geschafft, neben Ed und Pam zu rutschen.

Nicola und die Aufseherin, die sie begleitete, wurden zum Platz des Anwalts geführt. Nachdem er die Angeklagte aufgefordert hatte stehenzubleiben, las der Gerichtsdiener detailliert die drei Punkte der Anklage vor: Brandstiftung, Gefährdung von Leib und Leben anderer sowie der Vorsatz zu töten. Nicola bekannte sich in den ersten beiden Punkten für schuldig, nicht aber in Punkt drei.

Miss Turner, die Staatsanwältin, erhob sich, und der Richter gab seine Zustimmung, daß sie beginnen konnte.

»Ich würde vorschlagen, Euer Ehren«, sagte sie, »daß der dritte Punkt, der Vorsatz zu töten, nicht mehr verfolgt wird.«

Der Richter wandte sich an Mr. Giacomo und fragte: »Möchten Sie zu diesem Punkt schon jetzt etwas sagen?«

Nachdem Mr. Giacomo erwidert hatte, daß ihm die Umstände bekannt waren und er es zu würdigen wisse, daß dieser Anklagepunkt zurückgezogen worden sei, bat der Richter die Staatsanwältin fortzufahren. Also rief Miss Turner den ersten Zeugen auf.

Als Sergeant Unwin vereidigt worden war, musterte der Richter ihn verständnisvoll. Dann sagte er: »Sergeant, ich habe Ihre Aussage hier vor mir liegen, und ich habe sie sehr aufmerksam gelesen. Möchten Sie noch etwas ergänzen oder korrigieren?«

»Nein, Euer Ehren.«

»Überhaupt nichts?«

»Nein, Euer Ehren.«

»Sehe ich das richtig, daß die Polizei der Auffassung ist, daß die Brandstiftung von der Angeklagten nicht mit dem Vorsatz begangen worden ist, ihre Mutter zu töten?«

»Das ist richtig, Euer Ehren.«

»Daß die Angeklagte überhaupt nicht die Absicht hatte, jemanden zu töten?«

»Das ist richtig, Euer Ehren.«

Der Richter wandte sich an die Staatsanwältin und fragte: »Die Angeklagte hat sich in den ersten beiden Punkten für schuldig bekannt. Gibt es noch andere Aspekte, auf die Sie unsere Aufmerksamkeit lenken möchten?«

»Ich möchte Euer Ehren auf eine Brandstiftung aufmerksam machen, die früher stattfand …«

»Dieser Umstand ist mir bekannt.«

»Dann gibt es keine weiteren Aspekte, auf die ich Sie hinweisen möchte.«

»Vielen Dank, Frau Staatsanwältin. Mr. Giacomo, wenn Sie keine Fragen mehr an den Zeugen haben, würde ich Sergeant Unwin bitten, den Zeugenstand zu verlassen.«

»Vielen Dank, Euer Ehren. Ich habe keine Fragen an den Zeugen.«

Einigermaßen verwirrt verließ der Polizist den Zeugenstand.

»Mr. Giacomo, ich bitte um Ihre Hilfe«, sagte der Richter. »Lassen Sie mich Ihnen erklären, wie ich Ihr niedergeschriebenes Plädoyer auffasse. Vielleicht können Sie dann Ihren Kommentar dazu abgeben. Die Angeklagte hat sich schuldig bekannt, die Brandstiftung begangen und somit das Leben anderer in Gefahr gebracht zu haben. Ihr Plädoyer läuft darauf hinaus, daß die Angeklagte für ihre Taten aber nicht verantwortlich gemacht werden kann, da sie zum Zeitpunkt, als die Straftaten begangen wurden, an einer schweren Geistesstörung litt. Dieser Erkrankung lagen keine psychischen, sondern physische Ursachen zugrunde, die zum Zeitpunkt der Straftaten noch nicht erkannt worden waren. Diese physische Erkrankung wurde später diagnostiziert und kann behandelt werden. Diese Erkrankung trägt den Namen prämenstruelles Syndrom. Sind meine Ausführungen bis hierhin korrekt?«

»Völlig korrekt, Euer Ehren.«

»Um Ihre Ausführungen zu bekräftigen, haben Sie Gutachten beigelegt sowohl von Dr. Wells, dem Chefpsychiater des Holloway-Gefängnisses, bei dem die Angeklagte in Behandlung ist, als auch von Dr. Dalton, die als Spezialistin auf dem Gebiet des prämenstruellen Syndroms gilt. Bis hierhin alles korrekt, Mr. Giacomo?«

»Es ist alles korrekt, Euer Ehren.«

»Dr. Wells Gutachten nimmt Bezug auf das sonderbare, asoziale Verhalten der Angeklagten, bevor die von ihm eingeleitete Behandlung begann. Das Medikament, das die Angeklagte unter seiner Überwachung verabreicht wird, wird als oral gegebenes ...« Der Richter hielt inne und blickte durch seine Brille in die Akte vor sich. » ...oral gegebenes Dydroprogesteron bezeichnet, ein synthetisch hergestelltes Präparat, das dem Hormon Progesteron entspricht. Habe ich das alles richtig verstanden, Mr. Giacomo?«

»Sie haben alles richtig verstanden, Euer Ehren.«

»Dr. Wells Gutachten führt dann fort, daß sich, seitdem dieses Hormon verabreicht wird, das Verhalten der Angeklagten normalisiert hat. Der Bericht von Dr. Dalton, der Spezialistin auf diesem Gebiet, bestätigt, daß diese Behandlung, wenn sie den Umständen angepaßt wird, gewährleisten wird, daß sich die Angeklagte auch in Zukunft normal verhält. Ist das richtig?«

»Das ist richtig, Euer Ehren.«

Der Richter lehnte sich in seinem Stuhl zurück und streckte die Arme aus. Mit den Fingern trommelte er auf dem hölzernen Pult neben der offenen Akte. Dann fuhr er fort: »Mr. Giacomo, gibt es etwas, das Sie ergänzen oder das Sie der Aufmerksamkeit des Gerichts empfehlen möchten?«

»Nein, Euer Ehren. Ich habe dem nichts hinzuzufügen.«

Der Richter blickte über den Rand seiner Brille und sagte: »Wenn auch die Staatsanwältin auf keine Punkte mehr hinweisen möchte, bin ich geneigt, diesen Fall zum Abschluß zu bringen.«

Miss Turner erhob sich und erklärte: »Wir sind einverstanden, Euer Ehren.«

»Vielen Dank, Frau Staatsanwältin«, sagte der Richter. Dann bat er sowohl den Verteidiger als auch den Ankläger, ein bestimmtes Schriftstück hervorzunehmen. »Dieser Brief«, fuhr der Richter fort, »datiert vom vierzehnten November dieses Jahres. Er ist von Dr. Morley an die Verteidigung gerichtet und mit ›Nicola Jane Owen‹ überschrieben.« Er hielt einen Moment inne, bis er sicher war, daß die beiden Anwälte den Brief gefunden hatten. Dann sagte der Richter: »Ich beziehe mich auf den sechsten Absatz, der unten auf der ersten Seite beginnt und auf Seite zwei weitergeht.« Er wartete einen Moment, so daß jeder diesen Abschnitt vor Augen hatte. »Dr. Morley ist dem Gericht wohlbekannt, und seiner Meinung gebührt großer Respekt. In diesem Brief schreibt er im sechsten Absatz, und ich zitiere: ›Ich bin zu alt, um von diesem Wunder über Gebühr beeindruckt zu sein.‹« Der Richter hielt wiederum inne und lehnte sich in seinem Stuhl zurück. Er nahm seine Brille ab, deutete mit ihr in den Gerichtssaal und fragte: »Warum hat Dr. Morley das geschrieben?«

Niemand im Saal antwortete. Es schien auch nicht so zu sein, als erwarte der Richter eine Antwort. Die Stille im Gericht schien sich noch zu verstärken, da jeder darauf wartete, daß der Richter weitersprach.

»Nun, der Grund, warum Dr. Morley das geschrieben hat«, sagte er schließlich, »ist der, daß er wirklich ein Wunder gesehen hat. Ja, ein Wunder! Er hat ein Wunder gesehen.«

Niemand rührte sich, niemand gab nur den kleinsten Laut von sich. Alle Augen waren auf den Richter gerichtet. Er saß aufrecht da, seine Brille hatte er wieder aufgesetzt, und jetzt schaute er Nicola an und sagte langsam und bedächtig: »Das einzige Anliegen des Gerichts liegt darin, Ihnen zu helfen. Die Ärzte haben Ihnen in jüngster Zeit eine sehr spektakuläre Behandlung widerfahren lassen, so daß Sie endlich fähig sind, mit Ihren prämenstruellen Schwierigkeiten auf eine Art fertig zu werden, die jenes sonderbare Verhalten ausschließt, das Sie vorher, bedingt durch einen hormonellen Mangel, an den Tag gelegt haben. Nicola Jane Owen, Sie werden von diesem Gericht freigesprochen.«

Obwohl dieses Urteil eine rechtsgeschichtliche Dimension hatte, gab es niemanden, der jubelte oder applaudierte, wie es vermutlich in einem Film passiert wäre. Jeder blieb völlig still sitzen, als der Richter sich erhob und Anstalten machte, den Saal zu verlassen. Doch dann hielt er noch einmal inne, schaute zu Nicola hinüber und sagte: »Und ein frohes Weihnachtsfest wünsche ich Ihnen und Ihrer Familie.« Damit verließ er den Gerichtssaal, in dem immer noch jedermann vor Erstaunen völlig reglos dasaß.

Sobald der Richter gegangen war, lief Nicola durch den Saal und warf sich ihrer Mutter in die Arme. Sie hielten einander fest und weinten vor Freude.

Mr. Giacomo eilte zu Ed und erklärte ihm atemlos: »Ich weiß, es ist ein wunderbares Urteil, aber der Richter hat sich wirklich hinreißen lassen. Nicola hat sich für schuldig erklärt, und er hat nichts über eine Bewährungsfrist gesagt. Ich muß sofort noch einmal mit dem Richter über alle Formalitäten sprechen.«

Nicola hielt noch immer ihre Mutter im Arm; sie schaute ihren Vater an und rief: »Dad! O Dad!«

Ed kam heran und legte seine Arme um seine Frau und seine Tochter. »O meine Nicola! Ist das alles nicht wunderbar?« sagte er, und dann küßte er sie.

Als Mr. Giacomo den Gerichtssaal verlassen wollte, wurde die Tür geöffnet, und eine Gruppe von Reportern stürmte herein, sie drückten den Anwalt förmlich gegen die Wand. In all dem Lärm konnte man nicht hören, was er auf ihre vielen Fragen antwortete.

Ed erkannte Sally und Johnnie zwischen den Reportern in der Tür. Sie versuchten sich in den Saal zu zwängen. Ed trat hinzu; er wollte, daß auch sie zu Nicola und ihnen herüberkamen.

Genau in diesem Moment ergriff Mr. Flower das Wort. »Folgen Sie mir, bitte«, sagte er. Als sie sich dem Gedränge an der Tür genähert hatten, rief er: »Bitte, machen Sie die Tür frei. Ich bin hier der Aufsichtsbeamte im Gerichtssaal.«

Sofort entstand eine Gasse, und Ed, der Pam und Nicola an den Händen hielt, verließ in Mr. Flowers Schlepptau den Saal in die Halle hinaus, wo Sally und Johnnie Nicola um den Hals fielen und sie küßten. Aber noch hatte niemand von ihnen die Möglichkeit, etwas zu sagen.

»Kommen Sie, bitte«, drängte Mr. Flower sie. »Wir sollten nun gehen.«

Sie liefen hinter ihm her, bis sie sein Büro erreicht hatten.

»Es wird am besten sein, wenn Sie eine Weile hierbleiben«, sagte er. »Sonst fallen die Reporter noch über Sie her.« Er ging zum Fenster hinüber und ließ die Jalousien herab. Durch einen Spalt aber blickte einen Moment später ein Mann herein. Mr. Flower schritt zur Tür und stellte sich mit dem Rücken davor.

Die Owens waren noch viel zu sehr benommen, um sprechen zu können; sie standen nur zusammen und hielten sich fest, als könnte im nächsten Augenblick irgend jemand auftauchen, der sie wieder auseinanderreißen könnte.

»Ich habe eine Idee«, erklärte Mr. Flower. »Ich werde Sie durch den Hinterausgang hinausbringen. Haben Sie einen Wagen draußen, Mr. Owen?«

Ed nickte und beschrieb dann, wo er seinen Wagen abgestellt hatte.

»Das ist gut. Der Eingang zum Parkplatz liegt direkt gegenüber vom Hinterausgang. Wir gehen zusammen runter, dann lasse ich Sie hinaus, Mr. Owen. Sie gehen dann zu Ihrem Wagen und kommen zum Hinterausgang; Sie öffnen die Türen; bleiben aber im Wagen und lassen den Motor laufen. Sobald Sie da sind, öffne ich die Tür und lasse Ihre Familie hinaus. Sie müssen sich auf jeden Fall beeilen und so schnell wie möglich ins Auto kommen. Dann zögern Sie keinen Augenblick und fahren davon.« Dann wandte sich Mr. Flower an Nicola und fragte, ob sie irgend etwas mitnehmen müsse.

»Nur eine Plastiktüte mit meinen Sachen.«

»Dann gehe ich und hole Ihnen die Tasche. Es dauert nur ein paar Minuten.«

Als sie allein im Büro waren, taten die Owens ihr Bestes, um die Gesichter zu ignorieren, die immer wieder durch den Spalt in der Jalousie hereinschauten.

Dann war Mr. Flower mit Nicolas Tasche zurück, und

er sagte: »Nun, gehen wir also!« Er führte sie durch ein Labyrinth von Durchgängen und Korridoren. Schließlich hielten sie vor einer schweren Tür inne. Mr. Flower zog einen Schlüssel aus der Tasche und öffnete die Tür. Dann spähte er vorsichtig hinaus. »Alles in Ordnung, Mr. Owen«, sagte er. »Die Luft ist rein.«

Ed verließ das Gerichtsgebäude, zuerst schlenderte er nur dahin, dann aber lief er eilig und ohne innezuhalten, bis er seinen Wagen erreicht hatte. Schnell fuhr er zum Hinterausgang des Gerichts. Als er bremste und seine Familie heranlief, wurden sie von zwei Fotografen entdeckt, die auf sie zurannten. Pam und die drei Kinder sprangen förmlich in den Wagen. Ed beschleunigte schon, als die Türen noch nicht geschlossen waren; er schaffte es auch, an den beiden Fotografen, die mitten auf der Straße standen, vorbeizukommen, ohne sie über den Haufen zu fahren.

Die Familie war endlich wieder zusammen, und sie fuhren rechtzeitig genug nach Hause, um Weihnachten zu feiern.

Epilog

Für die Zeitungen war meine Verhandlung die große Story, die sie zum Weihnachtsfest brachten. Meine Eltern erhielten eine Menge Post, vor allem von Eltern, deren Töchter ähnliche Probleme wie ich hatten. Einen der freundlichsten Briefe bekam unser Anwalt Mr. Smythe von Dr. Morley, der einmal so sehr darauf bestanden hatte, daß es am besten für mich wäre, in Broadmoor behandelt zu werden. In dem Brief schrieb er: »Es hat mich sehr gefreut, in der Zeitung zu lesen, wie die Verhandlung gegen Nicola Owen ausgegangen ist. Ich kann nur hoffen, daß die Diagnose und der Optimismus sich als gerechtfertigt erweisen werden. Würden Sie bitte Mrs. und Mr. Owen meine Glückwünsche übermitteln. Ihre aufopferungsvolle Liebe zu ihrer Tochter und ihre Entschlossenheit, nicht aufzugeben, war uns allen eine Lehre.«

Dr. Morleys umsichtige, bedachtsame Worte fanden keinen Eingang in die zahlreichen Zeitungsberichte. In den Artikeln wurden stets nur die Worte des Richters wiedergegeben, daß ich während meiner Zeit im Gefängnis auf eine wundersame Art geheilt worden wäre. In Wahrheit war meine Entlassung aus Holloway nur der Beginn eines langen Weges zurück in ein normales Leben. Mein Selbstvertrauen hatte ich verloren, und rein gefühlsmäßig hatte ich die wichtigen Jahren verpaßt, in denen ein Mädchen erwachsen wird. Obgleich ich äußerlich als Erwachsene in einer Welt der Erwachsenen lebte, blieb ich innerlich über einen langen Zeitraum hinweg recht unreif und zurückgeblieben. Es dauerte einige Jahre, bis ich diese gefühlsmäßige Reife erreicht hatte. Zu allem Überfluß war ich vorbestraft, so daß ich bei allen Gelegenheiten, etwa auf der Arbeitstelle, ständig über diese verlorenen Jahre Rechenschaft ablegen mußte.

Am Anfang suchte ich Dr. Dalton recht häufig auf, da meine Behandlung stabilisiert und auf meine besonderen Bedürfnisse ausgerichtet werden mußte. Wegen der Schwere meines hormonellen Ungleichgewichts bekam ich schließlich jeden Tag eine Injektion Progesteron. Ich entschloß mich dann, mir die Injektionen selbst zu verabreichen, um nicht länger an den Arbeitsplan der Krankenschwester am Ort gebunden zu sein.

Progesteron ist recht dickflüssig, und die Nadel, die man für die Injektion benötigt, ist vier Zentimeter lang. Als ich mir zum erstenmal selbst die Injektion gab, brauchte ich zwei Stunden, um den Mut zu finden, mit dieser Nadel zuzustechen. Heute ist es für mich genauso eine Gewohnheit geworden wie das Zähneputzen.

Durch die ersten Progesteronspritzen fühlte ich mich sehr viel besser, aber sie vermochten auch nicht, mir dieses Gefühl der Schuld und Reue zu nehmen, das ich für das empfand, was ich meiner Familie angetan hatte. Zu Anfang besaß ich nur sehr wenig Selbstwertgefühl.

Ich wußte, daß ich wieder anfangen mußte zu arbeiten, und meinen ersten Job hatte ich als Bedienung in einem Pub. Also war ich gezwungen, mit anderen Leuten zusammenzukommen, und ich vollbrachte das Wunder, mich wieder in die Gesellschaft einzufinden und mein zerrüttetes Selbstbewußtsein wieder zu erlangen. Nach ungefähr einem Jahr erhielt ich eine Stelle als Verkaufsassistenin in einem Warenhaus. Nach neun Monaten wurde ich zur Geschäftsführerin des Warenhauses befördert.

Das Trauma, das ich erlitten hatte, und die Jahre, die ich als Teenager verloren hatte, waren der Grund, warum ich entschlossen war, mich selbst zu beweisen. Heute bin ich stolz darauf, eine kleine, aber sehr erfolgreiche Firma zu haben, die eine eindrucksvolle Liste von großen Kunden aufweisen kann. Es war eine harte Arbeit, die sich aber bezahlt gemacht hat und bei der ich meine Kreativität richtig entfalten kann.

Mein Verhältnis zu meinem Bruder und meiner Schwester hat sich mit jedem Jahr verbessert. Sie hörten rasch auf, sich in meiner Gegenwart verlegen zu fühlen, und ihr Vertrauen in mich wuchs, als ich auch beruflich immer erfolgreicher wurde. Zum erstenmal seit vielen Jahren spürten wir wieder die wirkliche Zuneigung und enge Freundschaft, die wir früher füreinander empfunden hatten. Nun sind wir außergewöhnlich gute Freunde, und ich bin genauso stolz auf ihren Erfolg, wie sie es auf meinen sind. Sally ist eine Sängerin und Pianistin, die zumeist in Nachtclubs auftritt und viel unterwegs ist. Johnnie ist mittlerweile glücklich verheiratet und arbeitet für die Firma meines Vaters.

Meine Eltern sind von der Camden Road weggezogen und haben versucht, die Dinge, die dort passiert sind, hinter sich zu lassen. Natürlich haben sie anfangs nicht aufgehört, sich Sorgen um mich zu machen, und versuchten ein wenig zu sehr, mich zu behüten. Aber mit der Zeit begann ich zu verstehen, was sie mir alles gegeben hatten. Ohne ihre bedingungslose Liebe stände ich heute nicht da, wo ich jetzt bin, und für das alles bin ich ihnen unendlich dankbar.

Ich erinnere mich, daß ich aus dem Holloway-Gefängnis einen Brief an Dad schrieb, in dem ich ihn fragte, warum Gott mich so sehr leiden ließ. Niemals werde ich Dads Antwort vergessen. »Nicola«, schrieb er, »wenn es nichts Häßliches in der Welt gäbe, wie könnten wir dann das Schöne schätzen? Wenn es keine Krankheit gäbe, wie könnten wir dann die Gesundheit zu würdigen wissen? Wenn wir nicht einmal schlechte Zeiten durchmachen müßten, wie wüßten wir dann die guten Zeiten in unserem Leben zu würdigen? Eines Tages wirst du auf diese schreckliche Zeit zurückblicken und eine andere Wahrheit entdecken – daß aus etwas Schlechtem auch etwas Gutes erwachsen kann.«

Jahre später erkannte ich, welche guten Dinge aus meinem Unglück erwuchsen. Vor meiner Krankheit hatte ich so viele Dinge als selbstverständlich angesehen. Vielleicht war ich ein wenig oberflächlich und wußte nicht um die wahren Werte des Lebens. Der Kampf, in ein normales Leben zurückzufinden, hat mir innere Stärke gegeben, und er hat mich zu einem besseren, stärkeren Menschen gemacht, als ich sonst jemals geworden wäre.

Viele Jahre lang wurde ich für zu kühl und gefühllos gehalten. Ich glaube, auf diese Weise versuchte ich mich rein gefühlsmäßig vor Schmerzen und Verletzungen zu schützen. Obgleich ich einige Freunde hatte, fehlten doch in meiner Beziehung zu ihnen immer etwas, und ich zog es vor, unabhängig zu bleiben und mich nicht zu sehr zu binden. Aber ganz tief in mir sehnte ich mich nach etwas anderem, von dem ich aber nicht glaubte, daß ich es jemals finden würde.

Aber ich habe das, was ich insgeheim suchte, gefunden. Im Herbst 1990 verliebte ich mich zum erstenmal in einen Mann, und dieser Mann empfand mir gegenüber unglaublicherweise die gleichen Gefühle. Mum hatte mir immer gesagt, daß ich es wissen würde, wenn ich dem Richtigen begegnete. Nun, ich wußte es plötzlich, und im Dezember 1991 haben Guy und ich geheiratet. Jetzt bin ich mir ganz sicher, daß mein Leben schlußendlich doch in den richtigen Bahnen verläuft.

Ich hoffe sehr, daß Guy und ich eines Tages Kinder haben werden. Und ihnen werde ich, so wünsche ich es mir von Herzen, dieselbe bedingungslose Liebe geben, die meine Eltern mir entgegengebracht haben.